KB151209

Curriculum & Instruction

쉽게 풀어 쓴

교육과정과 수업의 이해와 실천

김대석 | 박우식 | 성정민

3판 서문

본서 2판이 세상에 나온 지 2년여 만에 다시 3판을 내게 되었다. 공교롭게도 『교육과정과 수업의 이해와 실천』 2판의 발간과 함께 코로나 19 감염병 팬데믹(pandemic) 상황이 시작되었다. 충분한 준비과정이 없었음에도 불구하고, 학교의 모든 수업은 전면 비대면으로 실시되었다. 온라인 유비쿼터스(ubiquitous) 교육환경이 순식간에 도래한 것이다. 그 과정에서 다소 미흡한 점은 있었지만, 교육계는 예상하지 못한 도전(challenge) 상황에서 최선을 다해 응전(response)을 했다. 결과적으로 코로나 19는 미래 교육을 앞당기는 하나의 방아쇠(trigger)가 된 셈이다.

필자 역시 이런 시대적 상황에 선제적으로 대응하고자 미래교육의 핵심영역으로 AI 융합교육분야로 연구 영역을 확장했다. AI융합교육 전공을 대학원에 개설한 것이다. 하지만 AI 등의 미래 교육환경을 '제대로' 이해하고 설계하기 위해서는 교육과정과 수업에 대한 철저한 이해와 반성적 성찰이 전제되어야 한다.

이런 관점에서 기존 2판의 내용을 새롭게 보완하고 추가해야할 명분이 생긴 것이다. 출판사의 난색에도 불구하고 3판을 서두른 이유도 바로 여기에 있다. 또한 독자들에게 교육과정의 최근 동향 및 2022 개정 교육과정의 방향과 내용을 신속하게 알려야겠다는 의무감도 크게 작용했다.

『교육과정과 수업의 이해와 실천』 3판에서 달라진 내용은 다음과 같다.

첫째, 가장 큰 변화는 판형의 변형이다. 기존 내용의 보완 및 새로운 내용의 추가로 인해 부피가 커짐으로 인해 독자들이 느끼는 부담감을 최소화하기 위해 분량의 증가에도 쪽수가 늘어나지 않도록 했다.

둘째, "학교 교육과정의 역사적 기초"와 관련된 내용을 삭제했다. 이 부분은 20세기

초 본격적인 의무 공교육과 교육과정학이 시작되기 이전의 학교 교육과정에 대한 역사적 개관이기 때문에 과감하게 제외했다.

셋째, 2장의 "교육과정의 관점"에는 최근 논의가 활발한 주제인 "다문화 교육과 교육과정", "역량 기반 교육과정"을 새롭게 포함했다.

넷째, 4장의 "우리나라 교육과정의 이해"에는 "학교 교육과정 운영의 이해: 교육과정 재구성과 실행" 및 "고교학점제"와 관련된 최근 논의들을 수록했다.

다섯째, 2장에서 별도 내용이었던 "중핵교육과정"을 "경험중심 교육과정"의 하위 영역에 포함시키고, '맥락 정착적 수업 모형'과 '슈왑(Schwab)의 교육과정 이론' 등의 내용을 보완했다.

마지막으로 각 장의 말미에 있는 생각해 볼 문제, 임용기출문제, 사례 문제를 최근 내용으로 반영했다.

21세기 사회의 빠른 변화와 발전은 학교교육의 획기적인 변혁과 혁신을 지속적으로 요구하고 있다. 경쟁을 넘어 협력을 강조하면서, 수월성과 평등성의 이분법적 갈등과 이념을 넘어 새로운 교육의 패러다임을 요구하고 있다. 4차 산업혁명을 염두에 두고 2020 다보스 포럼은 교육혁신의 중요성을 강조하며 '교육4.0'(Education 4.0)을 주요 안건으로 논의했고, OECD는 『교육 2030』(Education 2030) 프로젝트를 통해 미래 인재가 갖추어야 할 '변혁적 역량'(Transformative Competencies)을 제시했다. 이에 발맞추어 우리나라 역시 2022 개정 교육과정을 통해 미래 변화에 대응하는 교육과정을 개정했다. 이런 시대 변화를 반영하면서도 학문적 타당성과 교육현장의 시의성을 본서에 반영하였다.

교육과정은 좋은 교육과 수업을 실행하기 위한 토대가 되는 분야이다. 따라서 교육과정과 수업은 교육의 가장 본질적이고 중요한 영역이다. 3판에서 새롭게 구성하고 보완된 내용들이 교육과정 및 수업을 학습하는 분들에게 소중한 안내서와 큰 도움이 되길 바란다.

이 책이 나오기까지 많은 은혜를 입었다. 부족한 저자에게 사람을 붙여주시고 기회와 능력을 주신 하나님께 겸손히 감사를 드립니다. 개정작업에 흔쾌히 함께해주신 성정민, 박우식 박사님께 정말 깊이 감사를 드린다. 아울러 3판 출판을 허락해 주신 박영스토리 관계자와 편집자 모두에게 깊이 감사를 드린다.

2022년 8월

대표저자 김 대 석

2판 서문

이 책의 1판인 『쉽게 풀어 쓴 교육과정과 수업』은 2년 여의 기간 동안 많은 독자들의 사랑을 받았기에 새롭게 보강하여 개정판을 내게 되었다. 개정판은 교육과정과 수업에 관련된 다양한 변화와 독자들의 요구를 반영하기 위해 공저로 기획하였다. 개정판에서 두드러지게 달라진 점은 다음과 같다.

첫째, 제목은 교직과목 개편을 반영하여 기존의 『쉽게 풀어 쓴 교육과정과 수업』에서 『쉽게 풀어 쓴 교육과정과 수업의 이해와 실천』으로 바꾸었다. '교육과정과 수업'은 교육학의 여러 영역 중 실제 학교현장과 가장 밀접한 분야이다. '교육과정과 수업'은 이론에 대한 이해뿐만 아니라 교육 현장에서의 적용과 실천이 매우 중요한 분야이다. 이 책은 '교육과정과 수업'의 여러 이론뿐만 아니라, '그것을 어떻게 실천할까?'의 물음에 대한 답을 제공한다. 이 책을 통해 예비교사와 현직교사는 교직실무역량을 향상시킬 수 있다.

둘째, 초 · 중등 임용시험에 대비하여 각 장의 말미에 여러 유형의 문제를 구성하였다. 이 책의 1판을 활용하는 여러 교수자, 학생들로부터 교육과정과 수업을 이해하고 적용 능력을 기르기 위한 문제가 필요하다는 의견을 받았다. 그래서 각 장의 말미에 토의 · 토론을 위한 문제와 임용시험 기출문제를 수록하였다. 문제의 형식은 토의 및 토론을 통하여 내용을 이해하는 [생각해 볼 문제], 내용을 사례에 적용하여 사고를 확장하는 [사례 문제], 책의 내용과 임용시험의 관련성을 확인하는 [임용기출문제]로 구성하였다.

셋째, 1판에서 이해하기 어려운 기술과 오류 내용을 대폭 수정 · 보강하였고, 비문과 오탈자 등을 수정하였다. 개정판에서는 독자가 쉽게 이해할 수 있도록 많은 부분을 수정하고 보강하였다.

4차 산업혁명과 학령인구감소로 교육환경이 빠르게 변화하고 있다. 급속한 사회 변화의 시기에 발생하는 교육문제 해결의 핵심은 결국 '교육과정과 수업'이다. 교사는 교육과정과 수업의 질을 높여 학생 개인의 역량을 향상시킴으로써 사회와 국가 발전의 초석을 다지는 역할을 하기 때문이다. 개정판은 1판보다 교육과정과 수업을 이해하고 실천하는 역량을 함양하는 데 더 효과적이고 유익할 것임을 확신한다. 부디 이 책이 현장수업, 임용시험, 교직준비 등 독자들 각자의 영역에 실제적으로 유익하기를 바란다.

2020년 2월
우리 교육의 산실 공주대학교 사범대에서
김대석, 성정민

초판 서문

목수는 공구(工具)가 담긴 공구통(工具桶)을 들고 공사현장에 가고, 군인은 무기를 갖고 전장에 가듯이 학생은 학력(學力)이라는 공구를 갖고 사회에 진출한다. 삶의 현장인 사회는 예측불허의 변수가 많고 복잡다양하다. 이러한 현장에서 학생들은 학교를 졸업하면서 갖고 나온 학력이라는 공구를 가지고 자신의 삶을 개척해 나간다. 공구통 안에는 12년간(혹은 16년간) 학교에서 배운 교과지식들, 익힌 기능들, 경험들이 들어 있다. 목수는 작업 현장에서 여러 공구들을 이용하여 새로운 집을 짓거나, 부족한 공구를 만들어 쓴다. 마찬가지로 학생은 학교에서 배운 모든 지식, 기능, 경험들을 활용하거나 또는 새로이 창조하여 현상을 분석하고 대응한다. 그런데 학생들이 학교 교육과정에서 배운 지식과 경험들이 그들에게 유의미하지 않고 또 그것들을 이용하여 사회문제에 적절하게 대응할 수 없다면, 큰 문제일 것이다.

학생들이 학교에서 초중고 12년 동안 공부하는 수업시간은 총 12,262시간이다[초교(5428)+중학교(3366)+고교(3468)=12,262시간]. 이 시간은 제도적으로 정해진 최소한의 필수 시간이다. 학교에 따라 차이가 있지만 대부분의 학교가 총 수업시간 수 이상을 수업한다. 여기에 학원 등 사교육에서 공부하는 시간과 가정에서 예 · 복습, 자습 등으로 공부하는 시간을 포함하면 훨씬 더 많은 시간을 공부에 사용하는 것이다. 이와 같이 많은 시간을 할애하는 교육과정이 학생에게 의미가 있어야 한다는 것은 자명하다.

우리 사회의 병폐 중 하나는 학력(學力)보다는 학력(學歷)을 더 중요하게 고려하는 학벌중시이다. 즉, 학생이 졸업할 때 갖고 나오는 공구통(학력통)의 크기만 보고 있다. 학력통 안에 든 지식과 경험의 질을 고려하는 것이 아니라, 학력통의 외적인 크기가 학생 역량의 기준이 된다. 지식과 경험의 질을 고려한다는 것은 해당 지식이나 경험들을 활용하여 사회나 현장에 잘 적응하고 대처하며, 현상을 유의미하게 분석하고 설명할 수 있는 능력을 보는 것이다. 그런데 현실은 공구통에 담긴 공구들이 아니라, 공구통의 크기만 보고 있다. 고졸보다 대졸의 공구통이 더 커 보이고, 국내박사보다 해외박사의 공구통이 더 커 보인다. 이유는 그 안에 든 지식과 경험들이 더 많다고 생각하기 때문이다. 하지만 기술자가 가진 공구통의 크기와 현장 실무 능력이 별개이듯이 학력(學歷)과 그 학생의 학력(學力)은 별개일 것이다. 따라서 우리 교육자들은 학교 교육과정이 유의미하도록 하여 학력(學歷)이 학력(學力)과 일치되도록 하는 데 기여해야 할 것이다.

아무쪼록 이 책이 현장의 교육자와 예비교사들로 하여금 학교 교육과정이 유의미하도록 하는 데 기여하기를 바랄뿐이다.

이 책의 목적은 대학 학부수준의 학생들이 교직이론과목인 '교육과정'에 대한 이해의 폭을 넓힐 수 있도록 하는 것이다. 이 책의 구성은 다음과 같다. 1장에서는 서양의 학교 교육과정사를 중심으로 고대부터 근대까지의 학교 교육과정의 역사적 발전을 고찰하였다. 2장에서는 교육과정 이해의 토대를 이루는 개념들을 분석하였다. 이를 위하여 교육과정의 개념, 어원, 질문, 정의, 종류의 의미를 분석하였다. 3장에서는 교육과정에 대한 관점(혹은 유형)을 분석하였다. 이를 위하여 교과중심 교육과정부터 재개념주의 교육과정까지 다양한 관점들을 집중적으로 분석하였다. 4장에서는 실제적인 문제로서 교육과정의 개발 논리를 검토하였다. 이를 위하여 스펜서의 교육이론부터 최근의 교육과정 개발이론까지 다양한 교육과정 개발 논리를 검토하였다. 5장에서는 우리나라 교육과정의 이해를 위해 해방 후부터 2015 개정 교육과정까지 개정된 국가수준 교육과정의 주요한 특징을 분석하였다.

저자의 부족함으로 인해 이 책의 내용에 오탈자, 오류 등이 있을 것으로 추정이 된다. 부족한 부분들은 앞으로 계속 보완할 예정이다.

이 책이 나오기까지 많은 분들의 은혜를 입었다. 먼저, 부족한 저자에게 기회와 능력을 주신 하나님께 한없는 감사를 드린다. 또한 저자에게 교육과정학이라는 블루오션을 안내하여 주신 고려대학교의 홍후조 교수님께 깊은 감사를 드린다. 원고의 검토, 수정 등에 도움을 준 제자 성정민 박사와 박우식 박사에게도 감사를 드린다. 출판을 허락하여 주신 박영스토리 상무님에게 감사를 드린다. 마지막으로 시간 부족을 핑계로 남편이자 아버지로서의 시간에 인색했던 저자를 항상 응원해주는 아내와 두 아이에게 감사하고 미안할 따름이다.

2017년 2월

공주 금강을 보면서 저자 씀

차 례

chapter 4 우리나라 교육과정의 이해

❖ 표 차례

❖ 그림 차례

❖ 심화학습 차례

1장

2장

3장

CHAPTER

1

교육과정의 이해

1

교육과정의 이해

Contents

제 1 절 교육과정의 개념

1. 교육과정의 어원

교육과정은 영어로 'curriculum'이다. curriculum은 라틴어 'currere'에서 유래하였는데, 원래 의미는 '마차가 달리는 경주로(course of race)'를 의미하였다. 이후 차츰 의미가 변하여 '개인의 삶의 궤적' 혹은 '학생이 학교에서 수학(修學)한 이력(履歷)', 즉 학력(學歷)의 의미로 사용되었다. 지금도 영미권에서는 이력서를 resume으로 쓰지만 curriculum vitae로 사용하기도 한다. 교육과정(curriculum)은 보빗(F. Bobbitt, 1918)의 저서 「The Curriculum」에서 교육용어로 처음 사용되었다.[1] 학교 현장에서 교육과정은 주로 학교에서 배우는 교과목*이나, 교과과정을 포함하는 학교에서 배우는 모든 경험의 총체, 교육목표를 달성하기 위하여 개발된 프로그램 등으로 주로 사용되고 있다.

2. 교육과정 개념의 변천

전통적 의미의 교육과정: 교육과정의 의미는 전통적으로 학교에서 배우는 '교과목' 혹은 '해당 교과목에서 배우는 교육내용'으로 사용되어 왔다. 전통적 의미의 교육과정은 '고정된 경로 혹은 과정(process)'을 의미하였다. 전통적 의미의 교육과정에서 모든 학생은 같은 경

* 이것은 교과과정(course of study)을 의미한다.

로를 걷고 그 길 위에서 같은 것을 보고 듣고 경험할 것을 요구받았다.* 지적전통주의자들(intellectual traditionalists)이 이와 같은 입장을 지지하였다.**

1642년 하버드 대학의 교육과정은 매우 단순하였고 각 학년에서 배울 교과목은 고정되어 있었다. 학생의 흥미, 적성, 진로 등은 고려되지 않고 교사에 의해서 일괄적으로 제시된 교육과정을 학생들은 수동적으로 받아들였다. 선택의 여지는 없었다. 학생은 그들의 차이와 무관하게 제시된 교육과정을 모두 똑같이 학습하였으므로 사실상 공통교육과정으로 운용된 것이다. 공통교육과정에서는 다양성(혹은 차이)보다 공통성이 강조된다. 즉, 공통교육과정에서는 '차이'보다는 '같음'을 강조한다. 인간으로서 보편적이고 공통적으로 배워야 할 중요한 것들이 공통교육과정의 내용으로 포함되기 때문이다. 공통교육과정에서는 차이나 관점에 따라 다양하게 해석될 여지가 있는 내용보다 누가 보아도 같은 것으로 해석되는, 변하지 않는 객관적 내용이나 경험이 강조되었다.

재개념주의에서 교육과정의 의미: 지금도 교육과정은 위와 같은 의미로 많이 사용되고 있다. 그러나 1970년대 이후부터 일군(一群)의 학자들이 교육과정의 전통적 의미를 재개념화하고 새롭게 해석하기 시작하였다. 이들이 바로 재개념주의자들(reconceptualists)이다.*** 저자는 이들이 주장하는 일련의 교육과정을 **'재개념주의 교육과정**(reconceptual curriculum)'으로 명명한다.****

재개념주의자들은 교육과정을 학교에서 배우는 교과목이나 경험을 넘어 **'삶의 이력 혹은 삶의 궤적**(軌跡)(course of life)'으로 간주한다. 'currere'의 본래 의미를 회복하고자 하는 것이 그들의 의도이다. 교육과정의 개념을 삶의 궤적으로 할 경우 교육과정의 범위는 매우 확대된다. 그것은 교과교육과정은 물론 교과외교육과정을 포함하며, 학교 교육과정은 물론 학교 밖의 가정과 사회에서의 학생이 겪는 경험까지 포함하게 된다. 또한 공식적 교육과정은 물론 잠재적 교육과정도 포함하게 된다.*****

* 전통적 의미의 교육과정에서는 시간과 공간을 초월하여 항상 같고 변하지 않는 절대 진리를 교육내용으로 강조하거나(항존주의), 삶에서 본질적으로 중요한 것을 교육내용으로 강조하였다(본질주의).

** Schubert 등은 〈교육과정 100년사〉에서 세 개의 유력한 학파를 구분하였는데, 그것은 지적전통주의자들(intellectual traditionalists), 사회적 행동주의자들(social behaviorists), 경험주의자들(experientialists)이다(Schubert et al.(2002). Curriculum Books: The First Hundred Years. p. 33).

*** 학자마다 차이가 있으나 이들은 어느 정도 통일된 개념과 용어를 사용하면서 학회를 운영하고 학술지도 발간하고 있으므로 학파(學派)라고 보아도 무방할 것이다.

**** 2장 12절 재개념주의 교육과정에서 자세히 설명한다(p. 136).

*****잠재적 교육과정에 대해서는 1장 6절 교육과정의 다양한 모습에서 자세히 설명한다(p. 21).

페트루스 라무스 (1515~1572)[2]

라무스의 저서 표지[3]

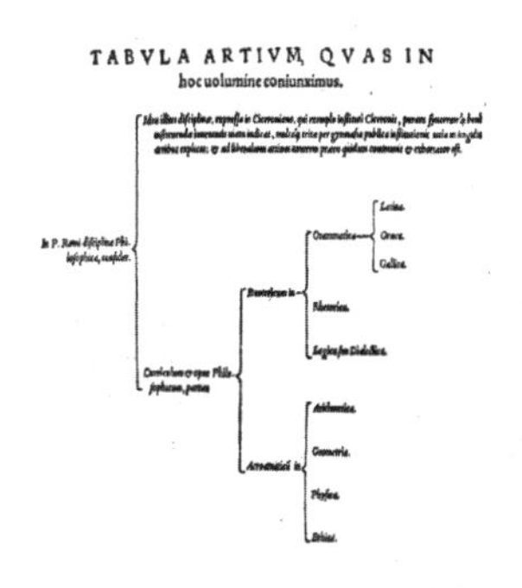

라무스의 저서 내용 체계[4]

'커리큘럼(curriculum)'이 교육적 의미에서 서양 문헌에 처음 등장한 것은 프랑스 파리 대학의 교수 **라무스**(P. Ramus) 사후에 출판된 *Professio regia*(1576)로 알려져 있다. 그는 자신의 책에서 학습을 위한 **'지식의 지도(map of knowledge)'**를 제시했으며, 이는 현대 교육학적 의미에서 보자면 일종의 학습의 계열성과 유사한 의미를 가진다. 학습의 계열성과 이를 체계화시키는 것이 당시에는 일반화되지 못했다.

이 용어는 1582년 **Leiden 대학**의 기록에서도 남아 있다. 이 말의 기원은 교육에 있어서의 계열성을 가져오길 원했던 **캘빈주의**의 열망과 밀접하게 관련된다. 라무스의 지식의 지도, 즉 지식의 체계화에 대한 생각은 교수학습의 순서를 강조한 것이다. 이런 생각은 당시 캘빈에게 있어서 기독교인의 삶을 체계화시키는 순종, 질서, 통제 등을 적용하기에 유용한 개념이었다. 캘빈주의자들은 이러한 순서와 체계가 혼란한 세속 세계에 있는 청년들에게 체계화된 길을 제시할 수 있을 것이라고 생각했다. 캘빈주의 대학들은 라무스가 제안한 학습의 계열화에 착안하여 학과의 코스를 마련하고 이를 '커리큘럼'이라고 불렀다.

1633년 **Glasgow 대학**은 '커리큘럼'을 사용하면서 이를 '학문의 과정'으로 해석했다. 19세기에 와서 유럽의 대학들은 특정 학문을 배우는 전체적이거나 특별한 과정 혹은 그 과정이 포함된 내용을 설명하는 데 '커리큘럼'을 사용했다. 1824년에 '커리큘럼'은 대학이나 학교에서의 배우는 코스, 특히 공부하는 고정된 과정으로 간주되었다.

따라서 '커리큘럼'의 라틴어 어원(Currere)은 여러 내용을 정합적이고 간결하게 만든 **응집성**(Coherence), 체계적인 순서에 따라 내용을 기술하는 **계열성**(Sequence), 내용의 전후가 논리적으로 잘 연결되는 **연계성**(Articulation)이라는 함축적 의미를 가진다.[5]

3. 교육과정 및 수업에서 주요 질문

왜(why): 교육과정과 수업에는 크게 네 가지 질문이 있다. 먼저 '**왜 가르치는가**'이다. 이것은 교육목표와 관련이 된다. 교사는 교육과정과 수업을 계획하고 준비하면서 '이것을 왜 가르치지?, 학생들은 이것을 왜 배우지?'라고 질문을 한다. '왜'라는 질문은 결국 '무엇을 얻기 위해 이 교육과정과 수업을 준비하는가?' 혹은 '학생들에게 어떤 결과가 나타나고 그것이 그들에게 유익한가? 그리고 그것이 바람직한 것인가?' 등에 관한 질문이다.

무엇을(what): '왜'라는 질문에 대한 답을 구하였으면 다음으로 '**무엇을 가르칠 것인가**'를 질문한다. 이것은 가르칠 내용에 대한 답을 구하는 절차이다. 교사는 교육과정과 수업을 준비하면서 교육목표를 구상한 후 해당 목표를 달성하기 위해서 적합한 교육내용과 경험을 구한다. 학교현장에서는 소재(素材)와 교재(教材) 연구가 이 단계에서 일어난다.

어떻게(how): 무엇에 대한 답을 구하였으면 이제 '어떻게'를 고민한다. 교사는 교육내용과 경험을 통하여 교육목표를 달성하는 적합한 교수학습방법을 구안한다. 이것이 '**어떻게 가르칠 것인가**'에 대한 답을 구하는 과정이다. 학교현장에서는 수업모형 설계와 교수학습방법 연구가 이 단계에서 일어난다.

잘(제대로): 교육과정이나 수업을 실천한 후 이제 '잘'에 대하여 고민한다. 이 단계는 의도한 대로 교수학습을 **잘 실천하였는지** 그래서 의도한 교육목표가 달성이 되었는지를 확인하는 단계이다. 교사는 수업 실시 후 의도한 목표가 교육과정이나 수업을 통하여 학생에게 구현이 되었는지를 교육평가를 통해 확인한다.

한편, 교육과정과 수업은 교수와 학습의 만남의 장(場)이다. 교수와 학습의 만남이 교육과정과 수업이다. 따라서 각 단계에서 질문은 교수와 학습을 모두 고려하는 질문으로 재진술이 필요하다. 즉, '왜 가르치고 배우는가, 무엇을 가르치고 배우는가, 어떻게 가르치고 배울 것인가, 잘 가르치고 배웠는가'로 진술하는 것이다. 각 단계를 종합정리하면 [그림 1-1]과 같다.

그러나 다음 그림으로 표현되는 교육과정과 수업은 절차가 분절적이고 단계적이다. 실제로 교육과정과 수업을 계획하고 실행하는 과정은 단계가 잘 구분되지 않는다. 교육과정과 수업을 계획을 할 때는 다음 모든 단계를 꼭 거치지 않고 특정 단계를 건너뛰기도 한다. 두 가지 이상의 질문을 동시에 하여 이 단계가 '왜'의 단계인지 아니면 '무엇'의 단계인지 구분되지 않기도 한다. 위의 절차의 역순으로 질문하기도 한다. 즉, 잘 → 어떻게 → 무엇 → 왜의 순으로 거꾸로 질문하는 것이다. 교육과정과 수업의 개발과정을 앞서 그림처럼 단계적으로 구분하는 것은 타일러(R. Tyler)의 교육과정 개발 논리이다. 반면, 워커(D. F. Walker)의 이론에서는 단계가 명확하게 구분되지 않는다.*

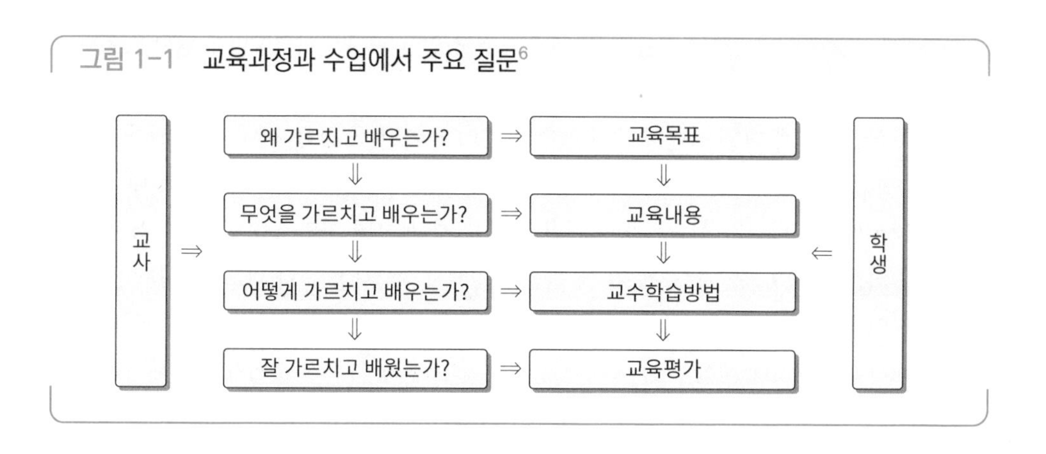

그림 1-1 교육과정과 수업에서 주요 질문[6]

어떻게 가르칠 것인가에 치중하는 현장: 학교현장에서 교사는 위의 네 가지 질문 중 특히 '어떻게 가르칠 것인가'에 치중한다. 이유는 '왜'와 '무엇'을 고민할 필요가 적기 때문이다. '왜 가르치는가'는 교육목표로 무엇을 설정할 것인가를 고민하는 것이다. 그러나 우리나라는 국가수준의 교과 교육과정 문서에서 학년별, 영역별로 핵심내용과 성취기준을 제시하고 있다. 이들 성취기준은 대부분 교과서의 단원목표로 제시되고 있다. 성취기준이 변형이 없이 그대로 재진술되는 경우도 많다. 국가수준 교육과정에서 성취기준이 제시되고 그것들이 교과서의 단원목표로 잘 제시되고 있는데 교사가 힘들게 목표설정에 대해 고민할 필요가 없는 것이다.

무엇을 가르칠 것인가에 대해서도 많이 고민하지 않는 편이다. 이유는 교과서에 학습내용이 잘 기술되어 있기 때문이다. 물론 교과서의 기술된 내용을 변형하거나 부분적으로 채택하여 가르칠 수 있다.** 주교재인 교과서 외에 별도의 보조교재를 사용할 수도 있다. 미국 학교

* 타일러와 워커의 교육과정 이론은 3장 4절(목표중심 교육과정 개발 논리)과 7절(자연주의적 교육과정 개발 모형)에서 자세히 설명한다(p. 178, 191).

** 이것은 교육과정 재구성과 관계된다.

에서는 주로 이런 방식으로 교사가 수업설계와 운영을 한다. 교과서 처음부터 끝까지 순서대로 교육과정을 운영하는 것을 '진도를 나간다'라고 하며 이는 우리에게는 익숙한 관행이다. 그러나 미국에서는 이러한 방식으로 교육과정을 운영하는 교사를 '게으른 교사(lazy teacher)'라고 한다. 우리와 미국의 교과서관(觀)도 매우 다르다. 미국에서는 교과서(textbook)가 교재(textbook) 중 하나일 뿐이다. 그러나 우리에게 교과서는 교재 중 일부가 아니라 경전(經傳)같은 존재로 간주된다. 교과서에 기술된 내용들은 진리일 뿐만 아니라 하나도 빠짐없이 모두 배워야 하는 것들로 인식되고 있다. 그래서 처음부터 끝까지 순서대로 진도를 나가는 것이다. 이러다 보니 현장 교사들이 교육과정과 수업을 계획하고 운영할 때 학습내용에 대하여 크게 고민하지 않는다. 주로 고민하는 것은 '어떻게 가르칠 것인가'의 교수학습방법에 관한 것이다.

교육과정 설계(역삼각형 모형에서 정삼각형 모형으로): 교수학습방법에 대한 답은 무엇을 가르칠 것인가의 학습내용에 대한 고민 속에서 상당 부분이 도출된다. 학습내용이 도출된다고 하여 교수학습방법이 모두 나오는 것은 아니지만 교육방법의 상당 부분은 학습내용에 대한 고민에서 도출된다. 더 나아가 학습목표에 대한 고민을 하다 보면 자연스럽게 학습내용에 대한 답이 도출되는 것이다. '왜 가르치는가'에 관한 고민에서 학습내용이 다 나오는 것은 아니지만 상당 부분이 도출되는 것이다. 그런데 우리의 교육현장은 교육목표와 학습내용이 거의 다 주어지니 교사들은 이것에 대한 고민을 하지 않고 주로 어떻게 가르칠 것인가에 대해서만 치중하고 있다. 이것은 **역삼각형** 모형으로 토대가 빈약하며 예측불허의 변수가 생기면 교사가 대처하기 어렵다. 또한 교사가 교과지식을 잘 전달하는 단순한 교수기계(teaching machine)로 전락하게 될 우려가 있다.* 따라서 '왜'와 '무엇'에 대한 고민을 많이 하는 **정삼각형** 모형으로 바뀌어야 한다([그림 1-2] 참고).

그림 1-2 교육과정 설계 논리: 역삼각형 모형에서 정삼각형 모형으로

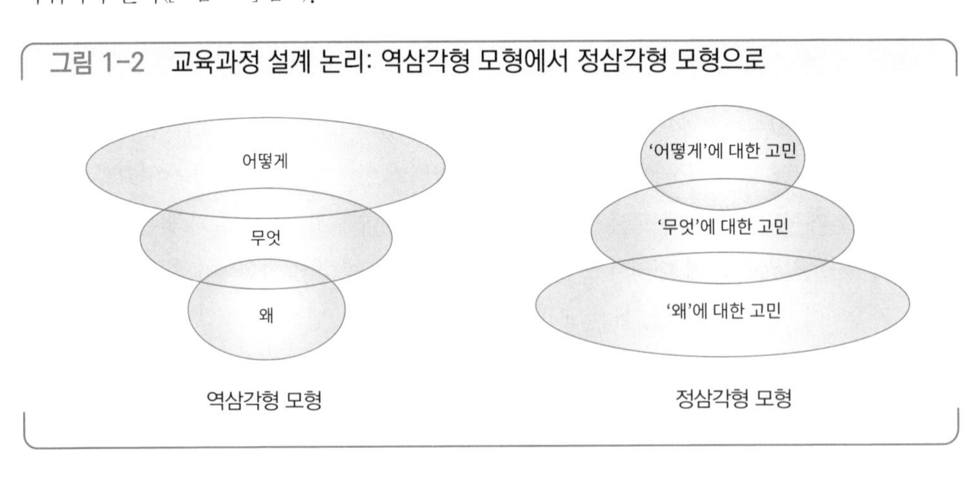

* 마이클 애플은 이것을 교과지식을 파는 단순노동자로 설명하였다. 2장 5절 교육과정 사회학에서 자세히 설명한다(p. 81).

제 2 절 교육과정에 대한 다양한 정의

교육과정의 정의를 내리는 것은 어려운 작업이다. 또한 교육과정 학자들마다 교육과정을 다양하게 정의내리고 있다. 이것은 교육을 바라보는 관점인 교육관(教育觀)에 따라 교육과정의 정의 역시 달라지기 때문이다. 슈버트(W. Schubert, 1986)는 교육과정의 정의를 8개로 분류하였다.[7] 아래에서 하나씩 고찰한다.

1. 교육과정은 교과목 혹은 해당 교과목의 교육내용이다

일반인(혹은 교육 비전문가)에게 교육과정하면 떠오르는 이미지를 물으면 대부분 국어, 영어, 수학, 사회, 과학 등의 교과서와 수학능력시험에서 이들 교과들의 시험내용 등을 떠올린다. 이것은 교육과정을 교과목 혹은 해당 교과목의 시험내용으로 생각하고 있음을 의미한다. 또한 일반인들은 교육과정의 이미지로 국어 교과서의 문학작품, 논설문, 문법, 수학 교과서의 도형, 함수, 미적분, 행렬 등을 떠올린다. 이것은 교육과정을 해당 교과목을 구성하는 교육내용으로 간주하고 있음을 의미한다. 따라서 교육과정을 교과목 혹은 해당 교과목의 내용으로 정의하는 것은 일반인들도 생각하는 교육과정의 가장 **일반적이고 지배적인 정의**이다.

많은 사람들은 교육과정을 이와 같이 정의한다. 이유는 학교 교육과정이 전통적으로 **교과중심**(subject-centered)이었기 때문이었다. 미국과 유럽의 전통적인 학교 교육과정으로 가장 많이 채택이 된 교과목은 7자유학(7 liberal arts*)이었다. 과거 우리나라 교육기관에서 전통적인 교육과정으로 가장 많이 채택된 교과목은 사서삼경(四書三經)**이었다.

교육과정을 교과목 혹은 해당 교과목의 내용으로 정의할 경우 그것은 '교과과정(course of study)'과 동일하게 된다. 교과내용학을 전공하는 사람들은 여전히 교육과정보다 교과과정 용어를 더 많이 사용한다.

한계: 교육과정은 교과과정보다 폭넓은 개념이다. 교육과정은 교과과정 외에 비(非)교과과정까지 포함하는 개념이다. 또한 정규교육과정 외에 비(非)정규교육과정으로 쉬는 시간, 점심 및 청소시간, 야간자율학습시간, 담임면담 등에서 학생들이 겪는 다양한 경험까지 포

* 문법, 수사학, 변증법의 3학(trivium)과 산술, 기하학, 천문학, 음악의 4과(quadrivium)를 말한다.
** 대학, 논어, 맹자, 중용의 사서와 시경, 서경, 주역의 삼경을 말한다.

함하는 개념이다.

표 1-1 교육과정과 교과과정

	교과교육과정	비교과교육과정
정규교육과정	국어, 수학, 영어, 사회, 과학 등	창의적 체험활동
비정규교육과정	보충수업, 0교시 수업, 야간수업, 야간자율학습 등 조종례시간, 쉬는 시간, 점심 및 청소시간, 담임면담 등에서 학생들이 겪는 경험	

교육과정을 교과목 혹은 해당 교과목의 교육내용으로 한정할 경우 교과지식 중심의 교수학습활동은 설명이 될 수 있으나, 비교과과정에서 학생이 겪는 의미있고 다양한 경험이 제외되며, 인성교육, 감성교육, 창의성교육 등을 소홀히 할 우려가 있다. 교육과정의 개념을 교과과정으로 제한할 경우 발생하는 여러 문제점을 극복하기 위해서 우리나라의 경우 1차 교육과정기부터 지금까지 계속 정규교육과정에 비교과교육과정으로서 창의적 체험활동을 포함하고 있다.

2. 교육과정은 계획된 프로그램이다

교육목적을 달성하기 위하여 계획된 모든 교육활동을 포괄하여 교육과정으로 정의한다. 교육과정의 개념을 계획된 프로그램으로 정의할 경우 이것은 교육과정의 범위(scope), 계열(sequence), 해석, 교과에 대한 해석, 동기유발, 교수학습방법 등을 미리 계획할 수 있는 모든 것을 포함한다. 이 경우 두 가지를 상정할 수 있는데 하나는 문서화되고 계획된 프로그램이고 다른 하나는 생각 속에는 있지만 문서화되지 않은 계획이다.[8] 전자의 예로 국가수준 교육과정문서(총론 및 교과교육과정문서) 및 해설서, 시도교육청의 교육과정 지침, 학교의 연간 교육과정계획서, 교사가 만드는 연간수업운영계획서, 수업지도서(안) 등이 있다.

한계: 학교 교육과정은 주로 계획에 따라 운영이 되지만 모든 교육활동을 사전에 계획할 수 없으며 계획 없이 운영하는 교육활동도 많다. 실제로 많은 교육활동은 문서화되지 않는 교육과정이나 경험, 관례, 습관, 문화 등에 기초하여 실행되고 있다. 계획성을 강조하면 과정의 중요성이 무시될 수 있다. 또한 교육활동을 수행하면서 계획성을 강조하면 경직될 수 있으며 그래서 학생의 다양성이 무시되기 쉽다.

3. 교육과정은 의도된 학습결과이다

존슨(Johnson), 포스너(Posner) 등은 교육과정은 수업활동 그 자체를 처방하는 것이 아니라 수업후 나타날 결과를 처방하는 것이라고 주장한다.* 교육과정을 의도한 학습결과로 정의할 경우 사전적 계획보다 수업이 끝난 뒤 학생에 의해 구현되는, 사후적인 학습결과가 강조된다. 아무리 내용이 좋고 계획이 잘 되었더라도 교육활동이 종결된 뒤 학생이 의도한 학습목표를 구현할 수 없다면 그것은 실패한 교육이다. 따라서 교육과정을 이와 같이 정의하는 입장은 의도한 학습목표를 달성하기 위하여 교육과정을 구조화, 계열화하고 학습목표를 행위동사로 명세화하는 등 정교하게 교육과정을 설계한다. 또한 목표중심평가(objective-oriented evaluation)를 통해 의도한 학습결과가 나타났는지를 확인한다. 바로 **행동주의교육과정**이 갖는 교육과정의 특성이다.

한계: 예를 들어 '2차함수의 기울기의 개념을 이해하고 관련 문제를 풀 수 있다'는 것이 이번 수학수업시간에 의도한 학습목표라고 가정하자. 교사는 의도한 학습목표를 달성하기 위하여 목표를 명세화하고 단원을 구조화하여 열심히 해당 개념을 설명하였다. 또한 단원이 끝날 때 형성평가를 통해 학생들이 학습목표를 이해하고 있는지를 확인하였는데, 학급의 모든 학생들이 만점을 받았다. 해당 교사는 매우 흡족해 하였다. 이유는 성공한 수업이기 때문이다. 그런데 학생들이 함수의 기울기의 개념을 이해하고 관련 문제를 모두 풀었지만 이상하게도 2차함수에 흥미를 잃고 자신감이 없으며, 왜 2차함수가 중요한지에 대한 가치인식도 낮다는 학생설문조사결과가 나왔다. 해당 교사는 매우 당황하였다. 의도한 학습결과를 달성하였지만 교과에 대한 낮은 흥미도, 자신감, 가치인식이라는 의도하지 않은 학습결과가 나타났기 때문이다.

이것은 실제로 우리나라에서 나타난 현상이다. 우리나라 학생들이 PISA**, TIMSS*** 등의 국제학업성취도 검사에서 읽기, 수학, 과학의 영역에서 세계 최고수준의 학업성취도를 보이고 있다. 이것은 의도한 학습결과이다. 그러나 설문조사결과 우리나라 학생들이 교과의 흥

* 이것은 교육과정과 수업을 이원적 차원으로 구별하는 것이다. 즉, 교육과정은 수업 후 예상되는 결과를 처방하는 것이지 수업의 직접적 수단(수업모형, 교수학습활동, 평가 등)을 처방하는 것이 아니라는 입장이다. 그들은 수업의 직접적 활동을 처방하는 것은 수업의 영역이라고 주장한다. [출처: Schubert(1986); 연세대 교육과정연구회(역)(1992). 교육과정이론. pp. 38-39.]

** Programme for International Student Assessment의 약자이다. OECD 교육국에서 주관하며 읽기, 수학, 과학의 3개 영역을 대상으로 3년마다 치르는 국제학업성취도검사이다.

*** Trends in International Mathematics and Science Study의 약자이다. IEA에 주관하며 수학, 과학의 2개 영역을 대상으로 4년마다 치르는 국제학업성취도검사이다.

미도, 자신감, 가치인식이 매우 낮은 것으로 나타났다. 이것은 의도하지 않은 결과이다. 우리나라 교육관계자들이 당황하고 있는 것이 바로 이 때문이다.

교육과정을 의도한 학습결과로 한정할 경우 의도하지 않았지만 나타난 결과는 설명할 수 없게 된다. 즉, 의도하지 않았지만 나타난 **잠재적 교육과정**(hidden curriculum)을 설명할 수 없는 것이다. 의도하지 않는 결과로서 나타난 잠재적 교육과정은 학생들이 경험한 것으로 학생들의 행동과 사고에 큰 영향을 미친다.[9] 따라서 교육과정을 의도한 학습결과로 한정하는 것은 의도하지 않지만 큰 영향을 미치는 잠재적 교육과정을 배제하는 결과를 초래하게 된다.

4. 교육과정은 수행할 일련의 과업이다

교육과정을 특정 목적을 달성하기 위하여 수행할 일련의 과업(혹은 과제, task)으로 정의한다. 과업은 과제 혹은 익혀야 할 기능(skill)을 의미한다. 읽기, 쓰기, 셈하기의 3R, 발음규칙, 문법규칙, 특정 직업에 필요한 핵심기능 등이 과업에 해당될 것이다. 20세기 초 테일러의 과학적 과업관리기법(scientific management)에 영향을 받은 직업교육에서는 교육과정을 이와 같은 개념으로 정의하였다. 지금도 산업체의 훈련프로그램, 특성화고등학교의 전문교과에서는 교육과정을 수행할 일련의 과업으로 간주하기도 한다.

한계: 교육과정을 과업으로 정의할 경우 교육과정의 범위는 매우 제한적이 된다. 고대 그리스인들은 절차적이고 기계적인 지식을 테크네(techné)로 하여, 보다 고차원적이고 종합적인 판단을 요구하는 능력을 아레테(aréte)와 구별하였다.[10] 학교교육과정을 과업으로 한정하는 것은 20세기 산업사회가 요구하는 인재를 교육하는 데 적절할 수 있겠으나, 후기산업사회에서 요구되는 창의력, 종합적 사고력이나 비판력 등의 고등정신능력을 기르는 데에는 부족할 것이다.

5. 교육과정은 사회를 개선하는 활동(혹은 프로그램)이다

카운츠(G. Counts) 이후의 **사회재건주의자들**과 **비판적 교육학**(The critical pedagogy)의 입장을 취하는 교육가들이 내리는 교육과정에 대한 정의이다. 이들은 교육을 통해 사회의 모순과 부조리, 불합리한 사회문제를 개선하는 적극적인 실천가를 기를 것을 주장한다. 그래서 사회의 모순과 불평등을 개선하는 데 필요한 지식, 가치, 경험 등을 가르쳐야 한다고 주장한다.

한계: 학교교육과정을 사회개선을 위한 프로그램으로 간주하는 것은 매우 비판적이고 급진적인 것이다. 역사적으로 학교교육은 보수적이었다. 또한 특정한 이념에 기반하여 사회문제를 개선할 목적으로 교육을 하는 것은 교육이기보다 교화(敎化)일 것이다. 교육과 교화는 다른 것이다.

6. 교육과정은 문화적 재생산의 도구이다

'교육과정은 문화적 재생산의 도구이다'라는 진술의 구체적 의미는 '교육과정은 특정계층 특히, 지배계층의 문화를 재생산하는 도구이다'라는 것이다. 이것은 **교육과정 사회학**(The curriculum sociology)이 갖는 교육과정의 정의이다. 1970년대를 전후하여 애플(M. Apple), 애니언(J. Anyon), 지루(H. Giroux) 등의 일군(一郡)의 교육학자들이 비판적 관점에서 학교교육과정을 논의하였다. 그들은 특히 학교에서 가르치는 교과서의 내용에 주목하였다.

보통 우리는 교과서에 기술된 지식은 객관적이며 특정계층의 관점에 편향되지 않은 중립적인 내용이라고 생각한다. 그러나 이들의 연구에 의하면 학교 교육과정에서 다루어지는 내용이나 지식은 특정계층의 이익에 편향되게 기술되어서 결코 중립적이지 않는다. 특정계층의 관점과 자신의 이익을 대변하는 내용들이 교과서에 교묘하게 기술되거나 또는 은폐되어 있다. 그러나 학생들은 이러한 사실을 모른 채 해당 교과서를 공부하면서 마치 그것이 옳으며 객관적이고 중립적인 진리라고 인식한다. 이후 사회에 진출한 학생들은 무의식적으로 학교에서 배운 내용과 지식을 정당화하고 재생산한다. 바로 **문화적 재생산**인 것이다.

한계: 애플, 지루 등의 비판적 교육학자들의 저서에서 많이 나오는 용어는 지배계층과 피지배계층, 억압과 피억압, 평등과 불평등 등이다. 이것은 비판적 교육학자들이 교육 현상을 분석하는 틀이다. 즉, 지배와 피지배, 억압과 피억압의 단순한 이분법적 구도로 세계를 인식하고 있다. 그들은 지배계층이 학교교육을 통하여 자신의 이익과 문화유산을 전승하는 데만 관심을 갖고, 소외계층의 이익을 소홀히 한다고 비판한다. 그러나 사회는 지배와 피지배의 단순한 이분법적 구도로 설명되지 않으며 훨씬 복잡다면하다. 사회는 종교, 지역, 경제, 사상, 문화, 혈연, 인종 등의 여러 가지의 원인으로 복잡하게 얽혀있다.

7. 교육과정은 학생이 학교에서 겪는 의미있는 경험의 총체이다

교과중심 교육과정에 의하면 교육과정은 단순히 교과목 혹은 해당 교과목의 교육내용이다. 그러나 교육과정은 교과과정보다 넓은 개념이며 교과외활동까지 포함한다. 단순히 수업시간에 배우는 교과목의 내용뿐만 아니라 수업시간 외에 학생이 경험하는 의미있는 경험 모두가 교육과정이 된다. 이것이 **경험중심 교육과정**이 갖는 교육과정의 정의이다. 듀이(J. Dewey)의 교육철학을 지지하는 진보주의 교육가들은 수업시간에 배우는 교과지식을 넘어 학교에서 경험하는, 의미있는 경험에 관심을 기울였다. 여기서 경험은 폭넓은 개념으로 교과내용 학습은 물론 교과외활동까지 포함한다. 교육과정을 학습경험으로 정의할 경우 무게중심은 사전적 계획이나 설계에서 실제 학습이 일어나는 과정으로 옮겨간다. 슈왑(Schwab)에 의하면 교육과정이란 교사, 학생, 교과, 그리고 환경이 복잡하게 상호작용하면서 형성하는 것이며[11] 이러한 복잡한 상호작용 과정에서 학생이 반성적 사고를 하면서 만들어가는 것이 경험이다.[12]

한계: 진보주의 교육자들은 학습자의 다양성을 인정하고 그들의 다양한 흥미와 적성 등을 중시하였다. 그러나 교육과정의 설계에서 학습자의 다양성을 다 고려할 수 없으며 그렇다 하더라도 실천하기는 어렵다. 교육에서 어느 정도의 집단화와 획일화는 불가피하다.

8. 교육과정은 개인의 다양한 삶에 대한 해석이다

1970년대 이후 파이너(W. Pinar), 그루메(M. Grumet) 등의 일군(一郡)의 학자들은 curriculum의 어원인 쿠레레(currere)의 본래 의미를 복원하여 그것을 **삶의 과정**(course of life)으로 해석하였다. 삶의 과정에서 개인이 겪는 다양한 경험과 그것의 의미를 해석하는 것으로 교육과정을 재개념화한(re-conceptualization) 것이다. 이것은 개인의 독특한 삶의 과정에서 겪은 다양한 경험과 그것을 해석하고 이해하는 것으로 교육과정을 재개념화한 것이다. 바로 **재개념주의 교육과정**이 갖는 교육과정의 정의이다.

한계: 학교교육의 전통적 역할은 엄선되고 중요한 교육내용과 기술을 가르치고 태도를 갖도록 하는 것이었다. 그러나 개인이 살아온 다양한 삶의 과정을 돌아보고 자각과 비판을 통해 세상을 이해하는 것은 분명 전통적인 학교교육의 역할이 아니다. 또한 삶과 세상에 대한 자각과 비판은 자칫 기존의 관습과 이데올로기 등의 타파(打破)를 추구하는 급진적 모습으로 나타날 수 있다.*

이상의 교육과정에 대한 여러 정의를 요약하면 아래와 같다.

* 교육과정 재개념화의 목적은 부당한 관습, 이데올로기, 불평등, 억압으로부터 개인을 해방하는 것이다(Schubert, 1986).

표 1-2 교육과정에 대한 다양한 정의

1. 교육과정은 교과목 또는 교육내용이다. 가장 일반적이고 지배적 정의임. 교과과정과 동일한 의미임
   - 교과중심 교육과정의 입장
   - 예) 사서3경, 7자유학, 보통교과목
   - 한계: 교과 지식 중심으로 교과외활동을 설명하지 못함. → 창의적 체험활동 대두
2. 교육과정은 계획된 활동이다.
   - 의도적으로 계획된 모든 활동은 물론 문서화되지 않은 계획도 포함
   - 예) 고시된 교육과정 문서 및 해설서, 단위학교의 교육과정운영계획서, 교수학습계획안
   - 한계: 모든 교육활동을 사전에 계획할 수 없으며 계획 없이 운영하는 교육활동도 많음. 현장의 많은 수업은 계획 없이 진행됨. 계획 중심으로 과정이 소홀히 되고 경직될 수 있음.
3. 교육과정은 의도한 학습결과이다.
   - 교육과정은 수업활동 그 자체를 처방하는 것이 아니라 수업후 나타날 결과를 처방하는 것임.
   - 사후적 학습결과가 강조됨.
   - 의도된 결과를 달성하기 위하여 교육과정을 구조화, 계열화, 명세화 함 ⇒ 행동주의 교육과정의 입장
   - 한계: 비의도한 학습결과(태도, 자신감, 인성 등)에 무관심, 예) PISA 과학과 수학에서 학생들의 낮은 흥미, 자신감, 가치인식 → 잠재적 교육과정 대두
4. 교육과정은 수행한 일련의 과업이다.
   - 읽기, 쓰기, 셈하기의 3R, 발음규칙, 문법규칙, 특정 직업에 필요한 기술 등 과업이 교육과정임.
   - 예) 산업체의 훈련프로그램, 특성화고교 전문교과
5. 교육과정은 사회를 개선하는 프로그램이다.
   - 사회의 모순을 개선하는데 필요한 지식, 가치, 경험을 가르치고 이를 통해 사회문제를 개선하는 실천가를 기르고자 함.
   - 사회재건주의 입장
   - 한계: 교화의 가능성, 비판적 · 급진적임.
6. 교육과정은 문화적 재생산의 도구이다.
   - 교육이 특정계층의 문화유산을 전승하는 데만 관심을 갖고 소외계층의 의견을 소홀하다고 비판
   - 교육내용의 객관성과 중립성에 대해 회의적임.
   - 교육과정 사회학의 입장
7. 교육과정은 학생이 겪는 의미있는 경험의 총체이다.
   - 교육과정은 교과과정은 물론 교과외활동까지 포함하는 개념임.
   - 실제 교수학습의 과정과 활동을 중시함.
   - 개인의 다양성을 중시함.
   - 경험중심 교육과정의 입장
   - 한계: 실천(운영)의 어려움 → 어느 정도의 집단화, 획일화는 교육에서 불가피
8. 교육과정은 개인의 독특한 삶에 대한 해석이다.
   - 교육과정을 자서전적 대화를 통해 자신의 삶에서 겪는 경험과 그것을 해석하고 이해하는 것으로 여김.
   - 개인에 다양한 차이와 경제적 및 이데올로기적 맥락에 관심
   - 자서전적 방법론 사용
   - 재개념주의 교육과정의 입장

제3절 교육과정에 대한 은유적 표현

교육과정의 정의를 분명하게 이해하는 방법으로 은유적 이미지를 이용할 수 있다. 추상적인 개념이나 가치를 은유적 표현을 사용하여 구체화할 수 있기 때문이다. 클리바드(H. Kliebard)는 세 가지 은유적 표현을 사용하여 교육과정의 개념을 설명하였다.[13] 그는 공장, 정원, 여행의 이미지를 통해 교육과정을 은유적으로 표현하였다. 각 은유적 표현에서 교사와 학생의 역할과 기대는 다르게 설명된다.

1. 공장으로서 교육과정

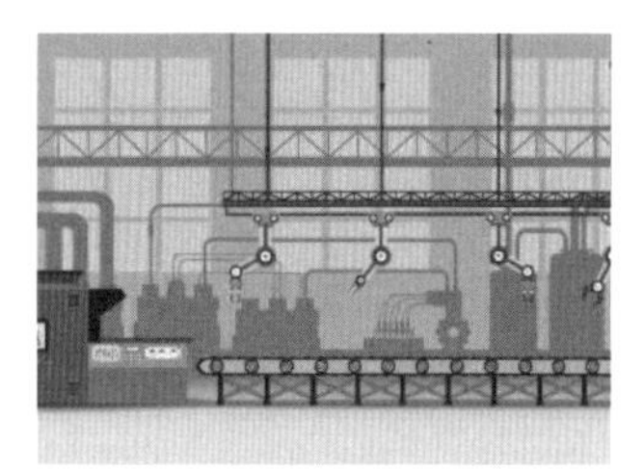

공장으로서 교육과정[14]

공장 모형에서 교사는 **공장기술자**이며, 학생은 **원재료**로 비유된다. 원재료를 투입하여 가공처리과정을 거친 후 완제품을 생산하듯이, 교사는 신입생을 교육과정이라는 과정을 거친 후 졸업시킨다. 공장의 **컨베이어벨트**처럼 학교도 선형적이고 체계적인 교육과정을 거쳐 완제품으로서 교육받은 학생을 졸업시킨다는 것이다.

한계: 공장기술자로서 교사는 사전에 규정된 성취기준(standards), 성취수준(levels)과 도구를 사용하여 학생의 다양성을 고려하지 않고 정확하게 같은 방식(교육방법)으로 학생들을 가르친다. 최종 완제품이 사전에 규정된 기준을 충족하였는지 여부를 검수하듯이, 학생이 사전에 기술된 기준(교육목표)을 달성하는지 여부를 목표중심평가를 통해 확인한다. 공장모형에서 원재료로서 비유되는 학생의 능동성과 잠재성은 무시된다.

2. 정원으로서 교육과정

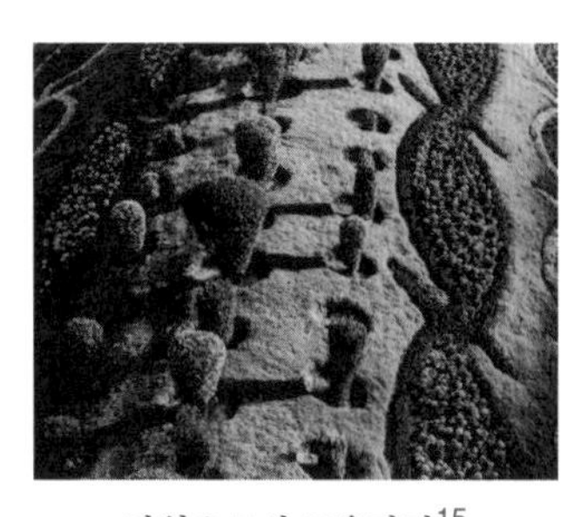

정원으로서 교육과정[15]

정원모형에서 교사는 **정원사**이며, 학생은 **식물**로 비유된다. 식물은 고유한 잠재성을 지닌다. 정원사는 인위적으로 라일락의 속성을 장미의 속성으로 바꿀 수 없다. 결국 식물은 스스로 자라는 것이다. 정원사가 하는 일은 식물의 잠재된 속성이 잘 발현되도록 환경을 조성하거나 위해요소를 제거하는 것에 불과하다.

아이는 태생적으로 선한 본성을 갖고 태어나지만 인위

적 교육으로 인하여 선한 본성을 발현하지 못하게 된다. 따라서 교사의 역할은 아이의 잠재성(혹은 선한 본성)이 잘 발현되도록 **소극적 교육**을 하는 것이다. 여기서 소극적 교육이란 적극적(인위적) 방법이 아닌, 자연의 순리나 이치에 따른 교육방법을 의미한다. 즉, 소극적 교육은 아이의 잠재성이 발현되도록 환경을 조성하는 것이다. 인위적 교육으로는 아이의 잠재성을 발현할 수 없다. 잠재성은 스스로 노력해서 발현하는 것이지, 외부에서 인위적 방법으로 발현되는 것이 아니다. 교육은 **잠재성이 잘 발현되도록 하는 여건이나 환경을 조성하는** 것으로 족하다. 그래서 소극적 교육이다.

정원사는 식물이 잘 자라도록 빛, 물, 토양, 양분 등을 공급하는 환경을 조성하는 역할을 가지듯이, 교사는 아이의 잠재성이 잘 발현되도록 교육환경을 조성하고 아이의 잠재성 발현을 방해하는 위해요소를 제거하는 역할을 한다.

마찬가지로 **학교교육과정은 아이들에게 내재된 각각의 잠재성이 발현되고 성장하도록 돕는 기능**을 한다. 정원의 모형으로서 교육과정은 '에밀(Emile)'에서 나타난 루소(J. J. Rousseau)의 **「자연주의 교육관」**과 **「소극적인 교육」**을 계승하고 있다.*

한계: 정원의 모형에서 학생의 잠재성은 충분히 고려되고 발현된다. 식물로서 학생은 교사가 제공하는 목표, 내용, 방법, 환경 등을 받아들이면 잘 성장하여 잠재성을 발현하게 된다.

정원의 모형은 너무 이상적이다. 정원사가 식물의 특성과 내재된 잠재성을 모두 파악할 수 없듯이, 교사도 학생의 잠재성을 모두 파악하기 어렵다. 또한 여러 종류의 식물을 동시에 재배하는 것이 어렵듯이 다양성을 고려한 교육과정의 설계와 실천 역시 어려운 것이다.

3. 여행으로서 교육과정

여행으로서 교육과정[16]

여행모형에서 교사는 **여행가이드**이며, 학생은 **여행자**로 비유된다. 교사와 학생이 같이 여행을 떠난다. 여행을 하면서 새로운 지역을 탐험하고 아이디어를 얻듯이 학생은 교육과정을 거치면서 새로운 지식과 경험, 아이디어를 학습한다. 가이드는 개인별 혹은 그룹별로 흥미로운 경험을 갖도록 지역, 경로, 숙박시설 등을 포함하는 여행계획(itinerary)을 만들고 실행한다. 마찬가지

* 루소의 자연주의 교육관은 페스탈로치, 프뢰벨, 듀이, 인간중심 교육 등으로 이어진다. 이것은 교수자와 대비하여 학습자의 요구와 흥미 등을 더 강조하는 학류(學流)이다.

로 교사는 학생이 중요한 교과지식을 배우고 흥미롭고 의미있는 경험을 하도록 교육과정과 수업을 계획하고 실천한다.

개인의 흥미와 관심사가 다양하므로 여행의 과정에서 여행자는 자신의 관심사를 적극적으로 요구하고 가이드는 이것을 반영하여 계획을 수정한다. 여행 일정이 비선형적인 것이다. 마찬가지로 학생의 목표, 능력, 흥미, 적성 등이 다양하므로 교육의 과정에서 학생은 각기 다른 반응을 보이고 관심사를 적극적으로 요구하고, 교사는 이것을 반영하여 교육과정을 수정한다. 학생이 처한 상황과 그들의 요구에 따라 교육과정이 달라지는 것이다. 여행 모형은 자신의 관심사를 적극적으로 요구하는 능동적인 학생을 가정한다. 이것은 앞의 정원 모형과 차이가 난다. 여행 모형은 학생의 잠재성뿐만 아니라 능동성까지 가정하고 있다.

이상의 교육과정에 대한 은유적 표현을 종합하면 [표 1-3]과 같다.

표 1-3 교육과정에 대한 은유적 표현

이미지	교사	학생	설명
공장	공장 기술자	원재료	• 공장 컨베이어벨트처럼 학교도 선형적이고 체계적인 교육과정을 거쳐 완제품인 졸업생을 배출한다는 관점 • 학생의 잠재성과 능동성이 모두 무시 • 20세기 초 산업사회에 기반한 관점
정원	정원사	식물	• 학교 교육과정을 통해 학생의 내재된 잠재성이 발현되면서 성장하도록 도움 • Rousseau의 자연주의 교육관과 소극적 교육을 계승 • 페스탈로찌 → 프뢰벨 → 듀이 → 인간(인본)중심 교육으로 이어짐
여행	여행 가이드	여행자	• 비선형적인 여행처럼 학생의 요구에 따라 교육과정이 달라짐 • 학생의 잠재성과 능동성을 모두 인정함 • 재개념주의 교육과정과 비슷

제4절 교육과정의 정의

교육과정이라는 실재(實在)를 전체적으로 파악하는 것은 어렵다. 그 이유는 단지 교육과정의 부분적인 현상만 이해할 수 있기 때문이다. 그래서 여러 학자들은 각자가 이해한 부분적인 교육과정의 현상에 토대하여 다양하게 교육과정을 정의내리고 있는 것이다. 본서에서 저자는 교육과정을 다음과 같이 정의한다.

교육과정이란 학생이 교과, 교사, 급우, 부모, 기타의 (환경)요소와 상호작용을 하면서 배우고, 느끼고, 생각하는 등의 모든 경험이다. 그것은 특정 장소(학교, 교실)에 얽매이지 않고 교과교육과정과 교과외 경험을 포괄한다. 교육과정은 인지영역의 경험에 한정되지 않으며 인지영역, 감성과 인성의 정의(情意)적 영역, 심동적 영역의 모든 경험을 대상으로 한다. 교육과정은 삶의 과정에서 학생이 겪는 모든 유의미한 경험이다. 따라서 교육과정은 개인의 이력서이다(curriculum vitae).

제 5 절 교육과정의 변화: 교육과정의 유지, 폐지, 신설

교육과정은 시대와 장소, 이해관계 등의 여러 원인으로 변한다. 교육과정 변화의 양상으로 폐지, 약화, 유지, 강화, 신설 등이 있다.[17] [그림 1-3]에서 교육과정은 폐지된 만큼 신설이 되어서 변화 전과 후의 크기에서 차이가 없다. 즉, 변화 전 교육과정과 변화 후 교육과정의 크기가 같다.

그림 1-3 교육과정의 변화: 변화 전과 후의 크기가 같음[18]

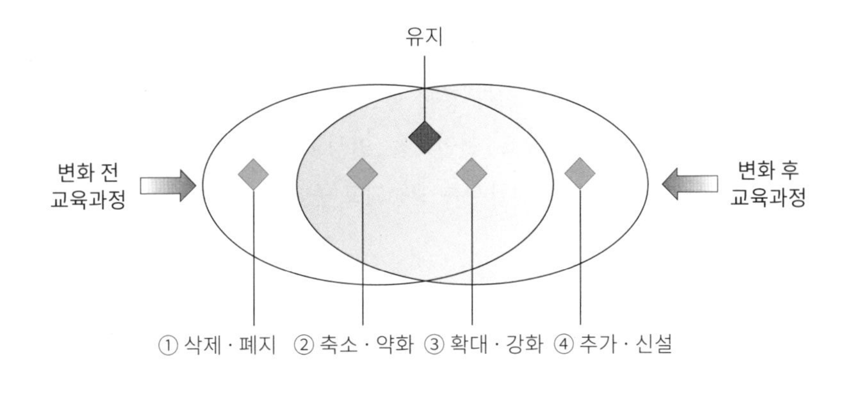

그러나 현실에서 교육과정은 위와 같은 양상으로 변하지 않는다. 현실에서 교육과정은 폐지는 매우 적고 신설이 많아서 변화가 될수록 교육과정은 비대(肥大)해 지게 된다. 대학의 두

꺼운 요람(要覽)(혹은 강의일람)이 대표적인 예이다. 2009년 1학기에 개설된 서울대학교 강의 수는 총 3천여 개에 이른다.[19] 1642년 하버드대학의 전체 교육과정에서 개설된 강좌 수는 얼마 되지 않으나 지금은 파악이 어려울 정도로 많을 것이다. 물론 여기에는 사회가 발전하면서 지식이 폭발적으로 증가한 것이 한 원인일 것이다. 그러나 보다 근원적인 원인은 학교 교육과정에 한번 편입된 것은 쉽게 폐지되지 않으나, 새로운 교육내용은 계속 진입을 시도하기 때문이다.

표 1-4 하버드대학의 교육과정(1642)[20]

	1학년	2학년	3학년
월	논리학 및 물리학	윤리학 및 정치학	대수학, 기하학 및 천문학
화	논리학 및 물리학	윤리학 및 정치학	대수학, 기하학 및 천문학
수	희랍어(어원, 구문, 문법)	희랍어(작시법)	희랍어(문형)
목	히브리어(문법, 구약)	시리아어(에스라서와 다니엘서)	시리아어(신약)
금	수사학		
토	교리문답, 역사 및 식물		

우리의 경우에도 학교 교육과정사에서 폐지된 것은 반공도덕생활,* 교련과목 등 극히 소수에 불과하다. 하지만 새롭게 신설된 교육과정은 보건, 진로와 직업, 정보(소프트웨어교육), 과학탐구실험,** 안전생활,*** 과학사, 연극 등이 있으며, 비교과 교육과정으로 학교스포츠클럽활동, 영양교육, 심리상담, 진로교육, 인권교육, 인성교육 등으로 매우 많다. 따라서 [그림 1-4]처럼 학교교육과정은 시간이 지날수록 팽창되고 증대되는 것이다.

* 2차 교육과정기 교과외활동으로 편제되었다.

** 2015 교육과정에서 고교 공통필수과목으로 신설되었다.

*** 2015 교육과정에서 초등학교 교과로 신설되었다.

그림 1-4 교육과정의 변화: 교육과정이 점점 증대됨

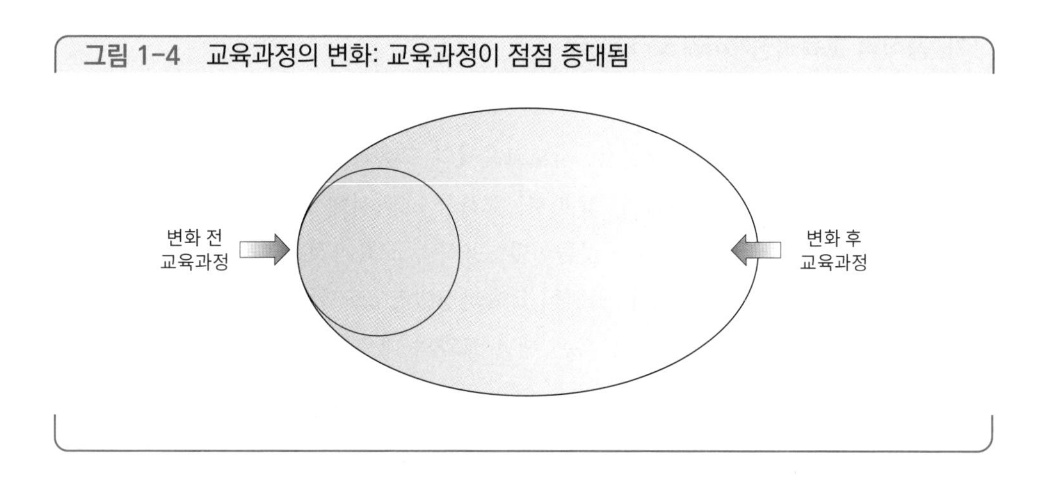

제6절 교육과정의 다양한 모습

1. 보이는 정도에 따른 구분*: 공식적, 잠재적, 영 교육과정

교육과정을 보이는 정도에 따라 구분하면 공식적, 잠재적, 영 교육과정으로 구분할 수 있다. [그림 1-5]에서 물 밖으로 드러나 보이는 교육과정이 공식적 교육과정이다. 다음으로 수면 바로 밑에서 보일락 말락 하는 것이 잠재적 교육과정이다. 마지막으로 수면 저 밑에 있어 보이지 않는 것이 영 교육과정이다.

그림 1-5 공식적, 잠재적, 영 교육과정

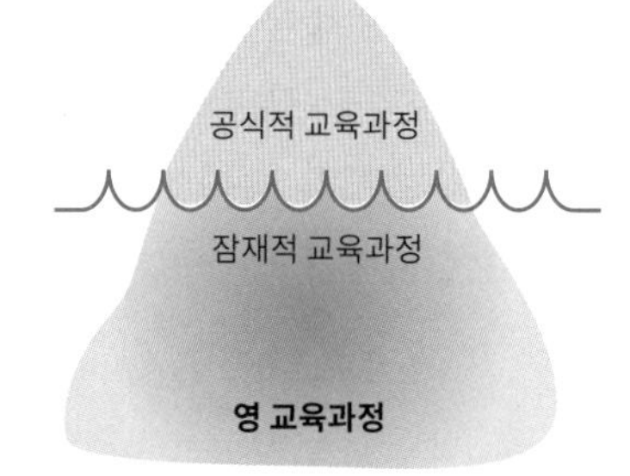

* 공식화 혹은 표면화 정도에 따른 구분과 같은 의미이다.

가. 공식적 교육과정(formal curriculum)

공식적(formal) 교육과정은 잘 보이는 교육과정이다. 보통 교육과정을 연상하면 떠오르는 것은 국가교육과정문서 및 해설서, 시도교육청의 교육과정 지침, 학교의 연간 교육과정 운영계획, 교사의 수업계획서, 교과서, 교사용 교과서해설서, 시험지, 시간표 등이다. 이들은 모두 가시적인(visible) 것들이다. 공식적 교육과정은 사전에 계획되고 실천 및 평가가 가능한 교육과정이다. **표면적** 교육과정이라고도 한다. 교육과정의 가장 **일반적인** 모습이며 '교육과정은 교과목 혹은 해당 교과의 내용이다'의 정의와 잘 부합하는 교육과정이다.

나. 잠재적 교육과정(latent curriculum)

잠재적(latent) 교육과정의 개념은 잭슨(P. Jackson)이 처음 제시했다.[21] 잠재적 교육과정은 잘 보이지 않는다. 그래서 숨은(hidden) 교육과정으로도 불린다. 그러나 잘 보면 보인다. 잠재적 교육과정은 공개적으로 가르치거나 다루어지지 않았지만 수업분위기, 학급문화, 학교의 관행 등으로 학생이 은연중에 **배우거나 경험한** 것들이다. 잠재적 교육과정은 가치, 태도, 행동양식 등의 비형식적(informal) 교육과정이다.

잠재적 교육과정을 구분하는 중요한 기준은 공개성 여부이다. 공개적으로 가르치거나 다루어지지 않은 상태에서 학습이나 경험이 일어났다면 그 모두가 잠재적 교육과정일 것이다. 교사나 교육과정 개발자가 의도적으로 배제하였는가 여부는 중요하지 않다. 또한 학생이 해당 내용이 배제되었음을 인지하였는가도 구분에서 중요하지 않다.

잠재적 교육과정은 그 원인이 수업분위기, 학급이나 학교의 문화, 상, 벌, 관행, 편견, 시설 등으로 매우 다양하다. 잠재적 교육과정을 흔히 공식적 교육과정의 **그림자**라고 한다. 이것은 공식적 교육과정이 있는 곳에 보통 잠재적 교육과정이 같이 존재하기 때문이다. 잠재적 교육과정은 **사후적** 개념이며 결코 사전적 개념이 아니다. 교육과정이나 수업 후 나타나서 사후에 확인이 가능하다. 그래서 아이즈너(E. Eisner)는 잠재적 교육과정을 사후적 결과(expressive outcomes)로 표현하였다.

표 1-5 잠재적 교육과정과 공식적 교육과정의 구분

공개성 여부	교사, 교육과정 개발자의 의도성 여부	해당 내용이 배제되었음을 학생이 인지했는지 여부	
공개적으로 드러나지 않은 상태(숨겨진 상태)에서 학습이 일어남*	① 의도적으로 해당 내용을 배제함 ② 의도하지 않게(무의도적) 해당 내용을 배제함	① 학생이 해당 내용이 배제되었음을 인식하지 못하지만 은연중에 배움(학습됨) ② 학생이 해당 내용이 배제되었음을 인식하고 숨겨진 내용을 파악함(즉, 교묘하게 은폐되었음을 인식하고 그 속에서 행간을 읽고 해당 내용을 알게 됨)	**잠재적 교육과정**
공개적으로 드러난 상태에서 학습이 일어남**	**공식적 교육과정**		

잠재적 교육과정의 사례는 다음과 같다.

- 영어시간에 조별로 영어 회화를 하는 과정에서 잘 하는 학생과 못하는 학생 간에 차이가 확인되고, 못하는 학생은 자괴감과 부끄러움을 느끼고, 잘하는 학생은 자만심을 느꼈다.
- 학생이 영어공부는 학원이 학교보다 더 잘 가르치고 학교 영어교육이 학원을 따라갈 수 없다고 은연중에 생각하였다.
- 해외에서 공부를 하였거나 영어 학원, 과외 등을 받은 학생이 영어를 잘 하는 것을 보고 부모의 사회경제적 지위가 높은 학생들이 대체로 영어를 잘 한다고 생각하였다.
- 독도가 과거부터 우리의 땅임을 교육하기 위해서 역사적 증거를 소개하였는데 학생들은 의도하지 않게 일본에 대한 적개심을 가졌다.
- 민주주의 교육의 일환으로 학생회 임원선거를 실시하였으나 학생들이 기성세대의 잘못된 선거방식을 모방하였다. 또한 민주주의 교육의 일환으로 도입된 반장, 부반장 선거가 인기투표로 변질되었다.
- 우리의 우수한 국민성을 가르치기 위해서 IMF 시절 금모으기 운동을 예로 들었지만 몇몇 학생들은 그것이 잘못된 국민성의 표출이라고 비판하였다.

* 예: 사회과에서 공개적으로 다루지 않는 1970~80년대 산업화 과정에서 노동자의 애환을 학생이 은연중에 파악하는 것. 학교에서 무의도적으로 다루지 않는 학교의 권위적 구조를 학생이 은연중에 파악하는 것.

** 교육과정에 공개적으로 해당 내용을 다루고 교사는 교육하고 그래서 학습이 일어나는 경우이다. 예: 사회과에서 공개적으로 다루는 새마을 운동, 기업가의 역할을 학생이 배우고 학습이 일어난 경우이다.

- 한자교육을 위해서 학교에서 한자쓰기 연습을 많이 시켰는데 학생들은 오히려 한자를 싫어하였다.
- 사교육을 줄이기 위해서 영어, 수학 등의 수준별 수업을 도입하였으나 오히려 사교육이 증가되었다.*
- 수학과 영어교육을 강조하기 위해서 내용을 늘리고 난이도를 높였는데 의도하지 않게 수포자(수학포기학생), 영포자(영어포기학생) 등이 다수 발생하였다.
- 수학교사가 학습목표인 2차함수의 기울기에 대하여 열심히 설명하였다. 이후 수업 정리시간에 형성평가를 통하여 확인한 결과 대부분의 학생이 2차함수의 기울기 개념을 알고 관련 문제를 풀었다. 해당 교사는 학습목표가 달성이 되었으므로 성공한 수업으로 생각하고 만족하였다. 그러나 학생들은 교사의 일방적인 수업방식에 지루함을 느끼고 수학에 대해서도 싫증을 느꼈다. 이것은 의도하지 않게 나타난 결과이다.
- 평가가 의도하지 않게 학생들의 경쟁을 유발하고 자존감에 부정적 영향을 미쳤다.
- 학교에서 하급생들이 상급생들에게 깍듯이 인사하고 고분고분 언행을 한다. 선배에게 깍듯하고 고분고분해야 한다는 교칙이 없음에도 불구하고 학교문화를 통해 자연스럽게 배우게 되었다.
- 관료조직인 학교에서 교사가 교장, 교감의 권위에 순종하는 것을 보면서, 학생들은 은연중에 권위에 순종해야 함을 배웠다. 또한 교단은 교수학습의 효과와 원활한 수업운영을 위해 둔 것인데, '교단의 권위 실추'라는 말에서 교단이 권위를 상징하는 것으로 변질되었다.
- 학생들은 가정이나 사회에서 보다 오히려 학교에서 욕설과 속어를 주로 배운다. 집단생활의 의도하지 않은 결과인 것이다. 집단따돌림 문화 역시 집단생활의 의도하지 않은 부정적 결과이다.
- 보통 1~3교시는 국어, 영어, 수학, 사회, 과학 수업으로 배정된다. 반면, 5~6교시는 음악, 미술, 체육 등으로 배정이 된다. 학교의 여러 자원과 상황을 고려하고 교육목적을 달성하기 위하여 시간표를 작성한 것인데, 학생들은 은연중에 5~6교시보다 1~3교시

* 수준별 수업을 실시하는 학교에서 오히려 사교육이 늘어난 것으로 조사되었다. 수준별 수업을 하는 학교의 학생들이 그렇지 않은 학생들보다 사교육 등 정규수업외 학습을 많이 하는 것으로 나타났다. 심화나 보충학습 목적의 사교육 모두가 늘어났으며 통계적으로 유의하였다. 특히 보충학습 목적의 사교육 학습이 많이 늘어났다. 수준별 수업을 실시하는 학교의 학생들이 비실시 학교보다 주당 평균 1시간의 사교육 학습을 더 많이 하는 것으로 나타났다. 이러한 분석결과는 수준별 수업이 사교육비 경감에 효과가 제한적인 것으로 나타난 선행연구와도 일치한다. [출처: 김대석, 조호제(2013). 수준별 수업이 학업성취도에 미치는 영향. 교육문제연구, 26(2), 1-24.]

에 배정된 교과들이 중요하다고 생각하였다.

• 교과서에서 등장인물이 쓰는 용어가 의도하지 않게 학생들 사이에서 은어나 속어로 사용되었다.

• 표준어를 교양있는 사람들이 쓰는 현대 서울말로 정의함으로써 표준어를 배우는 시간에 사투리를 쓰는 지방학생들은 수치심과 부끄러움을 느끼게 되었다.

• 교사가 수업분위기를 화기애애하게 만들기 위해서 부드럽고 편안한 언행과 표정을 하였는데, 결과적으로 학생의 자존감을 높이고 인성향상 및 좋은 언어습관 형성에 기여하였다.

다음은 **잠재적 교육과정의 실제사례**이다.

• 특성화고교 진로수업시간에 학생들이 지루함을 느껴서 한국산업인력공단에서 고졸 계약직 직원이 노력하여 정규직 사원이 되기까지의 관련 기사를 소개하였다. 정규직 직원이 되기 위해서 무엇을 어떻게 준비해야 하는가를 다룬 것이 아니고, 고졸사원이라도 노력하면 학벌에 상관없이 정규직이 될 수 있다는 의도로 소개한 것이다. 그냥 가볍게 읽어보라는 의도로 소개한 것인데, 학생들이 교실 게시판에 붙이고 '열심히 하자'의 제목 문구까지 만든 것을 보고 교사로서 깜짝 놀랐다. 의도하지 않게 학생들이 진지하게 받아들여서 교사로서 내심 감동하였다.

• 기간제교사가 다른 선생님 대신 대체수업을 하게 되었다. 원래 그 시간에 영화를 볼 예정이었다고 한다. 그러나 해당 교사는 정상적으로 수업을 강행할 것을 말하였고 이에 학생들이 반발하였다. 그는 수업해야 함을 단호하게 주장했지만 이미 기대가 부푼 학생들 역시 의지를 꺾지 않았다. 결국 수업을 진행하지 못하고 자율학습으로 대체하였다. 몇몇 선동한 학생을 교무실로 불러 훈계하였지만 뉘우치는 모습이 없었다. 다시 돌이켜 보면 의도와 다른 부정적 결과를 나은 사건이었다. 때로는 학생의 요구를 어느 정도 받아들여 수업을 진행할 필요성도 있다는 것을 배운 사건이었다.

• 특성고교에서 학생면담시간에 한 학생이 '제가 성적이 낮은데도 불구하고 은행에 취업할 수 있을까요?'라고 물었다. 사실 낮은 성적으로 은행에 입사하기 어려운 것이 현실이다. 하지만 '열심히 하면 가능하다'는 말과 함께 격려를 매번 아끼지 않았다. 얼마 후 그 학생은 수업에 열심이었고 필요한 자격증도 취득하였다. 그 후 졸업과 동시에 신협에 취직을 하였다는 말을 들었다. 긍정의 말과 격려가 기대이상의 변화를 일으킨 것이다.

다. 영(null) 교육과정

'null'은 '없다'는 의미이다. 따라서 영 교육과정은 '없는' 교육과정이다. 영 교육과정은 학교에서 공개적으로 가르치지 않거나 소홀히 다루어지는 교과지식, 사회양식, 가치, 태도, 행동양식 등을 일컫는다. 영 교육과정은 의도적인 배제이건 비의도적인 배제이건 결과적으로 배제되었으며 그래서 학생수준에서 학습(혹은 경험)이 전혀 일어나지 않은 것이다.

영 교육과정은 아이즈너(E. Eisner)가 사용한 개념이다.[22] 그에 의하면 영 교육과정은 교육적 가치가 있음에도 불구하고 학교에서 의도적으로 또는 비의도적으로 배제되고 가르치지 않는 것이며 그래서 학습이 전혀 되지 않은 것이다. 중요한 것은 교육과정에서 배제되고 학습되지 않음으로써 학생들은 대안적 사고와 선택을 하지 못하고 편향되고 경직될 수 있다. 아이즈너는 '영 교육과정을 새롭게 조명하여 공식적 교육과정을 더 풍성히 할 것'을 제안하였다.[23] 그의 제안은 공식적 교육과정을 부정하는 것이 아니라 가치있는 영 교육과정을 발굴하자는 의미이다.

영 교육과정의 사례는 다음과 같다.

- 정치적으로 민감한 내용, 마르크스(K. Marx)의 자본론, 종교적인 내용(창조론), 대인관계 기술, 대중문화 등은 학교 교육과정에서 배제되거나 소홀히 다루어지고 있다.
- 학교 교육과정에서 직관적 사고가 소홀히 다루어진다. 학교교육은 전통적으로 수학, 과학, 언어 등을 통해 논리적 사고를 강조하여 왔다.
- 간단하고 기본적인 전기제품이나 자동차 수리, 전등이나 유리창 갈기, 공작, 응급처치, 건강관리 등은 실생활에 매우 유용함에도 불구하고 학교 교육과정에서 소홀히 다룬다.
- 학교교육은 교과교육을 기반으로 인지능력 향상을 주요 목적으로 삼았다. 학교의 공식적 교육과정은 인지능력개발, 외현적인 지식이나 기능(skills) 및 태도 함양을 목적으로 삼고 있다. 그러나 자신의 감정을 이해 및 조절하고 타인의 감정에 공감하는 등의 정서교육은 다루어지지 않았다. 즉, 내면적인 감성, 의지, 열정 등은 영 교육과정으로 취급되었다.
- 인성교육이 중요함을 강조하고 있으나 정작 학교에서 인성교육에 많은 시간을 할애하지 않고 있다. 또한 인성교육의 방향, 원리 등은 많이 제시되고 있으나 구체적인 실천방법은 교육되지 않고 있다.
- 사범대학이나 교육대학 등 교원양성기관에서 학교폭력이나 욕설, 왕따 등을 어떻게 대처하고 예방할 것인가에 관한 구체적인 방법은 교육되지 않고 있다. 주로 이론적 내용과 학교폭력위원회 개최 등 법리적 내용을 다루고 있다.
- 진로탐색, 진로체험, 진로결정 등의 진로교육이 학교 교육과정에서 소홀히 되고 있다.

- 남한에서는 북한의 문학작품을, 북한에서는 남한의 문학작품을 학교 교육과정에서 의도적으로 배제하고 교육하지 않는다.
- 국어 교과서에 세계문학이 소개되나, 대입수학능력시험에서는 국문학이 주로 출제되어서 국어시간에 세계문학이 소홀히 교육되고 있다.
- 국어 작문시간에 작품을 정확히 분석하고 해석하는 독해는 많이 강조되나, 작품을 직접 쓰면서 창작력, 상상력을 기르는 글쓰기와 논리적 글쓰기 교육이 소홀히 되고 있다. 또한 화법시간에 토론, 발표 등을 통하여 말하기를 연습하고 습관화하는 교육이 부족한 편이다.
- 국어교육에서 문법과 표준어를 가르치나, 정작 바른말과 고운 말을 연습하고 습관화하는 것은 교육되지 않고 있다. 학생들은 가정이나 사회에서보다 오히려 학교에서 은어와 속어, 욕설을 배운다. 학생들에게 은어와 속어, 욕설은 일상화된 심각한 문제이다. 그러나 정작 학교에서는 어떤 것이 은어와 속어이며 그것의 부정적 영향에 대해 가르치지 않는다.
- 외국어교육에서 정확한 언어사용과 문법을 강조하나 실제적 의사소통능력과 유창성을 소홀히 다룬다.
- 외국어교육에서 도구적 목적을 중시하여 해당 언어와 관련된 문화교육을 소홀히 다룬다.
- 역사교과서에서 신라의 삼국통일과 통일신라의 발전과 변화를 많이 기술하고 있으나 발해사는 매우 조금 다룬다.
- 역사교육이 왕조사, 정치사 중심이고 지배계층(귀족) 중심으로 교육되고 있다. 반면, 문화사나 경제사, 서민들의 생활사는 소홀히 다룬다.
- 역사교육에서 역사적 사실과 지식을 주로 교육하는 반면, 왜 역사를 배워야 하는가에 대한 것은 소홀히 교육되고 있다.
- 세계사 교과서에 신항로 개척, 미국의 독립전쟁과 영토확장은 기술하였으나 인디언들의 피해, 몰락은 기술하지 않았다.
- 과학교육에서 생명공학 기술의 원리와 사례, 영향 등을 교육하고 이를 통해 생명공학기술이 질병치료, 식량생산 등 인간의 삶에 기여함을 강조한다. 그러나 생명윤리와 관련된 문제는 매우 소홀히 다룬다.
- 과학 교과서에 기술된 이론이 여러 가설 중 하나이며 특정 실험환경하에서 성립된다는 것을 강조하지 않음으로써 학생들은 그것이 마치 절대불변의 진리인 것으로 오해한다.

한편 교육과정이나 교과서에 있으나 환경, 시설, 도구, 시간, 인력 등의 여러 원인으로 가르칠 수 없거나 소홀히 다뤄지는 것 역시 영 교육과정이다. 사실 이것은 현장의 교사에게 더 직접적이고 중요한 의미를 가진다. 예를 들어, 체육교과에 수영을 가르칠 것을 권하나 학교나 인근에 수영시설이 없어 가르칠 수 없다면 결국 영 교육과정인 것이다. 실험실, 실험기구 등의 부족으로 과학 실험을 하지 못하여 이론과 지식 설명 위주로 과학교육을 하는 경우도 마찬가지이다.

공식적 교육과정과 영 교육과정은 서로 상대적이다. 이것의 의미는 공식적 교육과정과 영 교육과정은 이들은 시대와 상황에 따라 서로 바뀐다는 것이다. 예를 들어 ICT교육, SW교육은 1970년대 영 교육과정이었으나, 현재에는 공식적 교육과정에 포함된다. 교련은 공식적 교육과정에서 영 교육과정으로 배제되었다. 창조론은 20세기 초 공식적 교육과정이었으나 지금은 영 교육과정이다. 시대에 따른 역사교육의 강화와 약화 역시 마찬가지이다. 항상 공식적 교육과정이거나 영 교육과정인 것은 없다.*

2. 계획한, 실천한, 경험한 교육과정

교육의 진행과정에서 시간의 경과를 기준으로 하여 계획한, 실천한, 경험한 교육과정으로 구분할 수 있다.

① 계획한 교육과정: 교육과정을 '계획된 활동'으로 정의할 경우 교육과정은 계획된 모든 활동을 포함한다. 문서화되든 그렇지 않든 사전에 계획된 것은 교육과정이 된다. 국가수준에서 계획된 교육과정 문서, 학교의 연간 교육과정 계획서, 수업지도안 등이 여기에 포함된다.**

② 실천한 교육과정: 학교의 교육활동을 통해 전개하고 실천한 교육과정을 의미한다. 주로 학교나 교사 수준의 교육과정을 말한다.

③ 경험한 교육과정: 학생은 학교나 교사에 의해 실천된 교육과정을 경험한다. 이것은 주로 학습결과 측면을 다룬다.

범위: 일반적으로 계획한 교육과정의 범위가 실천한 교육과정과 경험한 교육과정보다 크다고 한다.[24] 그 이유는 계획한 교육과정이 현실적 조건부족 때문에 전부 실천되기 어렵고, 학생들 역시 실천한 내용을 전부 배우거나 경험하지 못하기 때문일 것이다. 그래서 [그림 1-6]처럼 범위가 점점 작아진다.

* 그러나 공식적 교육과정과 잠재적 교육과정이 서로 상대적인 것은 가정하기 어렵다. 즉, 시대와 상황의 변화에 따라 한때 공식적 교육과정이 잠재적 교육과정으로 바뀌고, 역으로 잠재적 교육과정이 공식적 교육과정으로 바뀌는 것은 가정하기 어렵다.

** 1장 2절 '교육과정의 다양한 정의' 중 '교육과정은 계획된 프로그램이다' 참조(p. 10).

그림 1-6 계획한, 실천한, 경험한 교육과정

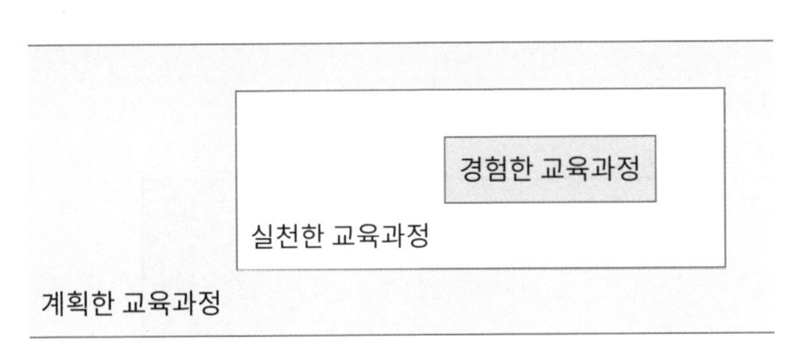

그러나 계획한 것에서 실천한 것, 그리고 경험한 것으로 갈수록 범위가 점점 작아진다는 것은 오류이다. 진행과정에 따른 교육과정 구분과 각각의 범위는 무관할 것이다. 이유는 잠재적 교육과정과 영 교육과정을 고려한다면 진행과정과 각각의 교육과정의 범위는 전혀 무관하기 때문이다.

실천한 교육과정: 학교나 교사는 계획한 교육과정을 대부분 실천한다. 따라서 계획한 교육과정과 실천한 교육과정은 많이 겹친다. 그러나 실천은 계획의 범위를 넘어선다. 계획한 것 중 실천하지 못하는 것도 있지만, 계획하지 않은 것을 실천하기도 한다. 교사는 실천과정에서 계획에 없지만 새롭게 교육과정을 만들어 낸다. 그러므로 계획한 교육과정과 실천한 교육과정은 범위가 서로 겹치기도 하지만, 일치하지 않으며 포함하는 관계도 아니다. 양자의 범위는 다른 것이다.

경험한 교육과정: 학생이 경험한 교육과정은 대부분 실천된 교육과정 범위 내에서 존재할 것이다. 그러나 실천하지 않았지만 경험할 수 있다. 즉, 가르치지 않았으나 학생이 문화, 분위기, 규칙 등으로 은연 중에 경험할 수 있다. 바로 **잠재적 교육과정**인 것이다. 따라서 실천한 교육과정과 경험한 교육과정은 범위가 서로 겹치기도 하지만, 일치하지 않으며 포함하는 관계도 아니다.

한편 계획하지 않고, 실천하지 않았으며 그래서 경험하지 않았지만 교육과정인 것이 있으니 바로 **영 교육과정**이다. 영 교육과정은 그림에서 계획한, 실천한, 경험한 교육과정 밖에 존립할 것이다. 따라서 계획한, 실천한, 경험한 교육과정과 잠재적 및 영 교육과정의 관계는 [그림 1-7]과 같다.

그림 1-7 계획한, 실천한, 경험한 교육과정(수정)

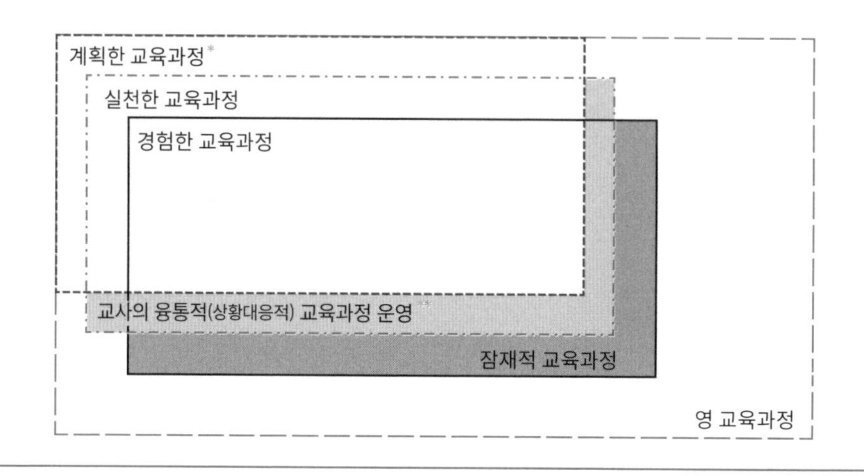

* 교사 수준의 교육과정 재구성은 계획한 교육과정에 해당될 것임.
** 다양한 교육환경에 대응하는 교사의 융통적(상황대응적) 교육과정 운영.

생각해 볼 문제

1. 좋은 수업

학창시절에 경험한 '좋은' 수업 장면 혹은 '좋지 않은' 수업 장면을 구체적으로 기술하고 그 이유와 대안(혹은 발전방안)을 제시하시오.

2. 잠재적 교육과정

학창시절에 경험한 잠재적 교육과정의 사례를 구체적으로 기술하고, 부정적 경험이면 해결방안, 긍정적 경험이면 발전방안을 제시하시오.

3. 영교육과정

(아래 사항을 고려하여) 내가 생각하는 교육적 가치가 있는 영교육과정을 제시하고 그 이유와 기대효과를 제시하시오.

- 왜 그것이 교육적 가치가 있는가? 그것이 학교교육과정에서 다루어지지 않아서 현재 어떠한 문제점이 발생하는가?
- 그것이 학교교육과정에서 다루어진다면 어떠한 기대효과가 예상되는가?

임용기출문제

Q1 박 교사의 고백을 읽고 학생들이 수업에서 소극적으로 행동하는 문제를 잠재적 교육과정 관점에서 진단하고 해결책을 제시하시오(2014 중등).

박 교사: 선생님께서는 교직 생활을 오래 하셨으니 학교의 일상적인 업무뿐만 아니라 가르치는 일에서도 큰 어려움이 없으시죠? 저는 새내기 교사라 그런지 아직 수업이 힘들고 학교 일도 낯섭니다.

최 교사: 저도 처음에는 교직 생활이 힘들었지요. 특히 수업 시간에 반응을 잘 보이지 않으면서 목석처럼 앉아 있는 학생이 있을 때는 어떻게 해야 할지 모르겠더군요.

박 교사: 맞아요. 어떤 학습에서는 제가 열심히 수업을 해도, 또 학생들에게 질문을 던져도 몇몇은 그냥 고개를 숙인 채 조용히 있습니다. 심지어 어떤 학생은 수업 시간에 아예 침묵으로 일관하기도 하고, 저와 눈도 마주치지 않으려고 해요. 또한 가정환경이 좋지 않은 몇몇 학생은 다양한 문화적 경험을 가질 기회가 상대적으로 부족해서 그런지 수업에 관심도 적고 적극적으로 참여하지도 않는 것 같아요.

사례 문제

Q1 다음은 학년초 학교에서 교육과정을 어떻게 운영할지 결정하기 위한 워크숍 상황이다. 다음 상황을 읽고, 토론문제를 해결해보자.

교무부장: 오늘 교육과정 워크숍의 첫 번째 주제인 학교장허가체험학습*에 대해 논의하겠습니다. 우선 학교장허가체험학습을 며칠까지 허용해야 할까요?

A교사: 저는 학교장허가체험학습을 일주일로 제한해야 한다고 생각합니다. 물론 학교장 재량에 의해 20일까지 허용 가능하지만, 학교는 학생들이 배워야 할 필수적인 내용들이 체계적으로 구성되어 있는 교육의 장입니다. 학생들이 학교를 너무 많이 빠지고 가정체험학습을 가는 것은 학습의 결손을 초래한다고 생각합니다.

B교사: 저는 다르게 생각합니다. 학교의 교육내용도 중요하지만, 학생들이 다양한 장소와 시간에 여러 가지를 체험하는 살아있는 교육도 중요하다고 생각합니다. 따라서 학생들이 다양한 경험을 할 수 있도록 학교장허가체험학습일을 20일까지 허용해야 한다고 생각합니다.

중략

교무부장: 오늘 교육과정 워크숍의 두 번째 주제인 학생 <u>동기유발을 위한 다양한 교육활동</u>에 대해 이야기해보겠습니다. 좋은 의견을 많이 제시해 주십시오.

교감: 여러 선생님들께서 노력해주셔서 학생들의 교육활동이 다양해지고 있습니다. 그런데 가장 중요한 교육활동은 교사 자신이라고 생각합니다. 선생님들께서는 학생의 감정을 고려하시어 개별적으로 신경써주시고, 수업시간에도 친절히 가르쳐주시면 학생은 어떤 열악한 조건에서도 선생님의 교육내용에 빠져들게 된다고 생각합니다. 이러한 선생님의 배려를 토대로 하여 부가적으로 다양한 교육활동이 이루어져야 한다고 생각합니다.

연구부장: 최근 20여 년 남짓 교육과정이 교과서보다 더 중요하다는 말을 해오고 있습니다. 2015년 고시된 국가교육과정에서도 성취기준이 제시되었고, 교사들은 성취기준에 준하여 다

* 학부모가 학교에 신청하고 학교장의 사전허가에 의해 학생들의 출석을 인정해주는 제도.

양한 교육과정을 편성하여 운영할 수 있습니다. 교과서는 이제 양질의 교육자료이지, 절대적인 성격이 아니라는 것이지요. 그렇다면 우리 학교는 나름대로 교과서에 실리지 않았지만, 중요하고 교육적인 지식이나 활동을 선별하여 성취기준에 맞게 가르치는 작업을 했으면 좋겠습니다. 이에 따라 학교 내의 교육과정 발굴 교사 동아리를 만들고자 합니다.

C교사: 저는 다양한 교육활동으로 학생들의 정서교육이 필요하다고 생각합니다. 우리나라 교육은 학생들의 지적인 성장을 목적으로 했고, 이에 따라 각 교과의 교육내용이 주로 중요시되어 왔습니다. 하지만 이제는 학교의 역할이 학생들의 지적 성장뿐만 아니라 정서적 성장까지 확대되어가고 있습니다. 학교폭력, 교실 붕괴 등의 문제들도 정서교육을 통해 어느 정도 예방이 될 수 있습니다. 학생들이 학교를 사랑하고 학교에서 행복을 느낄 수 있는 다양한 정서교육 프로그램이 도입되어야 합니다.

1. 워크숍의 첫 번째 주제에서 'currere'가 갖는 이중적 의미와 교육과정에 대한 다양한 정의를 토대로 학교장허가 체험학습을 둘러싼 A교사와 B교사의 의견 대립에 대하여 자신의 생각을 논하시오.

2. 워크숍의 두 번째 주제에서 교감선생님이 말한 내용을 잠재적 교육과정과 관련하여 논하시오.

3. 워크숍의 두 번째 주제에서 연구부장과 C교사가 말한 내용을 영 교육과정과 관련하여 논하시오.

1장 미주

1 Schubert et al.(2002). Curriculum Books: The First Hundred Years. Peter Lang.

2 https://en.wikipedia.org/wiki/Petrus_Ramus#/media/File:Petrus_Ramus.jpg

3 https://gallica.bnf.fr/ark:/12148/bpt6k109353f.image

4 P. Ramus(1576). Professio regia. Basle.

5 자세한 내용은 소경희(2019). **교육과정의 이해**. 서울: 교육과학사. 38–39. Petrina, S., Lee, Y.-L. & Feng, F. (2016). On the historiography of curriculum: The legend of Petrus Ramus. Paper Presented at the annual meeting of *the American Educational Research Association*, Washington, DC, 8–12 April 2016. Triche, S. & McKnight, D. (2004). The quest for method: The legacy of Peter Ramus. *History of Education*, 33(1), 39–54.를 참조하시오.

6 홍후조(2011). 알기 쉬운 교육과정. 학지사. p. 16.

7 Schubert(1986). Curriculum: Perspective, Paradigm, Possibility. Macmillan Publishing Co.; 연세대 교육과정연구회(역)(1992). 교육과정이론. 양서원. p. 36.

8 Schubert(1986). 전게서. p. 37.

9 Schuber(1986). 전게서.

10 Schubert(1986). 전게서.

11 Schwab, J. J.(1973). The Practical 3: Translation into curriculum. *School Review*, 81, pp. 501–522.

12 Schubert(1986). 전게서.

13 Kliebard, H. M.(1972). Metaphorical roots of curriculum design. *Teachers College Record*, 72(3), pp. 403-404.

14 https://www.gettyimagesbank.com

15 https://www.gettyimagesbank.com

16 https://www.gettyimagesbank.com

17 홍후조(2011). 전게서. p. 18.

18 서울대저널 96호.

19 홍후조(2011). 전게서. p. 18.

20 Cremin L. A.(1970). *American Education; The Colonial Period*, 1607~1783, New York: Harper & Row Publishers, p. 214; 이성호(1987). 대학교육과정론: 쟁점과 과제, 서울: 연세대학교 출판부. p. 40에서 재인용.

21 김종서(1994). 잠재적 교육과정의 이론과 실제. 교육과학사. pp. 67-70.

22 Eisner. E. W.(1979). 교육적 상상력. 이해명 역(1983). 단국대학교 출판부.

23 Eisner. E. W.(1979). 전게서. p. 124.

24 홍후조(2011). 전게서. p. 58.

CHAPTER

2

교육과정의 관점(유형)

2

교육과정의 관점(유형)

Contents

제 1 절 교육과정의 관점 분류

우리가 학파(學派, school)라고 부르는 집단은 교육을 보는 관점의 차이에서 발생한 것이다. 저자에 따라 교육과정 사조, 관점, 유형, 학파 등으로 다르게 불린다. 본서에서는 관점이라는 용어를 사용한다.

슈버트는 교육과정에 관한 적어도 세 개의 유력한 관점을 제시하였다.[1] ① 지적 전통주의자(intellectual traditionalists), ② 사회적 행동주의자(social behaviorists), ③ 경험주의자(experientialists)가 그것이다. 각각은 학문이나 교과, 사회, 학생의 요구를 강조하는 정도에서 차이가 난다. 지적전통주의는 교과나 학문의 요구를 더 강조하는 관점이며, 사회적 행동주의는 사회의 요구를 강조하며, 경험주의는 학생 개인의 요구나 흥미를 강조하는 관점이다.

① 19세기 중후반부터 확대된 공립학교의 교육과정을 무엇으로 운영할 것인가에 대하여 당시 교육가 중 일부는 교과중심 교육과정을 주장하였으며 이를 통해 정신도야를 추구하였다. 이러한 관점을 옹호하는 사람들을 지적 전통주의자라고 한다.[2]

② 한편 지적전통주의 관점이 지배하던 당시 상황에서 이들의 한계를 지적하고 새로운 대안을 제시한 두 개의 관점이 생겨났다. 그 중 하나는 양적 측정, 행동주의심리학, 교육에 있어서 홉스(Hobbes)의 입장에 동의하는 관점이었다. 이들의 관점을 사회적 행동주의라고 한다.

③ 다른 하나는 듀이(J. Dewey)의 철학에 뿌리를 두고서 교육에서 예술과 과학의 상황적이고, 맥락적인 상호작용을 지향하였다. 이들의 관점을 경험주의라고 한다.[3]

따라서 교과, 사회, 아동의 요구에 대한 강조점에 따라 교육과정의 관점은 크게 세 가지로 분류된다.[4] 먼저 교과나 학문의 요구를 더 중시하는 관점으로 교과중심 교육과정과 학문중심 교육과정, 성취기준 교육과정을 포함한다. 다음으로 사회의 요구를 강조하는 관점으로 사회재건주의 교육과정, 교육과정 사회학을 포함한다. 마지막으로 아동의 요구를 중시하는 관점으로 경험중심 교육과정, 인간중심 교육과정, 구성주의 교육과정, 재개념주의 교육과정 등이 포함된다. 기타 생활적응 교육과정, 중핵 교육과정, 행동주의 교육과정 등이 있다. 이상의 교육과정의 관점을 요약 정리하면 [표 2-1]과 같다.

표 2-1 교육과정의 관점 분류

교과의 요구를 중시하는 관점	사회의 요구를 중시하는 관점	학생의 요구를 중시하는 관점
• 교과중심 교육과정(과거~현재) • 학문중심 교육과정(60년대~) • 성취기준 교육과정(80년대~)	• 사회개조 교육과정 • 교육과정 사회학(70년대~)	• 경험중심 교육과정(20세기 초) • 인간중심 교육과정(70년대~) • 재개념주의 교육과정(70년대~)
생활적응 교육과정, 중핵 교육과정, 행동주의 교육과정, 구성주의 교육과정		

※ ( )는 크게 유행한 시기임.

한편 비판적 관점에서 교육을 통한 사회개혁을 주장하는 관점이 있는데 사회재건주의 교육과정, 교육과정 사회학이 그 예이다. 따라서 슈버트의 세 가지 관점과 비판적 관점을 포함하여 크게 네 가지로 교육과정의 관점을 분류할 수 있다.

표 2-2 교육과정의 관점 분류(재분류)

구분		관점
교과	교과 중심의 지적 전통주의	교과중심, 학문중심, 성취기준
사회	사회적응과 효율 중심의 사회행동주의	직업중심, 행동주의, 생활적응
	사회개혁 추구의 비판적 관점	사회개조, 교육과정 사회학
학생	학생 중심의 경험주의	경험주의, 인간중심, 재개념주의
기타: 중핵 교육과정, 구성주의		

20세기 교육과정 역사는 크게 ① **개발의 시기**, ② **실제의 시기**, ③ **이해의 시기**로 구분이 된다. **개발의 시기**는 20세기 초부터 대략 1960년대 후반까지이다. 이 시기는 20세기 초까지 공교육의 확대로 늘어난 학교의 교육과정을 무엇으로 채울 것인가를 고민하고 개발하던 시기이다. 즉, 공장을 지어 놓고 컨베이어벨트는 돌아가는데 그것을 무엇으로 돌릴 것인가를 고민하듯이, 늘어난 학교의 교육과정을 무엇으로 할 것인가를 고민하던 시기이다. 이 시기를 대표하는 것이 타일러(R. Tyler)의 교육과정 개발 모델이다.

실제의 시기는 타일러의 이론적이고 절차적 모델이 현실의 실제 맥락에 잘 적용이 되지 않고, 교육과정 이론과 실제가 괴리가 커지자 이론보다 실제적 적용을 중시하던 시기이다. 이 시기를 대표하는 것이 슈왑(J. Schwab)과 워커(D. Walker)의 관점이다.

이해의 시기는 파이너(Pinar) 등의 재개념주의 교육과정과 밀접하다. 70년대 이후 파이너를 위시한 일군의 학자들은 교육과정의 어원인 쿠레레(currere)의 원래 의미를 회복하여 교육과정을 삶의 과정으로 정의하고, 개인의 다양한 삶의 과정을 이해하는 것을 중시하였다.

교육과정의 관점은 개발(~70년대: Tyler) → 실제(70년대: Schwab, Walker) → 이해(Pinar, 재개념주의)의 순으로 발전함

제 2 절 교과중심 교육과정(The Subject-Centered Curriculum)

1. 기본 관점, 주요 학자

교과중심 교육과정은 언어, 수학, 과학, 역사, 음악, 지리 등 전통적인 교과의 내용을 중시한다. 교과중심 교육과정이 전통적인 교과를 중시하는 이유는 교과란 역사 이래 인류가 개발하거나 발명한 것들 중 정말로 중요한 것들을 잘 선정하여 체계화한 것이기 때문이다. 즉, 인류의 문화유산 중 중요한 것만을 선정하여 체계화한 것이 교과이기 때문이다. 호머의 서사시, 공자와 맹자의 사상집, 뉴턴의 미적분, 아인슈타인의 상대성이론 등은 실로 인류가 개발한 주옥같은 문화유산이며 기성세대가 후세대에게 잘 전달할 가치가 있는 것들이다.

철학적 기초로서 본질주의와 항존주의: 교과중심 교육과정 관점의 철학적 기초는 본질주의(本質主義, The essentialism)와 항존주의(恒存主義, The perennialism)이다. 배글리(W. C. Bagley) 등의 본질주의자들은 문화유산의 본질적 가치의 유지, 전달과 발전이 교육의 목표이고, 정확하고 명확하게 세상을 이해하기 위하여 논리적으로 구성된 교과 공부를 주장하였다.[5] 따라서 교육은 인류가 오랜 역사적 경험을 통해 쌓은 경험의 축적인 교과지식을 공부하는 것이다. 허친스(R. M. Hutchins) 등의 항존주의자들은* 시간과 공간을 초월하여 항상 변하지 않는 진리나 교육받은 사람으로서 갖추어야 할 교양을 모든 학생들이 똑같이 배워야 한다고 주장하였다(공통교육과정). 그들에 의하면 교육은 절대적이며 변하지 않는 진리를 배우는 것이지, 일시적인 필요와 흥미에 기초해서는 안 되는 것이었다.[6] 따라서 학교 교육과정은 보편적이고 변하지 않는 인간의 삶의 주제로 다루어야 하는 것이다.

주요 학자: 지적전통주의를 대표하는 인물로는 해리스(W. T. Harris), 엘리엇(C. W. Eliot), 허친스(R. M. Hutchins), 아들러(M. Adler), 허쉬(E. D. Hirsch), 라비치(D. Ravitch), 베넷(W. Bennet) 등이 있다.

사례: 대부분의 학교의 교육과정이 교과중심 교육과정에 해당이 된다. 우리나라 2022 개정 교육과정에서 중학생은 3년 동안 배당된 3,366시간 중 3,060시간(약 91%)을 교과공부에 사용하고, 나머지 306시간(약 9%)을 창의적 체험활동에 사용한다. 고등학교의 경우 3년 동안 총 192학점을 이수해야 하는데 이중 174학점(약 91%)을 교과공부로 이수하고, 나머지 18학점(약 9%)을 창의적 체험활동으로 이수하게 된다. 따라서 우리나라 학교 교육과정 역시 교과

* 항존주의자들과 지적전통주의자들은 비슷한 입장을 가지며 서로 많이 겹친다.

중심 교육과정인 것이다. 기타 교과중심 교육과정의 사례로 허친스의 위대한 고전(The great books) 읽기, **아들러의 파이데이아 학교 교육과정**(The Paideia Program) 등이 있다.

2. 교육목적

교과중심 교육과정의 궁극적 교육목적은 인류의 문화유산이 담긴 교과지식 공부를 하여 합리적인 이성을 개발하는 것이다. 지적 전통주의자인 해리스(W. T. Harris)는 학교교육은 올바른 습관형성과 교양교육과정(general education course or the liberal arts education)을 통해 시대의 지혜를 소개하는 역할을 해야 한다고 주장하였다.[7] 여기서 시대의 지혜는 인류문명의 주요한 문화유산을 의미한다. 따라서 그에게 학교교육이란 인류의 중요한 문화유산을 후세대가 공부하는 것을 의미한다. 즉, 교과중심 교육과정의 관점에서 교육이란 **인류의 중요한 문화유산을 담은 교과(내용)를 다음 세대에게 전달하는 것이다.**

합리적인 이성 개발: 그러나 단순히 교과지식을 고스란히 전달하는 것이 목적일까? 그렇지 않을 것이다. 지식전달은 표면적인 것이고 보다 궁극적 목적은 교과공부를 통하여 **합리적인 이성**(logos)**을 개발**하는 것이다. 지적 전통주의자들은 전통적인 교과 공부는 지적(知的)이고 이성적인 사고능력을 배양하는 데 가장 적합하다고 주장한다. 즉, 교과는 이성개발에 가장 도움이 되는 지식들을 체계적으로 정리하여 놓은 것이며 또한 그 유효성이 오랫동안 검증이 되었다고 지적 전통주의자들은 주장한다. 교과지식을 습득하면 자연과 사회 현상을 객관적이고 논리적으로 파악할 수 있는 사고능력이 생기고 이를 기반으로 여러 문제를 이성적으로 해결하고 의사결정할 수 있게 되는 것이다. 따라서 교과중심 교육과정의 목적은 교과지식을 체계적으로 공부하여 합리적으로 사고할 수 있는 능력을 개발하는 것이다. 이것은 아들러(Adler)가 파이데이아 학교 교육의 목적으로 제시한 ① 전통적인 교과지식 습득, ② 인지기능의 개발, ③ 이해력과 통찰력의 확대에서 확인이 된다.[8]

표 2-3 교과중심 교육과정의 교육목적

궁극적 교육의 목적: 합리적인 사고능력 개발
↑
1차적 교육의 목적: 문화유산이 담긴 교과지식 공부
↑
교육내용: 문화유산 중 중요하고 핵심적이며 객관적인 사실, 개념, 법칙, 가치, 기능 등(교과목)

3. 교육내용 선정 및 조직

교육내용: 교과중심 교육과정에서 교육내용은 인류의 문화유산 중 중요하고 핵심적이며 객관적인 사실, 개념, 법칙, 가치, 기능 등으로 선정된다. 문화유산 중에서 가장 본질적이고 핵심적인 것을 교육내용으로 선정하는 것이다. 여기에는 다음과 같은 것들이 주요하게 포함된다.[9]

- 다른 사회 구성원과 의사소통에 필요한 자세, 용어와 이름에 대한 숙달
- 생산적 사회 구성원이 되기 위한 읽기, 쓰기, 말하기, 셈하기 등의 숙달
- 원만한 사회 구성원이 되기 위한 가치(배려, 공감, 정직, 권위, 충성 등)의 교육 등

학교의 역할: 교과중심 교육과정의 관점에서 학교는 교과지식을 체계적이고 효율적으로 학생들에게 교육하는 역할을 담당한다. 특히 공적(公的) 기관으로서 학교는 기성세대가 확립한 중요한 지식, 읽기, 쓰기, 말하기, 듣기, 계산하기, 용어의 숙달 등 기본적인(basic) 것을 가르치는 것을 주된 임무로 삼는 사회적 기관이다. 이것은 매우 보수적인 관점에서 학교의 역할을 정의하는 것이다.

공통교육과정: 교과중심 교육과정은 공통교육과정을 지향한다. 이유는 선정된 교육내용들이 많은 문화유산 중 가장 본질적이고 핵심적인 것들이기 때문이다. 중요한 교육내용을 선택적으로 들게 하는 것은 논리적으로 모순이 되는 것이다. 또한 지적 전통주의자들은 학생의 다양성보다 공통성에 주목한다. 학생은 고유한 특성, 흥미를 가지지만 공통적인 특성도 동시에 가지고 있다. 지적 전통주의자들은 이러한 공통성에 주목하므로 선택교육과정보다 공통교육과정을 지향하는 것이다.

내용조직: 교과의 내용은 매우 체계적으로 조직된다. 각 교과는 학생의 발단단계, 연령, 학년 등을 고려하여 쉬운 것에서 어려운 것으로 단계적으로 내용을 조직한다. 수학이 대표적 예로서 영역별, 학년별로 매우 위계적으로 내용을 조직한다. 전통적 교과의 내용조직이 체계적인 이유는 많은 양의 교과지식들이 오랜 역사를 거치면서 체계적으로 조직이 되었기 때문이다. 따라서 교과중심 교육과정은 단일교과 중심으로 내용을 조직하고 수업을 하게 된다(**분과주의**). 이러한 단일교과 중심의 내용조직은 통합교육(혹은 통합수업)과 맞지 않는 단점이 있다. 이 점이 교과중심 지지자들이 경험주의 교육의 통합교육을 비판한 이유이다.

4. 교수학습방법 및 평가

교수학습방법: 교과중심 교육과정에서 수업은 교과지식 공부에 중점을 둔다. 따라서 교사 중심의 설명식 수업이 많다. 교과서에 기술된 내용은 문화유산 중 핵심적이고 중요한 것으로서 이미 그 가치와 효과성이 검증이 된 것이므로, 교사와 학생은 내용에 대해서는 의문의 여지가 없다고 생각한다. 따라서 내용에 대한 창의적이고 비판적 사고보다는 단순한 교과지식의 이해와 반복적 문제풀이 수업을 하게 된다. 한편 교과중심 교육에서 반복적 연습(drill) 위주의 수업이 많은 이유는 **형식도야이론**에 기초하기 때문이다.

평가: 교과중심 교육과정은 학생이 교과지식, 기능, 가치를 이해하고 내면화하였는지를 평가의 주요 과제로 삼는다. 지식, 기능, 가치를 이해하고 내면화 여부를 평가하는 데 지필시험이 적절하다. 전통적으로 지필시험을 이용하여 평가를 하는 이유가 바로 이것 때문이다. 교과중심 교육과정과 상대평가는 사실 아무런 관련이 없다. 그러나 학교교육의 역사에서 교과중심 교육과정과 선발적 교육관이 전통적으로 중심이었고 선발적 교육관이 상대평가를 지지하기 때문에[10] **상대평가**를 교과중심에서 주로 사용하는 평가방식으로 인식하는 것이다.

5. 한계 및 비판

교과중심 교육과정에서 교사와 학생은 해당 교과내용을 진리로 받아들이고 의문의 여지가 없다고 생각한다. '정말로 그러한가?' '예외적인 경우는 없는가?' 등의 비판적 사고없이 그대로 받아들이는 것이다. 교사는 진리를 가르치고 학생은 무비판적으로 받아들이는 것이다. 이 과정에서 사회나 기성세대의 권위를 무비판적으로 수용하게 된다. 한편 교과중심 교육관은 권위적 교육관으로 나타나는데 이것은 민주적 교육관과 충돌하게 된다.

형식도야이론(形式陶冶, formal discipline)

기본관점: 형식도야이론은 형식을 교과로 도야할 수 있다는 것이다. 여기서 형식은 인간의 정신이나 두뇌를 뜻한다. 따라서 인간의 정신을 교과로 개발할 수 있다는 이론이다.

능력심리학에 기반: 형식도야이론은 능력심리학(The faculty psychology)에 기반하며 이들은 인간의 정신은 크게 6가지의 능력(지각, 기억, 추리, 상상, 감정, 의지)으로 이루어져 있으며 이 능력들을 몸의 근육에 비유하여 마음의 근육, 즉 심근이라고 하였다.

그림 2-1　형식(정신, 두뇌, 심근)의 도야

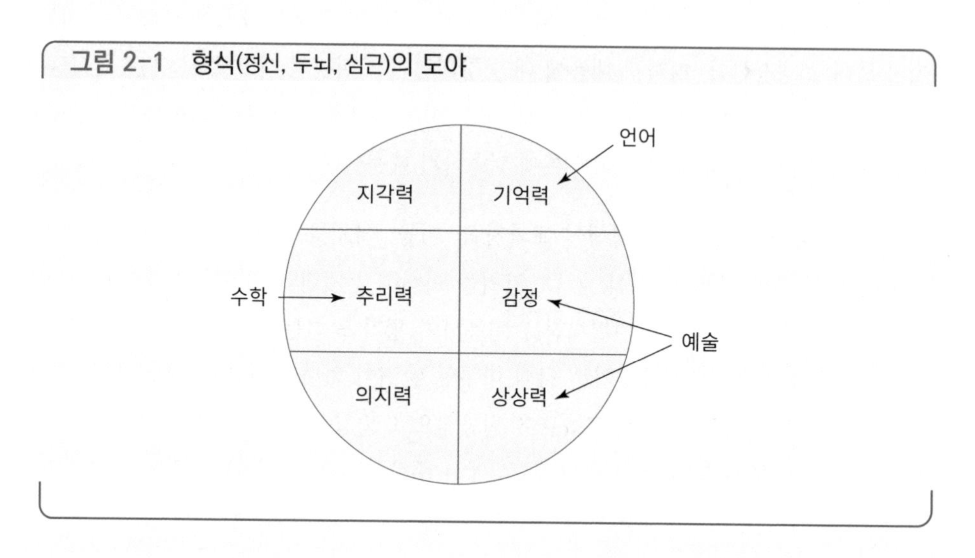

형식도야이론 지지자들은 수학, 언어, 역사 등의 교과학습을 통해 지각력, 기억력, 추리력, 감정 등의 일반적 정신능력을 개발할 수 있다고 주장하였다. 이 이론은 과거 학교 교육과정에서 교과학습의 근거가 되었으며, 주로 인문주의자들이 이 이론을 옹호하였다. 그들은 고전어와 수학이 기억과 추리력을 기르는 데 적합하고, 음악은 감정을 순화하는 데 필요하다고 하여, 전통적인 인문교과를 중시하였다. 또한 인문교과 학습을 통해 형성된 일반적 정신능력은 다른 교과학습이나 일상생활에 영향을 미친다는 훈련의 전이(transfer of training)를 주장했다.[11]

형식도야이론 지지자들은 교과의 가치는 내용(실제적인 유용성)에 있는 것이 아니라 인간의 정신을 도야하는 가치(형식)에 있다고 주장하였다. 이러한 주장은 지금도 여전히 유효하다. 한 수학교재에서는 수학의 가치를 아래와 같이 기술하고 있다. 이것은 실생활에서 비록 수학을 전혀 사용하지 않더라도 논리적 사고력을 기르는 데 으뜸이라는 주장으로서 여전히 형식도야이론이 특정 교과를 정당화하는 근거로 사용되고 있음을 알 수 있다.

중고교에서 수학을 가르치고 배우는 목적은 크게 두 가지이다. 첫째, 수학은 논리적 사고력을 길러 준다. (중략) '생각한다'는 것은 논리적 사고를 이르는 말일 것이다. 우리는 (중략) 논리적 사고 없이는 어느 하나도 이루어 낼 수가 없는데, 그 논리적 사고력을 기르는 데는 수학이 으뜸가는 학문이다.

초중고 12년간 수학을 배웠지만 실생활에 쓸모가 없다고 믿는 사람들은, 비록 공식이나 해법은 잊어버렸을망정 수학 학습에서 얻어진 논리적 사고력은 그대로 남아서, 부지불식 중에 추리와 판단의 발판이 되어 일생을 좌우하고 있다는 사실을 미처 깨닫지 못하는 사람들이다.[12]

교수학습방법: 형식도야이론에서 교과를 가르치는 방법으로 훈련과 반복을 강조하였다. 이유는 우리가 육체 운동을 매일 힘들게 할수록 근육이 단련되듯이, 심근(마음)도 어렵고 힘들게 반복적으로 연습 및 훈련하면 도야된다고 믿었기 때문이다. 이러한 교수학습방법은 지금도 수학이나 언어 등의 교과에서 제한적으로 사용이 되며, 특히 수학 같이 어려운 교과를 정당화하는 근거로 사용되기도 한다.

비판 및 한계: 형식도야이론은 고전적 인문 교과를 정당화하기 위해 개발된 이론이었다. 게다가 인간의 정신능력이 특정한 교과의 내용과 무관하게 고전적 인문 교과 공부를 통해 정신(형식)을 도야할 수 있다는 것으로 오해되면서 교과의 실질적 내용을 중시하는 교육가들에게 강한 비판을 받았다. 19세기 중엽 이후 유럽의 중등교육에 실용적 지식과 자연과학이 도입됨에 따라 형식도야이론에서 가정하는 일반적인 능력(형식)을 부정하고, 교육의 내용이 실제로 유용해야 한다는 주장이 등장했다. 대표적인 예로, 독일의 레알슐레, 김나지움 등은 기초교육 단계에서도 고대 라틴어와 그리스어 대신 근대 모국어를 중요시했고, 자연과학 및 실용적 교과를 더욱 강조하였다.

20세기에 들어 손다이크, 제임스 등의 행동주의 심리학자의 연구를 통해 일반적 정신능력(형식)이나 전이효과가 부정되고, 듀이의 형식도야이론에 대한 비판으로 그 이론의 근거가 상당히 약화되었다. 그러나 여러 경험연구를 통해 형식도야이론의 주장이 부정되었지만, 학교에서는 여전히 그 정당성이 유지되었다. 학교에서 특정한 지식체계를 교과로 선정하고 교육하는 것은 해당 교과를 통해 정신발달을 함양하기 위한 것이다. 이렇듯 학교교육과정은 형식도야이론이 제기하는 일반적 정신능력(형식)과 훈련의 전이를 어느 정도 인정했으며, 학교의 이러한 특성 때문에 형식도야이론은 상당히 오랜 기간 지지되었다.[13]

위대한 고전(The great books) 읽기

허친스[14]

시카고대학의 총장으로서 항존주의 철학을 계승한 허친스는 아들러와 함께 고대 그리스, 로마 이래 인류문명의 지혜가 담긴 고전도서 목록을 선정하고 이들을 '위대한 고전'으로 명명하였다. 위대한 고전은 수천 년 인류문명의 지혜와 정신이 담긴 책들로서 이러한 책들을 공부함으로써 합리적인 사고능력과 인격을 도야할 수 있다고 허친스와 아들러는 믿었다.

교양적 기술은 자유의 기술이다. 자유인이 되기 위하여 사람은 자신이 살고 있는 전통을 이해해야만 한다. 위대한 저서는 교양적 기술을 통하여 인류의 전통을 분명하게 이해하도록 하는 책이다. 위대한 저서 읽기 교육은 우리가 살고 있는 전통을 이해하는 유일한 교육이다. 허친스는 위대한 고전을 읽으면서 인류의 지혜를 배우고 합리적인 사고를 개발할 수 있다고 확신하였다. 왜냐하면 위대한 고전은 다음과 특성을 지니기 때문이다.[15]

- 위대한 고전은 항구적인 베스트셀러이다.
- 위대한 고전은 현학적이지 않은 일반적인(general)인 저서이다.
- 위대한 고전은 언제나 현대적이다.
- 위대한 고전은 읽기 쉬운 책이다.
- 위대한 고전은 교훈적이며 계몽적이다.
- 위대한 고전은 인생문제 해결에 유익하다.

최초의 위대한 고전 목록은 1952년 54권으로 된 전집으로 발행되었다. 이 전집 중 4권부터 54권까지 총 51권이 위대한 저서들이다. 선정위원들은 인문학, 사회과학, 자연과학에 관한 책들이 균형을 이루도록 1/3씩 분배하였다.[16] 여기에는 호머의 일리아드와 오디세이, 성경, 플라톤과 아리스토텔레스의 저서들, 세익스피어의 작품들, 다윈의 저서 등이 포함되었다. 허친스는 위대한 고전 읽기에 기초한 정규토론을 통해 교양교육을 추구하는 운동을 이끌었다. 위대한 고전 읽기 운동은 시카고대학을 비롯한 여러 대학에 영향을 미치었으며 한국에서도 대학교양 필독서로 이어지고 있다.

아들러(M. Adler)의 파이데이아 교육과정(The Paideia Program)[17]

– 보수적 · 복고적 성격의 학교 교육과정 –

아들러[18]

시카고대학의 아들러는 '파이데이아' 교육을 상세화한 3부작을 출간하였다(1982, 1983, 1984). 전체적으로 보수적이고 복고적인 성격으로 전통적인 인문교육을 강화하는 것을 골자로 하였다. 주요내용은 전통적 교과에 대한 지식과 기술을 습득하는 것에서부터 시작해서, 학생들에게 지적 습관을 개발하도록 안내하고, 역동적인 현대생활에서 지적인 내용을 훈련하고 확대하는 것을 목적으로 하였다.[19]

교육의 목적: 파이데이아 교육과정의 목적은 학생으로 하여금 '교육받은 사람'이 되도록 도와주는 것이다. 학교는 이러한 목적을 달성하는 준비단계이고 계속해서 학습할 수 있도록 수단을 제공한다. 따라서 학교의 역할은 학생이 졸업 후에도 계속 해서 학습할 수 있도록 학습의 기술을 가르치고 학문세계의 문을 열어주고 탐구하도록 수단을 마련하는 것이다. 즉, 학교교육의 목적은 졸업 후 사회에서 잘 사는데 필요한 수단을 제공하는 것이다.

일반(교양)교육의 필요성: 오해하지 말아야 할 것은 사회에서 잘 사는데 필요한 수단을 배운다는 것이 실제적 직업훈련교육을 통해 기계정비, 식품가공처리, 농업기술 등의 기술을 익히는 것이 아니라는 것이다. 아들러가 주장하는 학교에서 배워야 하는 기술은 직업훈련을 통한 실제적 기술이 아니다. 그것은 모든 직업과 삶에 공통적인 합리적인 사고능력을 의미하며 이것은 일반 교양교육을 통해 개발할 수 있다. 즉, 삶에 필요한 기술은 합리적으로 사고하는 기술이며, 그것의 학교의 교과교육을 통해 개발할 수 있는 것이다.

교육의 기본방향: 학교교육은 다음의 3가지 기본적인 방향을 가진다.

① 사회는 모든 학생이 개인적으로 발달하기 위한, 충분한 기회를 제공해야 한다. 주어진 기회에서 각 개인은 바람직한 인생을 영위할 의무를 진다.

② 모든 학생은 성인이 되었을 때 책임감있는 훌륭한 시민이 되어야 한다. 학교교육은 합리적으로 사고하면서 시민의 의무를 다하는, 훌륭한 시민을 양성하는 데 주력해야 한다.

③ 학교교육은 모든 학생이 성인이 되었을 때, 생계를 잘 유지하도록 준비시켜야 한다. 그러나 직접적인 직업교육을 삼가야 한다. 학교교육은 직업훈련이 아니라 모든 직업에 공통적인

일반(교양)교육을 해야 한다.[20]

공통교육과정: 아들러는 학생 간의 차이는 정도의 차이일 뿐이며 결코 종류의 차이가 아니라고 주장하였다. 학생 간의 차이가 단지 정도의 차이일 뿐이므로 학교교육은 차이보다 공통성에 기반하여 운영되어야 한다. 아들러는 선택교육과정을 반대하였다. 그는 선택과목이나 전공제도는 대학에서 적절하다고 하였다. 요약하면 초중고 학교교육은 선택교육과정보다 공통교육과정으로 운영되어야 하는 것이다.

동일한 교육목표: 파이데이아 학교 교육과정에서 모든 학생들은 ① 지식의 습득, ② 인지기능의 개발, ③ 이해력과 통찰력의 확장이라는 세 가지 동일한 교육목표를 가진다. 각 교육목표별로 교육내용, 수업방식, 비중, 평가 등이 차이가 난다.

지식의 습득(1열): 모든 학생들은 언어, 문학, 예술, 수학, 과학, 역사, 지리, 사회 등의 교과지식을 공부해야 한다. 1열은 학생들이 흥미를 느끼지 못하더라도 강제로 가르칠 필요가 있다. 왜냐하면 교과공부는 합리적인 사고를 할 수 있는 능력을 배양하고 이것은 생계수단이기 때문이다. 교과지식의 습득을 위한 수업방식은 보통 교사 중심의 설명식으로 진행이 되며, 평가는 전통적인 선다형 혹은 단답형 평가방식이 많이 이용된다.

인지기능의 개발(2열): 2열은 초중고 학교 교육과정의 핵심이다. 읽기, 쓰기, 말하기, 계산 및 문제 해결하기, 관찰 및 측정하기 등의 기초학습능력 및 인지능력 향상은 대부분의 학교교육에서 중시하는 핵심목표이다. 인지기능 개발을 위한 교수학습방법으로 읽기, 쓰기, 계산, 관찰 등의 인지기능 연습을 주로 하며 이것을 인지적 코칭이라 한다. 인지기능 연습에 대한 평가로 수행평가 혹은 체크리스트 평가가 사용된다.

이해력 확장(3열): 3열은 아이디어와 그 가치에 대한 이해력을 높이는 것이 목표이다. 이를 위해서 교과서 이외의 책이나 예술작품을 읽고 토론하며 직접 예술활동에 참여하여 경험하는 것이 요구된다. 교수학습방법으로 생각을 표현하고 아이디어나 가치에 대한 이해력을 기르기 위하여 소크라테스식의 문답법, 토론식 방법을 사용한다.

표 2-4 파이데이아 교육과정

교육 목표	지식의 습득(1열)	인지기능 개발(2열)	아이디어와 가치에 대한 이해력 확장(3열)
교육내용 및 활동	① 언어, 문학, 예술 ② 수학, 자연과학 ③ 역사, 지리, 사회 등	① 읽기, 쓰기, 말하기 ② 계산, 문제해결하기 ③ 관찰, 측정하기 ④ 비판적 판단력 훈련하기	① (교과서 이외의) 책들과 예술작품을 읽고 토론하기 ② 예술활동에 참여(경험)하기
교수학습 방법	① 직접적 설명 ② 지식 전달을 위한 설명식 혹은 강의식 수업	① 인지적 코칭 ② 읽기, 쓰기, 계산, 관찰 등 인지 기능 연습을 위한 수업	① 세미나 ② 생각을 표현하고 아이디어와 그 가치에 관한 이해를 위한 문제제기 및 토론식 수업
비중	비중: 10-15%	비중: 70% 이상	비중: 15-20%
평가	전통적 단답형/선다형 검사	수행평가, 체크리스트 평가	자기평가, 동료평가

비중: 1~3열이 독립된 교과목으로 운영될 필요는 없다. 세 영역이 적절히 혼합되어 하나의 교과목으로 구성될 필요가 있다. 지식의 습득을 위한 설명식 수업이 전체의 10~15%를 차지하고, 인지기능 개발을 위한 인지적 코칭수업이 70% 이상을, 이해력 확장을 위한 세미나식 수업이 15~20%를 차지하는 것이 적절하다.

모듈식 시간 운영: 전통적으로 학교의 수업시간표는 교과목의 성격, 해당 차시의 학습내용 분량이나 교수방법과 무관하게 획일적이다. 우리의 경우 초등학교는 40분, 중학교는 45분, 고교는 50분으로 수업시간을 정하였다. 하지만 파이데이아 학교의 수업시간 운영은 매우 융통적이다. 해당 차시의 학습내용의 성격 및 분량에 맞추어 융통성있게 수업시간을 조정할 수 있다. 같은 과목이라도 교수방법에 따라 수업시간이 달라진다. 즉, 같은 언어 교과목일지라도 설명식 수업은 40분(2개의 모듈)으로 운영하고, 코칭수업은 60분(3개 모듈), 세미나 수업은 80분(4개 모듈)으로 운영하는 것이다. 이것을 모듈식 시간운영이라고 한다.

표 2-5 파이데이아 학교의 시간계획[21]

<table>
<tr><th>모듈</th><th>월요일</th><th>화요일</th><th>수요일</th><th>목요일</th><th>금요일</th></tr>
<tr><td>1</td><td rowspan="3">(과학)설명식/
프로젝트 과제
계획</td><td rowspan="3">(과학)코칭수업</td><td rowspan="3">(언어)코칭수업</td><td rowspan="3">(과학)실험준비</td><td rowspan="4">(외국어)세미나
수업</td></tr>
<tr><td>2</td></tr>
<tr><td>3</td></tr>
<tr><td>4</td><td rowspan="2">(외국어)
설명식수업</td><td rowspan="8">(체육)설명식수업/
코칭수업</td><td rowspan="5">(수학)코칭수업/
세미나수업</td><td rowspan="4">(체육)설명식/
코칭수업</td></tr>
<tr><td>5</td><td rowspan="3">(수학)설명식/
프로젝트 과제</td></tr>
<tr><td>6</td><td rowspan="2">(언어)설명식수업</td></tr>
<tr><td>7</td></tr>
<tr><td>8</td><td rowspan="5">(수학 실험)
코칭수업</td><td rowspan="3">(사회)코칭수업/
세미나수업</td><td rowspan="2">과제</td></tr>
<tr><td>9</td><td rowspan="3">(외국어)코칭수업</td></tr>
<tr><td>10</td><td rowspan="3">(언어)세미나/
코칭수업</td></tr>
<tr><td>11</td><td rowspan="2">(외국어)코칭수업</td></tr>
<tr><td>12</td><td rowspan="2">점심</td><td rowspan="2">점심</td></tr>
<tr><td>13</td><td rowspan="2">점심</td><td rowspan="2">점심</td><td rowspan="6">(과학)코칭수업/
세미나수업</td></tr>
<tr><td>14</td><td rowspan="4">(사회)코칭수업</td><td rowspan="4">(사회)코칭수업</td></tr>
<tr><td>15</td><td rowspan="4">(사회)설명식/
코칭수업</td><td rowspan="4">(언어)세미나수업</td></tr>
<tr><td>16</td></tr>
<tr><td>17</td></tr>
<tr><td>18</td><td>(외국어)설명식</td><td>개별학습</td></tr>
</table>

모듈식 시간 운영은 융통적이다. 또한 학습내용의 분량이나 교수학습방법에 맞추어 효율적으로 시간 운영을 가능케 한다. 모듈이 여러 개 모인 시간은 블록타임제와 같다. 파이데이아 학교의 모듈식 시간 운영은 우리나라 2009 개정 교육과정에서 **블록타임제**와 **학기집중이수제**의 이론적 배경이 되었다.[22]

복선제(dual)가 아닌 단선제(single) 교육 시스템 주장: 초중고 학교교육은 사회생활을 준비하는 단계이고 이 과정에서 사회에서 살아가는데 필요한 기술을 배워야 한다. 이것은 모든 학생에게 공통적이므로, 학교교육을 직업교육트랙과 학문교육트랙으로 분리하는 것은 잘못된 것이며 하나의 시스템으로 운영되어야 한다고 아들러는 주장한다. 이 외에도 아들러는 수공예, 노동과 직업 세계의 이해 등은 고교 졸업 직전 몇 년 동안 교육할 것을 주장하였다.

교과중심 교육과정의 사례(키워드: 고전, 형식도야, 분과, 교과)*

사례 영어교사는 학생들에게 교과서 지문을 번역하여 잘 구조화 된 학습지에 기록하도록 하였다. 그리고 학생들은 학습지를 교과서에 붙여 복습하는데 활용하였다.

해설 위 사례에서 교과중심 교육과징을 엿볼 수 있는 부분은 교과서를 기반으로 하고 있다는 것이다. 교과중심 교육과정은 학생들이 배워야 할 것들은 교과에 따라 명확히 구분한다. 또한 위의 사례에서는 교과중심 교육과정에서 주로 보이는 암기, 반복 학습, 지문에서 문법과 내용에 대한 분석 등이 강조되고 있다.

사례 문학시간에 수업 내용은 희곡 '파수꾼'을 배우는 것이었다. 교사는 학생들에게 '파수꾼'이라는 작품을 읽게 하였고, 학생들은 최종적으로 희곡을 연극으로 꾸며 발표까지 하였다. 학생들은 '파수꾼'을 읽으며 희곡에 대해 잘 이해할 수 있었다.

해설 위 수업에서는 '파수꾼'이라는 작품을 수업의 가장 중요한 내용으로 다룬다. 즉, 고전을 중시하는 교과중심 교육과정의 특징이 잘 드러난 사례이다.

제 3 절 경험중심 교육과정(The Progressive Curriculum)

1. 기본 관점

루소[23]

경험주의 교육과정의 역사적 근원은 루소(J. Rousseau)까지 거슬러 간다. 루소는 아이는 본질적으로 선하다고 주장하였다. 따라서 그는 아이의 선한 성품을 유지하고 발전시키는 교육이 필요하다고 역설하였다. 그에 의하면 최고의 교육은 개인이 자연적 욕망과 사회적 의무 사이에 갈등이 없고 시민으로서의 삶이 자아실현의 삶과 일치되는 상태에서 가능하다. 진정한 교육은 본래의 본성을 발달시키는 교육이며, 그것은 눈으로 보고, 가슴으로 느끼고 이성적으로 판단하는 경험을 통해

* 사례들은 「김대석, 박우식, 성정민(2021). 좋은 수업의 이론과 실제. 서울: 박영스토리.」의 내용을 인용한 것으로 더 많은 관련 내용과 사례들은 이 인용서를 참고 바람.

실현 가능하다.[24] 루소의 관점은 19세기 독일의 페스탈로치(Pestalozzi)와 프뢰벨(Fröebel)을 통하여 아이의 흥미와 요구, 직접적 경험을 중시하는 교육사상으로 이어진다. 이후 20세기 초 듀이(J. Dewey)의 교육철학을 기반으로 경험주의 교육으로 구현된다.

프뢰벨의 교육에서 자발성

교육은 밖에서 안으로 주입하는 것이 아니라, 안(아동의 본성)에 내재된 잠재력이 밖으로 자유롭게 표출되도록 하는 것이다. 그 과정은 창조적이다. 놀이는 내재된 잠재력이 밖으로 표출되도록 하는 최선의 방법이다. 프뢰벨에게 놀이는 가르치는 수단이나 오락적인 목적이 아니라, 그 자체로서 교육의 과정이다. 놀이는 아동의 내재된 잠재력을 표출하는(해방하는) 최선의 방법이다. 자유란 자발적인 활동에 의해 성취되는 것이지, 외부(교사나 신)로부터 부여되는 것이 아니다. 프뢰벨의 교육사상은 보다 자유스러운 미국에서 꽃을 피우게 된다.

20세기 초 미국 및 유럽에서 경험주의(혹은 진보주의) 교육사상이 출현한 것은 당시의 교육 상황과 밀접하다. 결론적으로 말하면 경험주의 교육사상은 교과중심 교육과정에 대한 반발로 출현하였다. 19세기 후반 미국과 유럽에서는 교육제도 측면에서 급격한 변화가 일어난다. 공장법 등의 영향으로 의무교육법이 통과되고[25] 공교육 기관으로서 학교가 본격적으로 설립되면서 보통교육이 확대된다. 그러나 공립 보통학교의 교육과정을 무엇으로 할지는 정해지지 않았다. 즉, 공장이 설립되었지만 무엇으로 컨베이어벨트를 돌려야 할지는 정해지지 않았다. 이러한 문제를 해결하기 위해서 조직된 **10인 위원회**와* **15인 위원회**** 등은 국가적, 정치적 이익을 기본으로 하면서 기존의 전통 사립학교에서 운영되고 있는 고전적 교육과정(classical curriculum)에 약간의 실용적 성격의 교과목을 추가하여 공립학교에 도입하였다. 이

* 10인 위원회: 1892년 고등학교 교육과정 개발을 목적으로 설립된 위원회이다. 과학을 추천하여 고전어, 수학 등의 교과와 동등한 지위를 획득하고 교육과정으로 편입되는 계기가 되었다. 그러나 예체능 및 실과는 추천하지 않았다. 10인 위원회의 권고사항은 다음과 같다. 첫째, 종국적 진로와 관계없이 모든 학생에게 동일한 교과를 가르쳐야 한다. 둘째, 대학입학 준비과정은 실제 삶의 준비에도 최선이다. 고교에서 배울 교과목을 네 가지 과정으로 제시하였다(고전어, 라틴어-과학, 현대어, 외국어과정). 하지만 10인 위원회는 여전히 고전 위주 교과를 중시하였으며, 정신도야론에 근거하였다는 비판을 받는다.

** 15인 위원회: 1895년 초등 및 중학교 교육과정 개발을 목적으로 구성되었다. 그들은 정신도야를 위한 교과로 문법, 문학, 산수, 지리, 역사를 추천하였으나 과학은 거부하였다. 또한 교과통합을 반대하였다. 고전적 교육과정에서 벗어나지 못하였다는 비판을 받는다.

것이 바로 **교과중심 교육과정**이다.[26]

그러나 교과중심 교육과정은 당시의 국가 · 사회적 요구에 부응하지 못하였다. 20세기 초는 교육에 대한 실용적이고 실제적인 요구가 컸다. 하지만 고전적 교육과정에서 벗어나지 못한 교과중심 교육과정은 이러한 실용적이고 실제적인 요구에 부응하기에 역부족이었다. 경험주의 교육사상은 학문적 지식보다 경험, 이론보다 실제, 실용주의(프레그머티즘) 등을 요구하는 당시의 사회적 분위기를 배경으로 하여 등장하였다. 경험주의 교육사상은 실생활과 접목되지 못하는 지식, 교과별로 분리된 교육내용, 아동을 수동적인 지식의 수용자로 간주하는 교과중심교육에 반대하였다.

교과중심 교육관 vs 아동중심 교육관의 대립: 전통적 보수주의자들은 아동중심교육은 덧없고 자기중심적인 아동의 충동에 기반을 두어 변덕스럽고 즉흥적인 교육이 된다고 비판하였다. 이에 대하여 아동중심 교육가들은 아동중심 교육은 흥미, 자발성, 독창성을 가지고 있다고 반박한다.

듀이의 입장: 듀이는 아동의 미성숙에 대한 경시(보수주의)와 아동에 대한 감정적인 이상주의(아동중심)를 모두 비판하였다. 듀이는 아동을 미성숙한 존재로 보는 교과중심교육관은 조직화된 교과에 의존하게 되어 아동의 성장 가능성을 간과한다고 비판하였으며, 반면 아동중심교육관은 아동의 자발성에 매료되어 오히려 아동의 성장을 제한할 수 있다고 비판하였다. 양자의 논리는 직선의 두 끝점처럼 서로 상호보완적인 것이다.

듀이[27]

어떤 경험이 아이의 성장을 이끌 수 있는가: 경험주의 교육과정은 '어떤 교육적 경험이 아동을 건전한 성장으로 이끌 수 있는가'를 기본질문으로 삼고 아동의 건전한 성장을 이끄는 데 기여하는 교육적 경험에 관심을 두었다. 듀이는 교육내용과 생활을 긴밀히 연결시키는 경험을 통해 아동의 계속적 성장을 도모하였다. 그는 사고와 경험은 긴밀하게 연결되어 있으며 양자의 관련성을 파악할 때 의미있는 경험이 된다고 주장하였다.

경험주의 교육과정의 특징: 라간(Ragan)은 경험주의 교육과정의 특징을 다음과 같이 기술하였다.

교육과정은 아동의 경험 속에만 존재한다. 그것은 교과서에 있는 것도 아니요, 교수요목에 있는 것도 아니요, 교사의 의도 속에 있는 것도 아니다. 교육과정은 교육내용 이상의 것이다. 쓸모 있는 좋은 내용을 선정하는 것은 교사의 책임이지만, 그 내용이 아동의 경험의 일부가 될 때까지는 교육과정을 구성하지 못한다. 한 아동의 교육과정이 될 수 있는 내용은 다른 아동을 위한 교육과정이 될 수 있는 것과 다르다.[28]

한편 홉킨스(Hopkins)는 경험중심 교육과정의 특징을 다음과 같이 기술하였다.[29]

- 교육과정의 중점을 교과에 두지 않고 아동에게 둔다.
- 교과서를 가르치는 데 치중하지 않고, 아동의 바람직한 성장을 조성하는 데 힘쓴다.
- 교육과정(교과서)은 사전에 조직되는 것이 아니라 학습현장에서 결정된다.
- 교육과정은 모든 아동의 협동적인 참여로 구성된다.
- 분과된 사실을 가르치는 것보다 통합된 의미를 체험하는 것을 더 중시한다.
- 아동 개개인의 다양한 특성을 기른다.
- 교육은 교수(teaching)이기보다 끊임없는 성장의 과정이다.

경험중심 교육과정의 정의: 경험주의는 교육과정을 아동이 학교에서 겪는 모든 **유의미하고 교육적인 경험의 총체**로 정의한다. 경험(experience)은 활동(activity)과 구별되며 활동을 포함하는 보다 큰 개념이다. 또한 경험은 사고를 통한 교과 공부를 포함한다. 이 점이 듀이가 가장 많이 오해받고 비판받은 부분이다. 경험주의 교육은 전통적 교과 학습을 부정하지 않지만, 생활과 연계된 교육을 경험중심으로 학습할 것을 선호한다. 하지만 교과지식이 경험을 통하여 아동 안에 내재되기 위해서는 재구성되어야 한다. 즉, 아동이 경험을 통하여 교과지식을 배우기 위해서는 교과는 재구성이 필요하다.

따라서 해당 학문의 논리성을 중심으로 조직된 교과는 아동의 흥미와 필요 등을 고려하여 재구성되어야 한다. 추상적이고 이론적인 교과지식은 아동의 흥미와 필요를 고려하여 구체적이고 실제적으로 재구성이 되어야 한다. 교과중심 교육가들은 추상적이고 이론적인 교과지식을 구체적이고 실제적이지 않고, 아동의 생활과 연계하지 못한 채, 일방적으로 아동에게 전달했기 때문에 교육에서 실패한 것이다.[30]

한편 경험주의 교육사상은 20세기 초에 크게 유행하였으나, 1940년대 이후 교과중심 보수주의의 반발과 1960년대 이후 학문주의 교육과정으로 쇠퇴하고 약화되었다가 1970~80년대 이후 대안학교, 열린교육 운동 등으로 이어지게 된다. 경험주의 교육의 사례로는 듀이의 실험학교, 1930~40년대 8년연구, 덴버프로젝트 등이 있다.

2. 교육목적

아동의 성장: 경험주의 교육의 목적은 '아동의 성장'이다. 듀이에 의하면 교육은 아동이 계속적으로 성장하도록 기여해야 한다. 교과 역시 내재적 가치를 갖기 위해서는 아동의 건전

한 성장을 목적으로 삼아야 하며, 이것을 달성하기 위해서 아동의 흥미, 필요, 능력 등을 고려해야 한다. 그렇다면 아동의 성장이란 무엇인가? 아동은 교육을 받지 않고 밥만 먹어도 성장을 한다.* 성장의 의미를 파악하기 위해서 듀이의 '경험과 교육'을 살펴볼 필요가 있다.

가. 경험을 매개로 하여 아동의 심리와 교과의 논리의 만남을 통한 아동의 성장 추구

듀이 당시의 학교교육과정은 여전히 고전적 교과에 기반하여 합리적인 이성(logos)의 개발을 교육의 목적으로 삼았다. 그러나 당시 사회적 요구는 교육이 실생활에 기여할 것을 요구하였다. 따라서 학교교육과정과 사회의 요구 간에는 괴리가 존재하였다. 이러한 괴리를 듀이는 교육적 경험을 통해 메우려고 하였다. 즉, 경험을 통해 이성개발을 목표로 하는 교과의 입장과 실생활에 유용한 것을 요구하는 사회의 입장을 조화시키려고 하였다([표 2-6] 참조).

표 2-6 교과의 입장과 사회의 입장의 괴리, 경험을 통한 양자의 조화

교과(학문)의 입장	↔ 괴리	사회의 입장
여전히 (고전적) 교과는 이성의 개발을 중시		실생활에 유용한 것을 요구
균형: 경험을 통한 아동의 계속적 성장 추구		

심리적 주체인 아동과 논리적 객체인 교과의 괴리: 아동은 학습의 주체로서 교과를 배운다. 학생은 생활중심적이며, 구체적이고 감각적이다. 아동은 자신의 흥미나 필요를 중심으로 경험을 통하여 교과(혹은 대상)를 심리적으로 축적한다. 따라서 아동은 심리적 주체이다. 하지만 교과지식은 아동이 배워야 할 대상으로서 객체이다. 교과지식은 인간의 경험과 탐구결과를 논리적이고 체계적인 지식으로 축적한 것이다. 어른의 세계를 대표하는 교과는 일반적이며, 개념적·논리적이다. 따라서 교과는 논리적 객체이다. 논리적 객체로서 교과와 심리적 주체로서 아동 간의 괴리는 크다. 양자의 괴리를 무시하고 논리적인 객체인 교과를 심리적 주체인 아동에게 주입하거나 전달할 경우 교육은 실패하게 된다.

심리적 주체인 아동과 논리적 객체인 교과가 경험을 매개로 하여 만남: 듀이는 논리적 객체로서 교과와 심리적 주체로서 아동 간의 괴리 문제를 경험을 매개로 하려 극복하려고 하였다. 듀이에 의하면 교육이란 개인적이고 구체적인 아동과 일반적·논리적·이론적인 교과지식

* 흔히 이것을 성장과 구별하여 성숙이라고 한다.

의 만남을 주선하는 것이다. 이것의 의미는 이론적이고 추상적인 교과지식(예: 화학, 영양 교과지식)을 아동의 흥미와 필요(예: *난 요리가 재미있고 나중에 요리사가 될 거야*), 능력 등을 반영하여 아동의 생활이나 상황에 적용하고(예: *오늘 점심으로 무엇을 먹을까*), 구체적 · 실제적인 내용으로 변형하는 것(예: 오늘 점심요리와 화학과 영양 교과지식을 관련지어서 수업을 설계함)을 말한다. 물론 이때 아동이 교과내용을 구체적이고 실제적으로 학습하는 통로는 경험(예: 요리활동)이다. 즉, 경험(요리활동)을 통하여 구체적 · 실제적인 것으로 변형된 교과지식(오늘 요리와 관련된 화학 및 영양 교과지식)을 학습하는 것이다.

따라서 교사는 심리적인 아동이 논리적 · 추상적인 교과지식을 경험을 통하여 구체적이고 실제적으로 배울 수 있도록 도와주는 역할을 한다. 이것은 아동의 흥미와 필요에 기반하여 경험(예: 요리활동)을 교육(혹은 수업)의 매개(혹은 소재)로 삼아 논리적인 교과를 심리적 아동이 학습하는 것을 의미한다.

경험을 매개로 하여 아동의 심리와 교과의 논리의 만남: 경험주의 교육은 아동이 개인적, 구체적인 경험에서 출발하여 → 일반적, 논리적인 교과로 나아가도록 교육적 경험을 발전적으로 조직하여 아동의 계속적 성장을 추구한다. 이때 교과를 아동에 전달하는 것이 아니라, 아동이 경험 안에서 자연스럽게 교과를 학습하도록 한다. 이것이 **논리적 교과의 심리화를 통한 심리적 아동의 논리화를 꾀하는 것이며, 경험을 매개로 하여 아동의 심리와 교과의 논리의 만남을 통한 아동의 성장을** 의미한다.

표 2-7 경험을 매개로 하여 심리적 주체로서 아동과 논리적 객체로서 교과의 만남

아동: 심리적 주체		교과: 논리적 객체(대상)
• 아동은 흥미나 관심을 중심으로 경험을 심리적으로 축적함 • 개인 생활 중심, 구체적, 감각적, 경험적 존재	괴리 ↔	• 교과는 인간경험과 탐구결과를 논리적 · 체계적으로 지식으로 축적함 • 일반적 · 개념적 · 논리적이며, 성인세계를 대표함
	↓	
교육적 경험	• 개인적 · 주관적 · 심리적인 아동과 사회적 · 객관적 · 논리적인 교과의 만남을 주선하는 것이 교육이고 그것은 실제적 경험을 통하여 일어남 • 경험을 매개로 한, 아동과 교과의 만남은 아동의 흥미와 필요에 기반하여 경험을 교육의 매개로 삼아 논리적인 교과를 심리적 아동이 학습하는 것을 의미함 • 아동이 교과를 경험을 통하여 배울 수 있도록 도와주는 역할을 함	

그렇다면 아이의 흥미에 기반한 경험을 교육의 소재로 삼아 논리적 교과를 심리적 아동이 경험하는 것은 구체적으로 어떤 것인가? 여기 가정과 화학과목이 있다고 가정하자. 아이는 가정과 화학에 흥미와 배워야 할 필요성을 느끼지 못하고 있다. 하지만 아이는 요리하는 것을 좋아한다. 그래서 교사는 요리를 수업의 주요 소재로 삼는다. 즉, 이번 수업은 가정수업도 아니고 화학수업도 아닌, 요리수업인 것이다. 교사는 학생이 요리활동을 하면서 중간중간에 필요한 화학지식과 가정지식을 배울 수 있도록 통합적으로 가르친다. 아이는 요리를 하면서 자연스럽게 화학과 가정교과를 배우게 된다.

나. 계속적이고 발전적인 경험을 통한 아동의 성장

경험주의 교육의 목적은 아동의 성장이며, 교육의 과정은 경험의 계속적 성장의 과정이다. 그러므로 경험주의 교육관에서 교육이란 아동의 성장이 일어나도록 하는 교수학습의 총체이다. 이것의 의미는 교육이란 과거의 경험을 토대로 현재와 미래의 경험을 통해 성장이 일어나도록 하는 교수학습을 말한다. 그렇다면 경험의 계속적이고 발전적인 구성을 통한 교육은 구체적으로 어떤 모습일까?

여기 하나의 수업을 교사가 설계하는 것으로 가정하자. 먼저 한식요리수업이다. 하지만 단지 요리활동만 하는 것은 아니다. 한식요리에 필요한 식재료를 소개하면서 식재료와 관련된 용어를 설명하고 용어에 얽힌 역사적 사건이나 설화 등을 설명한다. 또한 식재료가 재배되는 지역의 기후, 토양 등을 설명한다. 요리활동을 하면서 식재료의 영양성분, 다른 식재료와 화학반응 등을 설명한다. 학생들은 해당 한식요리와 관련된 역사, 지리, 영양, 화학 교과의 지식을 요리경험을 하면서 통합적으로 배운다.

한식요리수업을 마친 후 교육은 여기서 끝나지 않는다. 이유는 아동은 계속적으로 성장해야 하기 때문이다. 따라서 이전에 배운 한식요리경험을 토대로 새로운 경험을 한다. 그래서 교사는 중국요리수업을 구상한다. 중국요리를 하면서 학생들이 중간중간에 식재료를 배우는데 필요한 중국어, 요리와 관련된 중국문화와 역사, 지리, 기후 등을 통합적으로 배운다. 따로 배우면 흥미를 못 느낄 중국어와 중국역사를 요리를 하면서 자연스럽고 재미있게 배우게 된다.

교육적 경험은 여기서 끝나지 않는다. 계속해서 서양요리 등으로 이어진다. 그리고 아동은 마침내 최고의 요리사(chef)의 경지에 이른다. 요리사의 경지에 이르는 것은 아동이 교과로 대변되는 성인의 세계에 입문하는 것을 의미한다. 이러한 과정을 그림으로 표현하면 [그림 2-2]와 같다.

그림 2-2 경험의 계속적이고 발전적인 구성을 통한 아동의 성장

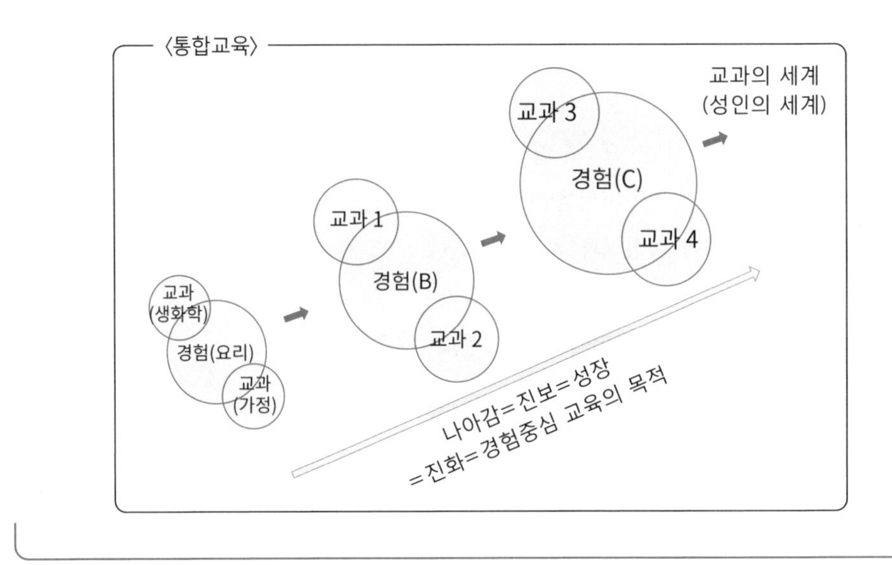

경험주의 교육에서 교육의 과정은 경험의 계속적 성장의 과정이다. 아동은 처음에 한식요리 → 중국요리 → 서양요리 등의 경험을 거쳐 최고의 요리사로 나아간다. 이 나아감(progress)이 진보(進步)이며 이것이 곧 아동의 성장을 의미한다. **계속적이고 발전적인 경험을 통한 아동의 성장**은 경험주의 교육의 궁극적 목적이다.

3. 교육내용 선정 및 조직: 아동이 계속적으로 성장하는데 도움되는 경험

경험주의 교육에서 교육내용은 아동이 성장하는데 도움이 되는 경험이 중심이 된다. 교과지식은 당연히 교육내용에 포함된다. 경험주의 교육은 반성적 사고를 통한 경험의 재구성을 강조한다. 이것은 아동이 반성적 사고를 통해 현재의 경험을 이전의 경험이나 지식을 재구성하고 생활과 연계하는 것을 말한다.

경험을 중심 요소로 삼아 통합적으로 교육내용을 조직: 경험주의 교육에서는 어떤 교육적 경험을 통하여 학생을 성장시킬 것인가에 관심을 갖는다. 경험주의 교육에서는 경험을 중심요소로 삼아 관련된 여러 교과 지식과 활동 등을 **통합**적으로 조직한다. 경험은 활동과 사고를 포함하는 큰 개념이다. 경험을 중심 요소로 삼아 관련된 교과내용을 조직하면 자연히 관련 교과지식, 활동, 맥락 등을 통합적으로 배우게 된다. 이것은 최근의 STEAM이나 융복합 교과목 개발과 관련이 될 것이다.

구체적 것에서 일반적인 것으로: 경험주의 교육에서는 아동의 개인적, 구체적인 경험에서 출발하여 → 일반적, 논리적인 교과로 나아가도록 교육내용을 경험을 중심 요소로 삼아 교육내용을 발전적으로 조직하여 아동의 성장을 추구한다.

교과외활동을 강조: 경험주의 교육에서 교육과정은 아동의 경험 속에 존재한다. 그것은 교과서의 교육내용이 아니며 교수요목 역시 아니다. 경험주의 교육은 경험을 통한 학습과 성장을 목적으로 한다. 또한 삶과 연계, 생활 적용을 강조한다. 그래서 경험주의 교육은 교과외활동(extra curricular activity)을 강조한다. 물론 교과교육을 부정하지 않는다. 그러나 교과중심 교육과정이 교과외활동을 중시하지 않은 것에 비하면 경험주의 교육은 상대적으로 교과외활동을 중시한다. 따라서 교과외활동의 이론적 배경을 경험주의 교육에서 찾아도 무방할 것이다. 우리나라도 미국의 경험주의 교육사조의 영향을 받아서 제1차 교육과정 시기부터 특별활동을 정규교육과정의 일환으로 도입하였으며 이후 명칭 변경은 있었으나 중단 없이 현재까지 계속되고 있다.*

4. 교수학습방법

학생의 관심과 흥미 중시: 경험주의 교육에서는 학생의 관심과 흥미를 중시한다. 관심과 흥미는 학습의 시발점이다. 관심은 학습의 동기를 자극하고 학습의 방향을 결정한다. 교과지식은 학생의 관심과 흥미에 맞게 그리고 경험을 통하여 구체적이고 실제적으로 배울 수 있도록 재구성되어야 한다.

경험하면서 배운다(learning by doing): 경험주의 교육에서는 경험을 통한 학습이 강조된다. 경험은 활동과 구별되며 활동과 사고를 포함하는 개념이다.

반성적 사고를 통한 문제해결 강조: 듀이는 반성적 사고를 통한 문제해결을 중시하였다. 그에 따르면 문제해결과정은 반성적 사고를 요구한다. 문제를 해결하면서 기존의 지식과 경험, 맥락 등을 통합적으로 사용하는 문제해결과정은 그 자체가 통합적으로 경험하는 과정이다.

프로젝트 학습과 협동학습 강조: 경험주의 교육의 구체적 방법으로 킬패트릭(W. H. Kilpatrick)의 프로젝트 중심 학습(project Method)이 유행하였다. 킬패트릭은 프로젝트 학습의 과정을 목표설정, 계획, 실험, 판단의 네 단계로 구분하였다. 프로젝트 학습법은

* 교과외활동은 국가교육과정 개정을 거치면서 여러 차례 명칭이 변경되었다. 특별활동 신설(1차) → 재량시간 신설(6차) → 재량활동 신설(7차) → 창의적 체험활동 신설(명칭 변경, 2009 개정 교육과정).

자신의 생각을 구현하기 위하여 계획을 세우고 그것을 실행하는 학습방법이다.[31] 문제해결을 위한 프로젝트 학습법은 문제해결을 계획하고 그것을 실행하는 학습방법이다. 교사중심의 설명식 수업법에 비하여 프로젝트 학습법은 학생의 자율과 창의성을 더 요구한다. 프로젝트 학습법을 협동학습과 연계하면 문제해결을 위한 협동적 프로젝트 학습법이 된다. 실제로 20세기 초 미국에서 진보주의 교육운동이 한창일 때, 킬패트릭의 프로젝트 학습법은 협동학습과 연계하여 주로 실행되었다.

교사의 역할: 경험과 교과를 연결하고 성장의 방향을 안내하는 역할

경험주의 교육에서 교사의 역할은 크게 두 가지이다. 먼저 학생의 **현재 경험과 교과지식을 연결**시키는 역할을 한다. 학생은 현재 수준의 경험 안에 갇힌 미숙한 존재이다. 교육은 학생이 좁은 경험의 세계를 넘어 넓은 세계로 나아가도록(progress, 진보) 도와주는 역할을 해야 한다. 경험주의 교육에서 교사는 학생이 좁은 세계에 한정되지 않게 현재 수준의 경험과 넓은 세계를 표상하는 교과지식을 연결시키는 역할을 수행한다.

다음으로 경험주의 교사는 학생이 건전하게 성장할 수 있도록 **성장의 방향을 안내**한다. 경험주의 교육의 목적은 학생의 계속적 성장이다. 따라서 교사는 학생이 건전하게 성장할 수 있도록 성장의 방향을 안내해야 한다. 이것은 다음에 무슨 경험을 할 것인가를 안내하는 것을 의미한다. 현재 수준의 좁은 세계에 한정된 학생은 하나의 경험을 마치면 다음으로 무엇을 해야 할지를 모를 수 있다. 이때 교사는 아동이 넓은 세계로 잘 나아가도록 다음에 무슨 경험을 할 것을 안내한다.

5. 장단점 및 비판

가. 장점

- 학생의 흥미와 관심을 중시하며 또한 개인의 다양성을 존중한다.
- 흥미와 관심을 기반으로 교육과정을 조직하므로 학습동기 유발이 잘 되고 그래서 학생의 자발적인 참여가 촉진된다.
- 경험을 통한 학습, 통합적인 학습은 실제적인 문제해결능력을 길러준다.

나. 단점

- 교과지식을 체계적으로 학습하기 어렵다. 특히, 수학 같이 위계성이 높은 교과를 체계적으로 학습하기 어렵다.

• 전통적인 교과와 갈등을 초래한다. 학교는 여전히 교과중심이고 그들은 분과주의에 기반하여 해당 교과를 체계적으로 학습할 것을 요구한다. 경험을 중심으로 교과간, 교과와 경험간 통합을 시도하는 경험주의 교육과 교과중심 교육과정이 갈등이 생기는 것은 이러한 이유 때문이다.
• 개인의 흥미와 관심, 다양성을 중시하는 것은 좋으나 제도화된 학교교육에서 어느 정도의 통일성은 불가피하다. 한 명의 교사가 많은 학생들의 다양한 흥미와 관심을 반영하여 수업을 운영하는 것은 현실적으로 어렵다.
• 개인의 다양성과 차이를 지나치게 강조하여 공통성을 소홀히 하는 것은 위험하며, 자연적(natural)이지 않다. 인간은 서로 차이나는 면도 있지만 같거나 비슷한 면도 많다.
• 교사의 역할이 과중하다. 학생의 현재 수준과 교과지식을 경험을 매개로 하여 연결하는 것은 쉽지 않은 수업구상이다. 그것이 학생마다 관심, 흥미, 수준이 다를 경우 더 어려울 것이다. 또한 개인별로 다른 성장의 방향을 제시하는 것도 어려운 것이다.

다. 비판

20세기 초 미국의 진보주의 교육가 중 일부는 교육과정의 세 가지 준거인 ① 교과를 통한 이성개발, ② 사회적 기능개발, ③ 경험을 통한 개인의 성장 사이에서 균형을 취하지 못하고, 개인의 흥미와 관심을 중시하여 개인적 성장에 치우치게 되었다. 이에 당시 교과중심 교육가들은 교과지식을 소홀히 하는 것을 신랄히 비판하였다. 한편 듀이 역시 당시 진보주의 교육가들이 교과, 사회적 요구, 개인의 요구 사이에서 균형을 취하지 못하고 개인의 요구에 치중한다고 비판하였다.[32]

듀이의 실험학교

듀이는 시카고대학 재임시절 자신의 교육철학을 구현하기 위하여 실험학교를 운영하였다. 테너(L. Tanner)는 듀이의 실험학교의 특징을 다음과 같이 소개하였다.[33]

• 학교를 사회공동체로 조직하였다. 학생들은 학교라는 작은 공동체에서 실제적인 것을 학습하였다.

- 학생의 관심과 능력에 기초하고 발달적 측면을 고려하여 유치원 교육과정부터 시작하였다.
- 교과의 사회적 의미(혹은 측면)를 강조하였다.
- 수공예 등 손을 사용하여 작업하는 경험을 강조하였다(노작교육).
- 실제문제 해결을 중시하였다. 교과는 실제문제 해결에 기여하는 방식으로 통합되었다.
- 교육과정은 수직적 계속성을 유지하면서 동시에 수평적 내용조직을 위해 통합적으로 구성되었다.
- 교육과정 개발의 과정은 일회적이 아닌, 지속적인 과정이었으며 문제가 발생하면 즉시 수정되었다.
- 학급당 학생수는 적정하여 교사가 모든 학생에게 충분한 관심을 가질 수 있었다.
- 학교는 실험적 분위기로 충만하였다.
- 학생은 자발적으로 주의집중하였다.
- 학생은 동일한 목표를 달성하는 다른 활동을 수행하였다(개별화 학습 측면).
- 학생은 교실을 자유롭게 다니면서 서로에게 도움을 요청하였다.
- 학생은 교사를 권위자로 인식하지 않고 활동을 같이 수행하는 동료로 인식하였다.
- 학생은 협동심과 지역사회에 봉사하는 마음을 가졌다.
- 학교는 교육과정을 운영할 때 지역사회에 소재하는 교육기관들을 이용하였다.

실험학교는 그 지역의 문화, 관습, 학생의 관심과 흥미를 고려하여 교육과정을 개발하였다. 주요 교육내용은 다음과 같다.

- 내 가정과 이웃의 삶에 관련되고 실천적으로 도움이 되는 것을 교육: 바느질, 요리, 직물짜기, 목공예, 금속세공 등
- 주변 환경과 사회를 이해하는데 유익한 교육: 지리, 역사, 과학 등. 실험학교는 역사, 과학, 예술 등을 통해 실제 삶에 적극적인 가치와 의미를 부여하도록 가르쳤다. 특히 지리, 역사는 왕조사나 단편적 역사적 지식을 공부하는 것이 아니라, 사회의 생성과정을 밝히는 데 목적을 두었다.
- 자연과학은 역사연구에 정확성을 부여하므로 자연과학과 역사의 관련성을 강조하였다. 과학교육은 아동의 심리발달 단계에 따라 다음과 같이 3단계로 진행되었다.
  ① 먼저 기후, 대기, 지질 등을 학습하면서 자료의 조작과 직접적 이용을 배운다.
  ② 다음으로 역사와 관련있는 자연지리와 실험과학으로 분화하여 학습한다.
  ③ 마지막으로 주제중심으로 통합적으로 과학을 공부하면서 저학년부터 추측, 검증, 결론을 유도하는 과학적 사고를 익힌다.

- 의사소통과 표현을 위한 교육: 읽기, 쓰기, 셈하기, 외국어 교육 등. 이들은 도구교과로서 3R 교육과 관련이 된다. 한편 실험학교는 학생이 이들 교과를 교사의 요구에 따라 수동적으로 공부하는 것이 아니라, 스스로 필요성을 느껴서 배우는 방식을 사용하였다. 예를 들어, 프로젝트나 활동을 구술로 보고하거나, 수학교육에서 노래나 게임에 수를 넣어서 자연스럽게 수의 개념을 익히도록 하였다.
- 문학과 예술 교육: 문학교육은 작품내용을 연극으로 재구성하거나 타 교과와 연계하여 공부하면서 문학작품의 사회적 의미를 공부하였다. 예술교육은 예술적 기교나 표현을 가르치기보다 다양한 예술작품을 탐색하고 창조적으로 표현하게 하였다. 예술적 기교는 이러한 과정을 거친 후 교육하였다.

8년 연구(The Eight-Year Study): 고등학교 교육과정 개선 사례[34]

1930년대에 미국의 고교 진학률이 50%까지 급상승하였다. 이와 같은 시대적 배경에서 진보주의학회는 초등학교에서와 같은 진보주의 교육의 성과가 고등학교에서도 성공적으로 적용될 수 있는가를 확인하는 실례로서 1933부터 1941년까지 8년간의 종단연구(고교: 3년, 대학: 5년)를 실시하였다. 진보주의학회를 중심으로 29개의 고교와 300개 이상의 대학이 협정을 맺고 전통적인 교과중심 교육과정이 아닌, 진보주의 교육과정을 실험적으로 적용한 고교 졸업생들에게 고교 이수과목 요건이나 대학 입학시험에 무관하게 입학을 허가할 것을 협약하였다.

연구의 목적: 연구의 목적은 다음의 두 가지이다. ① 진보주의 교육이 고등학교에서도 성공할 수 있는가?, ② 진보주의 교육을 받은 학생들이 대학에 가서도 성공적으로 학습하고 생활할 수 있는가?

교육과정: 학교별로 다양하였으나 크게 다음의 5개로 분류되었다. ① 전통적 교과중심 교육과정을 약간 수정한 학교, ② 광역교육과정을 개발한 학교, ③ 전체 문화권을 중심으로 교육과정을 개발한 학교, ④ 진로와 직업중심으로 교육과정을 운영한 학교, ⑤ 중핵(CORE) 교육과정을 운영한 학교로 구분이 된다.[35]

[표 2-8]은 8년 연구에 참여한 덴버시 이스트고교(East High School)의 시간표이다.[36]

표 2-8 이스트고교 시간표

교시	월	화	수	목	금
1-4	공통수업(일반학급과 동일한 수업)				
5	특별관심반	자유독서	특별관심반	집단상담	특별관심반
6	중핵과정				
7	교사연수	Lab	Lab	개인상담	Lab

특별관심반(special interest groups)은 학생의 관심에 기초하여 편성되며, 읽기, 음악, 공작, 미술, 시사, 과학, 연극, 작문반 중 하나를 선택할 수 있다.

중핵과정(core courses)은 사회적 이슈나 쟁점으로 구성이 되며, 영어, 미국사, 세계사 등의 교과의 구분이 없다. 대신 ① 개인생활, ② 지역사회에서 개인과 사회의 관계, ③ 사회와 시민의 관계, ④ 경제관계 등의 네 영역으로 구분하여 통합되었다. 중핵과정을 개발할 때 단원의 핵심주제는 학생들이 당면한 현실적인 문제로 구성되었다. 또한 교육과정을 개발할 때 기성세대, 즉 성인의 요구와 학생의 관심을 우선적으로 고려하였다.

연구 결과: 실험학교 졸업생들이 대학에 입학한 후 5년 동안 추적 연구한 결과는 매우 놀라웠다. 연구결과는 다음과 같다. 첫째, 실험학교 졸업생들은 대학공부와 적응에서 비실험학교(일반학교) 학생들에게 조금도 뒤지지 않았다. 둘째, 대학이 지정하는 전통적 교과를 벗어난 대학입학 준비를 하더라도 대학 준비도가 낮은 것은 아니다. 셋째, 실험학교 중 교육과정을 가장 많이 변화시킨 6개 실험학교의 졸업생들이 비실험학교 졸업생보다 훨씬 대학공부와 적응을 잘 하는 것으로 나타났다.

결론적으로 대학에서 성공은 고교에서 전통적 교과를 공부하는 것과 무관하며, 따라서 성공적인 대학공부를 위해 준비할 필요가 있는 고교교육과정은 매우 다양하다는 것을 8년 연구는 입증하고 있다.

생활적응 교육과정

생활적응 교육과정은 학생이 졸업 후 사회에서 삶을 영위할 때, 실생활이 요구하는 지식, 기능, 태도, 행동양식을 배워서 실생활에 효율적으로 적응할 것을 강조한다. 즉, 사회에서 활용할 수 있는 유익한 것을 가르칠 것을 강조한다.

생활적응 교육과정은 시대와 학자에 따라 다양한 특징을 보여 하나의 뚜렷한 관점으로 보기 어려운 측면이 있다. 또한 진보주의 교육사조와 시기가 겹치고 주요 학자들도 많이 중복된다. 그래서 생활적응 교육과정을 경험주의 교육과정의 한 유형으로 보기도 한다.[37] 생활적응 교육과정은 주장하는 바가 다양하여 획일적으로 구분하기 어려우나 일반적으로 1920년대에서 1950년대 초반까지 지속되었다. 생활적응 교육과정의 주요 내용은 1920년대에는 성인의 활동분석을 통한 교육과정개발, 1930년대에는 사회에서 유익한 기능을 배울 것, 1940년대에는 학생의 요구와 문제 및 항상적 생활사태를 기준으로 삼은 교육과정 개발 등으로 나타났다.[38]

캐스웰(H. L. Caswell)과 스트레이트마이어(F. B. Stratemeyer) 등이 생활적응 교육과정을 대표하는 인물이다. 캐스웰은 사회에서 유용한 기능을 중심으로 교육과정을 개발할 것을 주장하였다. 그는 버지니아주 교육과정 개발(1934)에서 ① 생명, 재산, 자연자원의 보존과 활용, ② 상품 및 자원의 생산 및 분배, ③ 상품 및 자원의 소비, ④ 교통과 수송, ⑤ 오락(여가), ⑥ 심미적 욕구의 표현, ⑦ 종교활동, ⑧ 교육, ⑨ 자유의 확대, ⑩ 인성, ⑪ 탐색 등의 11가지 사회적 기능이 교육과정을 통해 개발될 것을 주장하였다.[39]

스트레이트마이어는 항상적 생활 장면(혹은 사태)을 기준으로 삼는 교육과정개발을 주장하였다. 항상적 생활 장면이란 어른과 아동이 공히 겪는 생활 장면을 의미하며, ① 개인의 능력 성장을 요구하는 생활 장면, ② 사회참여를 요구하는 생활 장면, ③ 환경(요인)을 다루는 능력을 요구하는 생활 장면으로 구분이 된다. 그는 이러한 항상적 생활 장면을 분석하고 각 장면에 잘 대비하기 위하여 학생이 학교에서 길러야 할 요소를 제시하였다.[40]

중핵교육과정은 **중핵(core)을 중심으로 관련되는 여러 교과목, 활동 등을 통합적으로 조직**하는 것이 특징이다. 중핵교육과정 역시 중핵을 무엇으로 보는가에 대한 관점의 차이로 시대와 인물에 따라 다양한 모습으로 나타났다. 특히 진보주의 교육운동과 시기, 인물이 많이 중복되어 양자가 잘 구분되지 않는다. 중핵교육과정의 공통된 특징은 **통합성**이다. 즉, 교과목별로 분과적으로 교육과정을 조직하지 않는다. 경험중심 교육과정, 생활적응 교육과정, 중핵교육과정, 사회재건주의 교육운동은 **모두 진보주의 교육운동의 산물**들이다. 최근의 통합적 설계나 융합교육 모형(STEAM 등)과 유사하나 중핵교육과정은 중핵과정과 주변과정을 명확히 구분하고 조직한다는 데 차이가 있다.

중핵교육과정은 중핵을 무엇으로 보는가에 따라 여러 유형이 도출된다.

- 교과중심 중핵교육과정: 주요 교과를 통합하여 중핵으로 삼고 나머지 관련되는 것들을 연계하여 교육과정을 조직한다. 교과중심 교육과정에서 교과간 통합과 비슷하나 수업방식은 경험주의와 비슷하다. 전통적으로 교과중심 중핵교육과정은 역사와 문학을 중핵으로 언어, 예술, 수학을 재조직하는 방식이었다.[41] 역사적으로 19세기 후반 독일의 질러(Ziller)가 역사와 문학 중심의 중핵교육과정을 주장하였다.[42]

- 개인중심 중핵교육과정 : 개인의 흥미나 관심, 필요를 중핵으로 삼고, 그 외의 관련되는 교과 및 경험을 통합적으로 조직한다. 개인중심 중핵교육과정은 생활적응 교육과정과 비슷한 양상을 보였다.

- 사회적 기능중심의 중핵교육과정 : 사회생활, 직업생활에서 필요한 기능(예: 의사소통, 직업능력 등)을 중핵으로 삼고 나머지 관련된 교과 및 경험을 통합적으로 조직한다. 1920년대 건전한 사회생활을 영위하는 시민의 역할을 목표로 삼은 덴버프로젝트나 8년 연구에 참여한 이스트고교(East High School)의 중핵교육과정 등이 예이다.

- 사회문제와 쟁점 중심의 중핵교육과정 : 빈부격차, 실업, 범죄, 전쟁 등 당시 사회의 문제와 쟁점을 중핵으로 삼아 교육과정을 개발하였다. 이것은 사회문제와 쟁점을 중핵으로 삼고 여러 교과의 내용을 통합적으로 구성하며, 학생의 자발적, 능동적 수업 참여를 통한 문제해결력과 비판적 사고를 기르고자 했다. **사회재건주의** 교육과 비슷한 모습을 보였다. 8년 연

구에 참여한 실험학교의 교육과정, 버지니아주의 사회중심 중핵교육과정 등이 예이다.

그림 2-3 사회문제와 쟁점 중심의 중핵교육과정

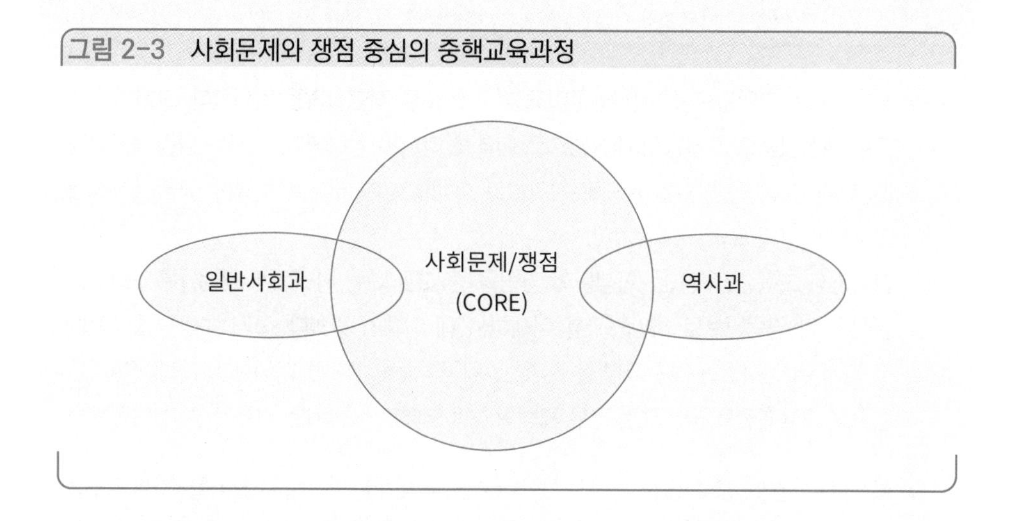

중핵교육과정의 장점은 다음과 같다.

1) 통합적으로 교육과정을 조직하므로 지식의 상호관련성을 이해하기 쉽고 개인의 통합적 성장에 기여한다.
2) 학생의 필요와 흥미를 중시하여 교육과정을 개발함으로써 학생의 자발적인 참여와 동기 유발이 높다(개인중심).
3) 실생활과의 관련성이 높다(사회적 기능중심).
4) 학생의 문제해결력, 비판적 사고를 높인다(사회문제와 쟁점 중심).

반면, 중핵교육과정은 다음과 같은 단점이 있다.

1) 학교교육과정은 전통적으로 분과된 교과중심으로 조직 및 운영되기 때문에 중핵교육과정의 실천은 어렵다.
2) 특정 교과교육과정에 익숙한 교사는 중핵교육과정을 개발하고 수업을 하는 데 훈련이 되어 있지 않다.
3) 중핵교육과정에 기반한 수업을 할 교재나 자료도 부족하다.
4) 중핵교육과정은 교과를 체계적이고 논리적으로 공부하는 데 한계가 있으며, 잘 운영되지 못하면 교과와 경험 모두를 놓칠 수 있다.
5) 중핵교육과정 내용조직을 할 때, 중핵과 주변의 구분이 명확하지 않다.

경험중심 교육과정의 사례(키워드: 다양성, 경험, 체험, 심리화)*

사례 지리교사는 하안단구를 학생들이 이해할 수 있도록 체험학습을 계획했다. 교사와 학생들은 체험학습으로 금강의 대청댐으로 버스를 타고 이동하였다. 교사는 금강 물줄기를 따라 내려오는 한 부분을 손으로 가리켰고 학생들은 그 부분을 보았다. 교과서에 나왔던 하안단구의 모습 그대로였다.

해설 경험중심 교육과정에서는 학생들의 경험을 중시한다. 위 사례에서 학생들은 교과서를 통한 간접 경험만으로 하안단구를 이해하는 데 한계가 있었다. 교사는 학생들의 이해를 돕기 위해 하안단구를 직접 볼 수 있는 체험학습을 계획했고 이는 효과적이었다. 경험중심 교육과정을 중시하는 경우 체험학습의 형태로 실천되는 경우가 많다.

사례 학생들은 현대시를 학습한 후 시 낭송 UCC를 제작하여 발표하는 활동을 하였다. 교사는 수업의 가이드라인을 제시하고, 학생들의 질문에 대답하는 역할만 하였다.

해설 교사는 현대시 수업을 교과서나 강의만으로 끝내지 않고 시 낭송 UCC를 제작하는 경험을 할 수 있도록 교육과정을 설계하였다. 교사는 안내자의 역할만 수행하였고, 학생들은 스스로 UCC를 제작하여 발표하였다. 경험중심 교육과정에서 교사의 역할은 안내자로 정의된다.

제 4 절 사회개조 교육과정**

1. 기본 관점

사회개조 교육과정은 기본적으로 사회를 비판적인 시각으로 본다. 그래서 교육에 관한 비판적이고 급진적인 주장을 한다. 사회개조 교육과정을 지지하는 사람들은 이 사회가 매우 모순적이고 부조리가 많은 것으로 간주한다. 그래서 실천적인 교육을 통해서 사회문제를 개선할 것을 목표로 한다. 실천적인 교육을 통해 사회의 구조적 모순의 변화(개선)를 도

* 사례들은 「김대석, 박우식, 성정민(2021). 좋은 수업의 이론과 실제. 서울: 박영스토리.」의 내용을 인용한 것으로 더 많은 관련 내용과 사례들은 이 인용서를 참고 바람.

** 사회개조는 사회재건으로 불리기도 한다.

모하는 것이다. 사회재건주의는 교육과정을 사회의 문제나 부조리를 개선하기 위한 프로그램으로 정의한다.

2. 주요 학자 및 주장

사회재건주의 관점이 학교교육과정에 본격적으로 나타난 것은 1920~30년대이다.[43] 진보주의 교육가들 중 비판적이고 급진적 교육처방을 주장하는 사람들이 나타나기 시작하였다. 1930~40년대 사회재건주의 관점은 경험주의 교육과정과 크게 구분이 되지 않았으며 모두 진보주의 교육에 포함된다.

가. 카운츠(G. Counts)

카운츠는 1932년 진보주의 교육학회의 연례 학술대회에서* 학교교육을 통해 평등한 사회를 만들 것을 주장하였다.[44] 카운츠는 학교교육은 사회정의와 사회개혁을 지향해야 하며 이를 위하여 학교 교육과정은 전통적 교과를 초월하여 그 범위를 확대해야 한다고 주장하였다.[45]

나. 러그(H. Rugg)

러그는 당면한 사회문제를 해결하기 위하여 사회문제와 쟁점을 중심으로 사회과를 통합적으로 재구성할 것을 주장하였다. 그가 저술한 사회과 교과서는 사회비판정신을 담은 당시로는 비판적 내용이었으나, 당시 진보적인 사회분위기에서 상당히 주목을 받았다.[46]

다. 브라멜드(T. Brameld)

1950년대 브라멜드는 후기 사회재건주의 학자로서, 현대 인류문화의 병폐와 위기를 의식하고 새로운 사회를 재건하는데 학교가 앞장설 것을 주장하였다.

브라멜드는 현대 사회위기 극복을 위하여 근본적인 사회개혁이 필요하고, 근본적 사회개혁은 공동체 생활에 대한 새로운 전망을 밝히고 이를 사회 구성원에게 교육시킴으로써 가능하다는 교육을 통한 이상적 사회 건설을 주장한다.

재건주의 교육과정은 교육은 인간 삶의 가치와 목적을 고양하기 위한 교육활동을 사회적

* 학교가 과연 새로운 사회질서를 세울 수 있는가?(Dare the School Build a New Social Order?)

측면에서 적극 검토한다. 브라멜드는 개인은 자유로운 존재이지만 동시에 사회적으로 형성된 존재로 이해한다. 그는 가치있는 삶은 개인적 자아실현에 의한 것이 아닌, 사회에 참여하는 가운데 실현되는 **사회적 자아실현**에 의하여 성취된다고 본다. 따라서 재건주의 교육은 **사회적 자아실현을 교육목적**으로 삼고, **인간의 경험과 문화유산을 교육내용**으로 강조한다. 교육방법으로는 **참여와 경험에 의한 학습 혹은 집단활동을 통한 학습**을 중시한다.

재건주의 교육은 사회문화적 위기 시대의 교육은 학생과 일반 대중에게 문화와 사회 변화에 대한 시대적 요구와 긴급성을 일깨우고 교육을 통한 새로운 사회질서의 정립과 문화개혁에 대한 확신을 심어줄 수 있어야 한다고 보았다. 그러나 재건주의 교육은 위기의식을 밝히는데에 기여했을지 몰라도 교육실제에는 큰 영향을 미치지 못하였다. 오히려 공상적 이론으로 평가받는다.[47]

3. 교육목적

사회개조 교육과정은 교육을 통해 사회의 문제와 부조리를 해결하고 사회변화를 도모한다. 그들이 생각하는 교육의 목적은 교육을 통해 학생들을 비판적 실천가로 길러내는 것이다. 즉, 사회문제를 해결하고 사회변화를 도모하기 위해 학생들이 비판적 지성과 태도 및 신념을 가지도록 하는 것을 교육의 목적으로 삼는다.

4. 교육내용 및 교수학습방법

교육내용: 사회개조 교육과정은 특정한 교육내용이나 형식에 한정되지 않는다. 단지 학생들이 사회의 불합리와 모순을 깨닫고 이를 통해 비판적 지성과 태도 및 신념을 기르는데 도움이 되는 것이면 채택한다. 사회개조 교육과정의 학교교육 사례는 찾기 어렵다. 그래서 사회재건주의 관점이 주장하는 학교의 구체적 교육내용이나 수업방법을 찾기 어렵다. 그러나 실제적이고 실천적인 교육내용을 선호하며, 교실 안에서 배우는 것에서 그치지 않고 사회현장에서 실천적 행동을 요구하는 수업을 선호하는 것은 분명하다.

교수학습방법: 교사 중심의 강의식 수업이나 이론 중심의 수업이 아닌, 교사와 학생, 학생과 학생, 혹은 학생과 지역사회 관련 인사들과의 대화를 통한 만남의 수업, 사회현장에서 수업재료를 찾고 이것을 적극적으로 실천하고 활용하는 수업을 선호한다.

사회개조 교육과정의 전형적인 수업의 순서는 다음과 같다.[48]

1. 학생들이 사회에서 쟁점이 될 만한 문제를 찾는다.
2. 해당 문제가 발생하는 원인과 그로 인해 학생들이 일상에서 겪는 결과 등을 조사 및 발표한다.
3. 해당 문제를 보다 넓은 사회의 제도나 구조와 연결하여 분석한다.
4. 분석결과를 세계, 사회, 자신에 대한 이상적 모습과 연결하여 생각한다.
5. 이상적 모습을 달성하기 위한 책임있는 행동을 실천한다.

5. 비판

교육과 교화를 혼동: 사회재건주의 관점은 기성사회를 비판적이고 급진적으로 바라본다. 그들은 학교 교육과정, 특히 교과중심 교육과정이 기성세대(그들의 표현을 빌리면 지배계층)의 유지와 존속을 위한 수단으로 전락하였다고 비판한다. 대신 사회의 문제와 불합리를 타파하기 위해 교육이 앞장 설 것을 주장한다. 그래서 그들은 학생들이 사회의 불합리와 모순을 알고 이를 통해 비판적 관점을 기르고 더 나아가 실천적 비판가가 될 것을 요구한다. 혹자는 이것을 교육이 아닌 교화라고 주장한다. 즉, 사회재건주의 관점이 교육과 교화를 혼동하고 있다고 비판하는 것이다.

지배와 피지배의 이분법적 대립구조: 사회재건주의 관점을 지지하는 교육가들은 이분법적 대립 표현을 많이 사용한다. 프레리(P. Freire), 지루(H. Giroux) 등의 저서를 읽으면 지배계층과 피지배계층의 용어가 많이 등장한다. 이것은 그들이 사회를 이분법적 대립구조로 본다는 것을 의미한다. 비판적 교육가들은 지배와 피지배의 이분법적 대립과 그에 따른 지배와 종속, 피지배집단의 의식화를 지나치게 강조하여 공존을 위한 화합을 소홀히 하고 있다.[49] 이분적인 시각은 사회재건주의 관점이 급진적인 주장을 하는 것의 원인이자 동시에 그들의 주장에 문제를 발생시키는 출발선이다. 사회구조는 이분적으로 쉽게 구분되지 않는다. 더구나 세계 각국이 지구공동체 및 다문화사회로 급격히 변화되고 있는 와중에, 지배와 피지배, 억압과 피억압의 단순한 이분적 구조로 분석하는 것은 오히려 많은 문제를 낳을 것이다.

프레리의 은행예금식 교육과 문제제기식 교육

프레리[50]

1970년대 이후 사회재건주의 관점은 프레리의 비판적 교육학으로 계승된다. 프레리(P. Freire 1921~1997)는 브라질 출신 학자로서 교육부장관까지 역임하였다. 비판적 교육학자로서 문맹퇴치교육 운동을 전개하였으며 저서 "억압받는 자들의 교육학(Pedagogy of the oppressed)'에서 현재의 교육이 불의, 착취, 억압 등의 비인간화를 강요하고 있다고 주장하면서 이러한 잘못된 교육을 타파할 것을 주장하였다. 그의 이론인 **은행예금식 교육**(the banking model of education)과 **문제제기식 교육**(problem posing education)은 비인간화를 초래하는 교육을 비판하고 새로운 교육을 모색하는 맥락에서 이해될 수 있다.

프레리는 억압자와 피억압자의 이분적 시각으로 사회구조를 파악하였다. 억압자가 중시하는 것은 소유이다. 그들은 피억압자의 것을 빼앗아서 더 많이 소유하고자 한다. 하지만 피억압자는 억압이 있는지를 실제로 잘 인식하지 못한다. 왜냐하면 억압이 이미 오랫동안 제도로 굳어지고 당연하게 받아들이기 때문이다. 오히려 피억압자들은 억압자들의 세계를 동경하고 추구한다. 이러한 잘못된 현실을 타파하기 위해서는 교육을 통해 피억압자들을 각성시켜야 하며 그것이 바로 문제제기식 교육이다. 이하에서 은행예금식 교육과 문제제기식 교육을 자세히 설명한다.

① 은행예금식 교육

은행예금식 교육은 비인간화를 초래하는, 잘못된 교육을 은행 예금 행위로 비유한 것이다. 예탁자가 돈을 은행에 가서 맡기고 은행직원은 그것을 수탁하듯이, 교사는 지식을 학생에게 전달하고 학생은 그것을 고스란히 받아들인다. 그러면서 예탁자가 지금 사거나 쓰고 싶은 것이 많지만 참고, 미래 언젠가는 돈을 인출하여 유용하게 쓸 수 있을 것으로 예상하듯이, 학생도 지금 지식을 잘 받아두면 미래 언젠가 도움이 될 것이라고 믿는다.

표 2-9 은행예금식 교육

교사	학생	지식	학교	수업
예탁자	은행 직원	예금	은행 창구	예탁행위

은행 창구에서 일어나는 예탁과정에서 예탁자와 은행직원 간에 교감있는 대화는 없다. 양측은 꼭 필요한 말만 주고받지만 그 과정은 딱딱하고 사무적이다. 교감있는 대화가 없는 것이다. 수업의 과정도 비슷하다. 교사가 교과내용을 설명하고 전달하며 학생은 참을성 있게 그것을 받아 저장 및 암기하고 잊지 않기 위해 반복한다. 은행예금식 수업에서 교과내용에 대한 비판적 사고나 능동적 탐구를 통해 새로운 지식을 만들어 내는 것은 거의 없다. 학생은 단지 침묵으로 인내함으로써 미래 훌륭한 사람이 될 수 있을 것이라는 믿음만 있을 뿐이다.

비판적 사고나 능동적 탐구가 교육의 과정에서 없는 이유는 교과서의 지식은 이미 검증을 받은 절대불변의 진리라는 잘못된 믿음에서 기인한다. 오랫동안 검증을 받은 완전한 지식이므로 학생들이 대화나 토론을 한다고 해서 쉽게 수정이나 생성할 수 있는 것이 아니라는 것이다.

은행예금식 교육에서 학생들은 교과 내용을 잘 이해하고 그것을 어떻게 활용해야 할지도 알지만, 그 지식의 도출과정은 파악하기 어렵다. 수학과 과학 교과서의 공식을 알고 문제해결을 위해 그것을 어떻게 활용해야 할지를 알지만 정작 그 공식이 도출된 과정은 모르는 것이다. 따라서 은행예금식 교육은 탈맥락적 교육이다.

은행예금식 교육의 특징은 다음과 같다.

- 교사는 모든 것을 알고 학생들은 모른다고 가정한다.
- 교사는 가르치고 학생들은 배운다.
- 교사는 말하고 학생들은 얌전히 들을 것을 요구한다.
- 교사는 훈련을 시키고 학생들은 훈련을 받는다.
- 교사는 교육내용을 선택하고 학생들은 선택된 내용을 단지 받아들인다.
- 교사는 학습의 주체이고 학생은 단지 학습의 객체일 뿐이다.

프레리가 은행예금식 교육을 통해 비판한 것은 결국 **교과중심 교육과정을 비판한 것**으로 볼 수 있다. 교과중심 교육과정에서 절대불변의 지식관, 교사중심의 일방적 수업, 비판적 사고와 탐구활동이 없는, 탈맥락적 교육을 은행 예탁행위에 빗대어 비판한 것이다. 또한 학생들에게 인내와 순종을 요구하고 교묘하게 학생들을 억압하는 교육을 비판한 것이기도 하다.

프레리가 교육과정개발에서 중시한 것은 학생들로 하여금 비판적 의식(critical consciousness)을 자극하고 길러주는 것이었다. 따라서 그가 생각하는 교육의 일차 과업은 피억압자로서 학생들이 억압에 수동적으로 의존하는 태도를 극복하고 스스로 해방을 성취하도록 돕는 것이다. 그 대안이 바로 문제제기식 교육이다.

② 문제제기식 교육

문제제기식 교육은 억압이 교묘하게 은폐된 현실, 비인간화를 강요하는 교육을 타파하고 해방을 목적으로 한다. 해방은 억압이 교묘히 은폐된 현실을 인식하는 데에서 출발하며, 그러기 위해서는 비판적 대화가 필요하다. 진리는 현실과 떨어져서 초월적으로 존재하는 것이 아니라 내 삶 속에서 있어야 유의미한 것이다. 따라서 오늘의 내 삶과 무관한 지식을 공부하는 것이 아니라, 내 주변의 삶과 직접적으로 관련있고 영향을 미치는 것을 공부할 필요가 있다. 그러기 위해서는 우선 내 주변을 돌아보고 문제를 파악하고 그것이 왜 발생하는지, 문제를 해결하기 위해서는 무엇을 실천해야 하는지를 반성, 성찰해야 한다. 문제해결 과정에서 혼자보다는 우리가 같이 대화를 통해 문제해결에 참여하는 것이 좋다. 문제제기식 교육의 절차는 다음과 같다.[51]

1. 문제의 규명(문제가 무엇인가?)
2. 문제 원인 분석
3. 문제해결을 위한 집단적 계획 구상
4. 문제해결을 위한 집단적 행동 계획 도입
5. 행동의 평가, 효과성 분석, 문제의 현상태 재점검

표 2-10 은행예금식 교육과 문제제기식 교육 비교[52]

	은행예금식 교육	문제제기식 교육
교육목적	기존 질서의 유지	인간 해방
교육방법	기억과 암송	나와 주변의 삶을 관련지어 비판적으로 탐구 및 실천하기
학생	수동적인 객체	능동적이고 비판적 탐구자
교사의 역할	지식 전달 및 문제 해결	문제의 제기 및 해결의 조력자
기대하는 교육의 결과	기존 질서에 순응하는 인간 양성	세계를 비판적으로 탐구하고 실천하는 주체적 인간

문제제기식 교육은 피억압자로서 학생이 억압이 교묘히 은폐된 상황을 파악하도록 하고 그들을 각성시키는 교육이다. 은행예금식 교육이 탈맥락적 교육인 것에 반해 문제제기식 교육은 맥락적이다.

제 5 절 교육과정 사회학(The sociology of curriculum)*

1. 기본 관점, 교육과정의 정의

1970년 이후 학교 교육과정의 내용을 비판적 관점으로 접근한 일련의 학자들이 나타났으며 이들의 입장을 교육과정 사회학이라 한다. 그들은 학교 교육과정 특히, 교육내용의 사회 · 경제적 맥락을 비판적 관점에서 연구하였다. 교육과정 사회학의 대표적 학자는 애플(M. Apple)로서 그는 신막스주의 영향을 받아 비판적 관점에서 학교교육과정을 분석하였다. 우리는 보통 학교 교육과정(예: 교과서)에 실린 지식은 매우 객관적이고 특히 중립적이어서 특정 사회 · 경제적 계층의 이익이나 관점에 편향되지 않는다고 생각한다. 그러나 교육과정 사회학자들은 **'학교 교육과정에서 다루어지는 지식이 과연 모든 사회 · 경제적 계층에 공평하고 중립적일까?'**에 의문을 품고 학교 교육과정을 그것이 도출된 사회 · 경제적 맥락에서 분석하였다. 연구결과, 애플(M. Apple)은 학교 교육과정은 많은 것 중 선택된 하나의 대안일 뿐이며, 정치적 권력관계, 경제적 이해관계, 사회통제의 원리 등에 영향을 받기 때문에, 결코 **중립적일 수 없다**고 단언하였다. 애플과 지루는 학교에서 다루는 지식은 사회질서를 계층화하고 지배적인 사회계층의 이익을 영속화시키는 데 일조한다고 주장하였다.[53]

교육과정에 대한 정의: 교육과정 사회학자들은 학교 교육과정을 비판적 관점으로 접근한다. 그들은 학교교육과정이 지배계층의 경제적, 문화적 권력관계, 가치, 문화, 규범을 재생산하는 역할을 할 뿐이라고 주장한다(재생산이론). 따라서 교육과정 사회학자들은 교육과정을 **문화적 재생산의 도구**로 정의한다.

* 신교육사회학으로도 불린다.

2. 주요 학자 및 주장

가. 지루(H. Giroux)

지루[55]

지루는 학교가 오히려 개인의 자유와 평등, 정의를 억압하기 때문에 더 많은 자유와 평등, 정의를 위해 학교가 노력해야 한다고 주장하였다. 그는 학교가 사회를 변화시키는 개혁자를 양성하고 개인의 입장과 신념을 형성하고 개조하는 역할을 해야 한다고 주장하였다. 그래서 학생들이 사회를 비판하고 변화를 주도할 수 있는 책임감을 배울 수 있도록 사회적 행동과 사회적 갈등요소를 교육과정에 포함시킬 것을 주장하였다. 이유는 사회적 갈등은 불평등한 사회를 평등사회로 변화시키는 합법적 수단이고 원동력이기 때문이다.[54] 지루는 사회구조를 지배계급 대 피지배계급의 이분적 대립시각으로 분석하였다.

학교 교육과정의 지식은 학문적 결과만 반영하지 않는다. 교육과정이 사회적 영향을 받는 것은 피할 수 없다. 이 같은 이유 때문에 지루는 학교 교육과정의 지식에 대하여 다음과 같은 의문을 제기하였다.[56]

① 학교 교육과정의 지식으로 간주되는 것은 무엇인가?

② 학교 교육과정의 지식은 어떻게 결정되는가?

③ 학교 교육과정의 지식은 어떠한 문화체제에 의해 합법화되는가?

④ 학교 교육과정의 지식은 누구의 이익을 위해 봉사하는가?

⑤ 학교 교육과정의 지식은 어떻게 조직되는가?

⑥ 학교 교육과정의 지식을 구조화하는 주요 코드는 무엇인가?

⑦ 학교 교육과정의 지식은 어떻게 전달되는가?

나. 애니언(J. Anyon)

애니언은 학교에서 가르치는 지식이 어떻게 기존의 정치적·경제적 구조를 영속시키는가를 연구하였다. 연구결과 다양한 계층들은 학교에서 비슷한 내용의 교재를 사용하지만 경험하는 것은 전혀 다르다고 주장하였다. 연구결과에 기초하여 애니언은 교육과정이 사회계층을 재생산한다고 결론을 내렸다.[57]

애니언은 학교 교육과정이 특정 집단의 이익을 반영하고 있으며 교과서는 그들의 이익을 반영한 산물이라고 하였다. 그녀는 미국 중등학교에서 사용하는 역사교과서 분석을 통해 교육내용의 선정이 편파적임을 증명하였다. 역사교과서가 학생들이 역사와 현실 문제를 이해하고 해석하는데 필요한 객관적인 지식과 정보를 편견 없이 제공하는 것으로 사람들은 흔히 믿고 있으나, 실제로는 특정 사회경제적 집단에 유리하도록 편파적인 내용을 선정하여 진술하고 있음을 지적하였다. 예를 들면, 경제발전과정에서 기업가들이 수행하는 역할은 기술이 되나, 노동자들의 노력, 애환, 공헌 등에 대한 언급이나 설명이 누락이 되어있거나 노동운동에 관한 내용은 제외되거나 왜곡되게 기술되어 있는 것이다. 결론적으로 학교 교육과정이 지배체제의 이데올로기를 교묘히 반영함으로써 특정 집단의 이익을 재생산하는 데 기여한다는 것이다.[59]

애니언[58]

다. 영(M. F. D. Young)

영은 학교 교육과정의 지식의 계층화와 사회계층화의 관계를 탐구하였으며, 학교가 어떤 지식을 선택하고, 선택된 지식이 학교 밖 권력구조와 어떻게 관련되는가를 탐구하였다. 그는 지식의 위계적 구성을 사회계층의 구성과 연계하여 분석한 후, 학교 교육과정과 학교 밖 정치권력 구조가 밀접한 관계가 있다고 주장하였다. 즉, 사회불평등 구조와 교육적 불평등 과정을 학교 지식의 위계성과 대응시킨 것이다. 결론적으로 학교 지식은 사회구조를 상정하고 있으며 지배집단의 기준에 의하여 교과서의 지식이 선정된다고 주장하였다. 지배집단은 그들의 이익을 위하여 교육과정에 특정한 지식을 의도적, 비의도적으로 포함시킨다. 이러한 점에서 볼 때 학교 교육과정의 지식은 구조적으로 왜곡되고 사회 불평등을 정당화하며 지배문화를 대변한다고 할 수 있다.[61]

영[60]

라. 번스타인(B. Bernstein)

번스타인은 학교에서 학생들이 사용하는 언어와 그들의 사회계층화의 관계를 분석하였다. 그에 의하면 언어체계나 어법은 화자(話者)의 관계질서와 계층별 역할을 규정한다고 한다. 그는 특히 학교에서 중상류층 자녀들이 사용하는 언어와 노동자 계층 및 하층민 자녀들

번스타인[62]

이 사용하는 언어를 분석하였다. 이것을 공식어와 대중어로 분류하고 특징을 기술하였다.

중상류계층의 자녀들은 공식어를 학교에서 사용한다. 이유는 그들이 가정에서 사용하는 언어와 학교에서 요구되는 언어에 큰 차이가 없어서 사용에 불편이 없기 때문이다. 반면 하층민이나 노동자 계층의 자녀들은 학교에서 공식어를 사용할 것을 암묵적으로 요구받는다. 이유는 교과서에 사용된 언어가 공식어이고 교사도 공식어를 주로 사용하기 때문이다. 하지만 그들은 부모로부터 정교하지 못한 언어 사용을 배웠고 대중어 사용에 익숙하기 때문에 수업시간에 공식어 사용이 서툴다. 그래서 하층민이나 노동자 계층 학생들은 낮은 성적을 받는다. 즉, 노동자 및 하층민 학생들은 수업언어와 생활언어의 사용차이로 인하여 학업성적이 떨어지는 것이다.

표 2-11 학교에서 사용되는 언어: 공식어와 대중어

공식어	대중어
• 중상류 계층의 자녀들이 주로 사용하는 언어로서 학교나 교과서에서 사용하는 언어와 일치함 • 문장구성이 복잡하고 문어체임 • 어법 등이 정교하고 정확함 • 높은 상징체계를 사용함	• 하층민이나 노동자 계층의 자녀들이 주로 사용하는 언어 • 문장구성이 단순하고 구어체임 • 어법 등의 정확성이 낮음 • 낮은 상징체계를 사용함

마. 부르디외(P. Bourdieu)

부르디외[63]

문화재생산론을 지지하는 학자들은 학교교육이 지배계층의 문화를 학생들에게 내면화함으로써 사회의 구조적 모순과 불평등한 현상을 정당화하고 재생산한다고 주장한다. 문화재생산이론에 의하면 학교는 지배계층의 문화자본을 재생산하는 역할을 수행한다. 애플에 의하면 학교가 지식, 가치, 규범 등의 문화자본의 분배와 보존을 통해서 사회통제 기능을 수행한다고 주장한다.[64] 지식, 가치, 규범 등의 문화자본을 학교교육과정에 공식적, 비공식적으로 내재시키고 이것을 학생들에게 전수함으로써 지배계층의 문화를 공식적 혹은 암묵적으로 재생산한다는 것이다.

문화재생산론을 지지하는 부르디외는 학교교육이 합법적이고 정당한 힘을 소유한 문화를 통해서, 그리고 그 문화를 교육과정에 내재함으로써 사회구조의 모순을 은폐하고 위계화를 공고히 한다고 주장한다.[65] 부르디외가 제시한 개념인 아비투스(habitus, 성향)*는 취향, 지식, 행동에 대한 계층 편향적 사회원리를 반영하는, 개인의 성향을 의미하며, 지배문화의 실체를 발생시키는 작용을 한다.[66] 아비투스는 세계에 대한 인식과 행동 지침에 대한 해석적 도식으로 무의식적으로 작용한다. 아비투스는 가정이나 학교 등에서 학습된다. 그것은 학생에게 사회구조 내에서 자신의 계급적 위치와 그 위치에 합당한 주관적 기대를 내면화하도록 한다.[67] 부르디외에 따르면 학교는 아비투스를 재생산하는 곳이다.

지배계층은 그들의 문화적 가치를 정당화하고 재생산하기 위하여 그들의 문화를 교육과정에 포함시키고 마치 그것이 보편적 가치를 지닌 문화인양 학생들에게 가르친다. 특히, 상류층 자녀들은 학교생활에서 유리한 위치에 있게 된다. 이유는 상류층일수록 고전음악, 미술, 문학 등 고급문화 활동에 많이 참여하고, 문화적 체험도 많이 하고, 그들에게 익숙한 문화를 학교 교육과정에서 배우기 때문에 좋은 성적을 받을 수 있는 것이다. 그러나 하층민이나 노동자계층은 평소 경험하지 않는 문화를 학교에서 접하므로 학교생활에 적응하지 못하게 된다. 이러한 방식으로 학교는 불평등한 사회적 관계를 재생산한다. 이것이 **문화재생산**이다.

요약하면 부르디외는 학교교육은 문화를 매개로 하여 집단 간의 불평등을 유지, 강화하며 지배문화의 생산과 분배를 통해서 현존하는 권력관계를 재생산한다고 주장한다. 학교에서 가르치는 지배문화는 지배와 피지배의 권력관계를 받아들이도록 구성된 상징체계이다. 즉, 학교교육은 지배계층의 문화를 수용하여 다음 세대에 전달하면서 계층 간의 불평등을 재생산하는 것이다.[68]

바. 애플(M. Apple)

애플은 교과서에 실린 지식들은 많은 것 중 선택된, 하나의 대인일 뿐이므로, **결코 객관적이거나 중립적일 수 없다**고 주장한다.[69] 문화자본으로서 교과서의 지식은 지배집단의 이익을 반영하고 학교는 그것을 마치 가치중립적인 것처럼 가르친다. 학교는 지배계층의 사회체제와 권력관계를 다음 세대에 전달하는 **문화재생산**의 기능을 하며, 이러한 재생산은 학교가 지식을 선택적으로 배분하여 가르침으로써 이루어진다. 학교는 부분적이

---

* 아비투스는 라틴어에서 파생된 말로 습관, 습성을 의미한다(손준종(2006). 교육사회학. 문음사. p.72).

애플[70]

고 편파적인 지식을 완전하고 중립적이며 객관적인 진리인 것처럼 가르친다. 결론적으로 학교 교육은 지배집단의 헤게모니를 재생산하는 기제이고 그 과정은 매우 편파적인 것이다.

학교 교육과정이 불평등한 사회경제적 구조를 재생산하고 있음을 보여주는 대표적 예가 **기술적 지식**(technical knowledge)이다. 현재 과학, 수학, 공학 등의 기술적 지식은 전 세계적으로 중요한 교과로 여겨진다. 자본주의 사회가 잘 운영되기 위해서는 기술적 지식으로 무장한 인력이 필요하며, 국가의 교육에 대한 투자는 인문사회, 예술 분야보다 이들 기술적 지식에 집중된다. 또한 국가는 학교로 하여금 기술적 지식을 집중적으로 가르치고 학교 교육과정이 생산성과 효율성을 우선적으로 추구하도록 강요한다.[71] 학교 교육과정은 자본주의 경제체제가 요구하는 효율성의 원리에 지배되고 있는 것이다.[72]

문화자본으로서 지식은 또한 상품이다. 교사가 가르치는 일은 주어진 상품(즉, 지식)을 단순하게 판매하는 행위와 같다. 따라서 교사의 교육행위는 **상품을 파는 단순노동으로 전락**한다. 이러한 메커니즘하에서 학교는 지배계층의 문화자본(상품)을 계속 유지시킨다.

애플은(1986) 오랫동안 **교사가 단순노동자로 전락**하고 있음을 경고하였다. 그는 **컴퓨터 교육을 비판**하였다. 즉 학생들이 졸업 후 직장을 구하려면 컴퓨터를 능숙하게 다룰 줄 알아야 하므로 학교에서 컴퓨터를 가르쳐야 한다는 생각과 교사의 수업의 질을 향상시키기 위한 수단으로 컴퓨터를 이용하려는 시도(컴퓨터를 이용한 교육)를 비판한다. 그는 교실에 침투한 테크놀로지가 교사와 학생들에게 미칠 부작용을 일관되게 지적하였다. 애플은 교실 속의 컴퓨터가 교사들에게 미칠 부정적 영향을 설명하기 위하여, 그가 일찍이 「이념과 교육과정」, 「교육과 권력」 등에서 자세히 논의한 바 있는 '계획과 실행의 분리'라는 개념을 사용하였다. 애플에 의하면, 교사들이 수업시간에 컴퓨터를 많이 이용할수록 교사들은 '타인의 아이디어를 단순히 실행이나 하는 단순노동자'로 전락한다는 것이다. 교사들은 교사 개개인이 자신의 힘으로 제작하려면 시간이 많이 걸리는 좋은 수업자료들을 테크놀로지를 통해 서로 공유하면 수업의 질을 손쉽게 향상시킬 수 있다고 주장한다. 그러나 잘 만들어진 교육용 소프트웨어를 사용하거나 인터넷상에 있는 다양한 학습자료들을 활용할 경우, 교사들은 수업자료를 만드는 과정과 분리되어 결국 교사들의 전문성이 서서히 녹슬게 된다(즉, 탈숙련화 된다)는 것이다. 그리하여 시간이 지남에 따라 교사들은 타인의 아이디어를 단순히 전달하고, 타인이 만든 교육용 소프트웨어를 단순히 실행하는 **단순노동자** 또는 수업

의 관리자로 전락하는 것이다.[73]

애플은 학생이 학교와 사회에서 실패하는 원인이 IQ, 선천적 능력 등의 개인 내부에 있다는 것에 동의하지 않았다. 이것은 개인의 사회적, 학업적 성패의 원인이 개인 내부에 있다고 생각하는 서구의 전통적 견해와 다르다.* 대신 애플은 개인을 둘러싼 **사회적 환경, 인식, 제도가 오히려 그의 학업이나 사회적 성패에 영향을 준다**고 주장하였다. 따라서 개인의 행동 원인을 분석할 때 개인적 측면보다 사회적, 제도적 측면에서 이해하는 것이 중요하다.

제6절 학문중심 교육과정

1. 기본 관점

등장배경: 1950년대 후반 스푸트니크(Sputnik)호 사건처럼 소련과의 경쟁에서 미국이 뒤처지자 보수주의자들은 원인을 진보주의 교육운동으로 돌렸다. 그들은 생활과 교육이 구분이 되지 않는, 비교적 쉬운 학습과제를 중심으로 교육을 하는 생활적응 교육과정이나 교과보다는 경험(혹은 활동)을 중시하는 경험주의 교육과정이 미국 학생들의 학력을 뒤처지게 한 원인이라고 주장하였다.

브루너[74]

스푸트니크호 사건 이후 보수주의자들은 미국이 경쟁에서 승리하기 위해서는 교과 특히, 수학, 과학 등의 자연과학을 학생들이 철저히 학습할 것을 주장하였다. 그들은 진보주의 교육이 쉬운 학습과제, 느슨한 교육을 조장하였다고 비판하면서 이제는 **교과의 기본구조를 철저하게 학습할 것**을 주장하였다. 그리고 수학과 과학 등의 교육과정을 학문중심으로 개정하는 데 많은 노력과 재정을 투입하였다. 이러한 배경 하에서 국가교육 개혁 논의를 목적으로 우즈홀(Woods Hole) 회의가 진행되었는데, 브루너(J. Bruner)는 회의에서 논의된 내용을 종합하여 「교육의 과정(The Process of Education)」을 출간하면서 학문중심 교육과정의 이론을 체계화하였다.

* 서구사회에서 전통적으로 사회심리학보다 개인심리학이 발달한 것은 개인의 선천적 능력이 그의 사회적, 학업적 성패를 좌우한다고 생각하기 때문이다(저자 주).

2. 구조의 중요성

브루너는 학문의 구조(혹은 교과의 구조, the structure of discipline)를 중심으로 해당 교과의 지식을 체계화하고 이것을 학습할 것을 주장하였다. 즉, **학문의 구조를 중심으로 교과 지식을 체계화할 것**과 구조를 학습하는 방법으로 **발견학습**방법을 주장하였다. 학문의 구조는 학문중심 교육과정의 핵심 키워드이다.

구조란 무엇인가?: 학문의 구조란 무엇인가? 학문의 구조는 쉽게 표현하면 해당 학문의 핵심개념이나 법칙 혹은 기본 아이디어를 의미한다. 구조는 해당 교과목의 **일반적 · 기본적 아이디어 혹은 개념이나 원리**로 대치될 수 있다.* 다음과 같은 것들이 학문의 구조의 예이다.[75]

생물학의 향성: 판대기 위에 깔아 놓은 그래프 용지를 기어가는 자벌레는 경사각이 30도일 때, 45도의 각을 이루며 옆으로 기어간다. 경사각이 60도일 경우 75도의 각을 이루며 옆으로 기어간다. 자벌레는 지면과 15도의 경사를 이루며 위로 기어 올라가는 향성이 있는 것이다. 외적인 자극과 생명체의 운동 사이에 있는 이 기본적인 관계를 파악하면, 그 밖의 많은 현상을 다루기가 쉽다. 이러한 현상들은 겉보기에 새로운 사실 같지만 실은 이미 알고 있는 사실(즉, 구조)과 관련이 있다. 식물의 뿌리가 뻗어가는 성질, 싹이 빛의 방향으로 구부러지는 성질, 정자나 단세포가 화학적 자극의 방향으로 운동하는 성질 등이 향성의 예이다. 이러한 구조를 알면 메뚜기 떼가 이동할 때 그 경로는 온도 때문에 메뚜기 떼의 밀도가 조절되고 영향을 받는다는 사실을 더 쉽게 파악할 수 있다. 구조를 파악하면 나머지 많은 현상을 훨씬 쉽게 이해할 수 있다.

수학의 기본법칙: 수학 방정식을 풀 때 기본 법칙(교환, 분배, 결합)을 알면 새로운 방정식은 새로운 것이 아니라 기존 방정식의 변형에 불과하다.

언어의 구조: 언어의 구조를 파악하면, 이를 기초로 많은 문장을 생성할 수 있다. 이렇게 생성된 문장은 처음 것과 다르지만 구조는 동일하다. 뿐만 아니라 문장의 구조를 바꾸지 않고 문장의 형식을 바꾸는 변형의 규칙을 배우고 나면 문장을 훨씬 여러 가지로 바꿀 수 있다.[76]

* 브루너는 저서에서 구조라는 말을 일반적 아이디어, 기본적 아이디어, 개념, 원리라는 말과 서로 대치될 수 있는 것으로 사용하고 있다(저자 주).

3. 구조의 특성

구조를 중심으로 교과지식을 구조화하고 체계적으로 학습할 것을 강조한 이유는 구조가 다음과 같은 특성을 갖기 때문이다.[77]

이해성: 구조를 파악하면 하나의 현상을 특정 원리의 특수한 사례로 인지할 수 있고 여러 현상들 사이의 관련과 질서를 파악할 수 있다. 이것을 원리의 적용 또는 특수화라고 한다. 이에 비하여 특수한 현상들 사이에 일반적 구조를 발견하는 것을 법칙의 발견 또는 일반화라고 한다.[78]

기억성: 구조는 기억하기 쉽다. 세세한 사항이나 특수한 사례를 기본적 구조와 관련하여 이해하면 기억이 오래간다. 지식을 얽어매는 구조가 없을 때, 그 지식은 쉽게 잊고, 서로 단절된 일련의 사실들은 기억이 오래가지 않는다. 기본원리나 개념을 중심으로 특수한 사실을 조직하고 그 원리나 개념에서 다시 특수한 사실을 추리해 내는 것이 기억을 잘 하는 방법이다.[79]

생성력(전이가능성): 교육의 핵심은 일반적 전이이다. 이것은 기본원리의 폭을 확장하고 그 깊이를 심화하는 것이다.[80] 교과의 구조를 파악하면 한 가지 현상을 여러 현상과 관련하여 이해할 수 있게 된다. 구조를 파악하면 현상을 어떤 원리의 특수한 사례로 이해하고 그래서 여러 현상들 사이의 관련성을 파악할 수 있다.[81] 또한 전이를 통해 기본원리를 다른 사태에 적용할 수 있게 한다(적용범위가 넓다).

고등지식과 초보지식의 간극을 좁힘: 초등학생이나 대학의 과학자나 모두 기본원리 혹은 법칙을 탐구한다. 초등학생도 발견학습에서 탐구활동을 통해 해당 법칙을 탐구하고 대학의 교수도 그것을 연구한다. 따라서 초등학생이나 과학자나 일의 종류(예: 암기와 연구)에서 차이나는 것이 아니라, 지적활동의 수준에서 차이가 날 뿐이다.

기본적이고 일반적임: 구조는 정의상 일반적인 성격을 가지고 있다. 구조는 특수한 현상을 개별적으로 가리키는 것이 아니라 그런 형상들을 일반적으로 포괄한다. 위의 예에서 향성이라는 구조는 자벌레의 운동이나 메뚜기떼의 밀도를 개별적으로 가리키는 것이 아니라, 그들 사례 모두를 포괄하는 원리이다.[82]

경제성: 교과 구조와 관련이 없는 특수한 사실이나 기술을 가르치는 것은 비경제적이다. ① 그런 방식으로 가르치면 학생은 학습한 것을 새로운 사태에 적용하기 어렵다. ② 일반적

인 원리를 파악하는 데까지 미치지 못하는 학습은 지적 희열을 느끼지 못한다. 학습내용에 대한 흥미를 일으키는 가장 좋은 방법은 해당 학습내용이 알 가치가 있는 것임을 느끼는 것이며, 이것은 학습에서 얻은 지식을 다른 상황에 적용할 때 가능하다.[83]

4. 발견학습

학문중심 교육과정에서는 지식의 탐구, 실험 등을 통해 학습자가 해당 교과의 구조에 통찰력을 갖도록 하기 위해서 능동적인 발견학습을 한다. 교사는 학습자가 해당 교과의 구조를 발견하도록 조력하고 시범 보여 주는 역할을 수행하지, 결코 지식의 전달자 역할을 하지 않는다.

발견학습이란 학습자에게 학습내용을 최종형태로 제공하는 것이 아니라, 학습자가 능동적인 탐구의 과정을 통해 최종 결과물(기본 개념이나 원리 등)을 발견하는 학습을 의미한다. 주로 수학이나 과학에서 탐구활동을 통해 학습내용과 관련되는 기본 원리나 개념을 발견하는 교수학습방법이다. 이 교수학습방법이 보급된 것은 1950년대 과학 교육과정 개혁운동 이후이며, 우즈홀에서 과학자들의 의견을 토대로 브루너가 체계화한 이론이다.

발견학습의 과정에서 학습자는 제공된 지식, 자료 등을 이용하여 그들 간의 상호관계와 그 이면의 기본적인 원리나 법칙을 발견한다. 즉, 특수한 문제상황의 이면에 있는 일반적 원리를 발견해 내는 것이다. 예를 들어, 수학의 특수 명제에서 일반적 명제를 발견하는 것이다. 발견학습에서 학습자는 교사가 최종형태로 제공하고 설명한 내용을 그냥 받아들이는 것이 아니라, 능동적으로 탐구를 하고 핵심원리나 관계를 발견해낸다. 이렇게 발견된 기본적인 원리나 법칙은 향후 다른 문제상황에 쉽게 응용할 수 있다(일반적 전이). 또한 탐구의 과정에 능동적으로 참여할 때 학습활동의 흥미가 생길 뿐만 아니라, 발견할 때 맛보는 희열은 능동적인 학습태도를 형성하는 데 도움이 된다.

발견학습 모형의 기본이론: 발견학습 모형의 기본이론은 다음과 같다.

- 구체적 사례에서 시작하여 일반적 원리를 도출하는 **귀납적 방법**을 통하여 기본개념이나 법칙을 발견한다.
- 구조를 파악하면 하나의 현상을 특정 원리의 특수한 사례로 이해하고, 여러 현상들 사이의 관련성을 파악할 수 있다(전이). 따라서 학습자는 구조를 철저하게 탐구하는 것이 필요하다.
- 발견학습이 성공하기 위해서는 적절한 학습내용을 선정하고 조직하는 것이 중요하다. 따라서 교수자는 학습내용과 관련되는 교과의 구조를 철저히 파악하는 것이 중요하다.

• 학습의 결과보다 탐구의 과정을 중시한다. 학습자가 하는 탐구의 과정을 과학자가 하는 지식의 생성과정과 같게 하려는 것이 이 모형의 의도이다.
• 학습자가 탐구의 과정에 능동적으로 참여하는 것이 필요하다.

표 2-12 발견학습 모형과 설명식 수업 비교

발견학습 모형	설명식 수업모형
교사는 주로 질문하고 시범을 보인다.	교사는 주로 설명한다.
예나 구체적 사례를 먼저 설명한다. 학생은 이것을 분석하여 일반적 원리나 법칙을 발견한다.	일반적 원리, 법칙, 공식을 먼저 설명한다. 이후 예를 설명하거나 관련 문제를 푼다.
학생이 일반적 원리나 법칙을 정의한다.	교사가 일반적 원리나 법칙을 정의한다.

발견학습 수업의 절차: 발견학습 수업모형의 주요 절차는 ① 자료제시 및 관찰 ② 보충자료 제시 및 관찰 ③ 추리 ④ 정리 ⑤ 응용 및 전이로 구성이 된다.

① 자료제시 및 관찰: 기본 개념이나 법칙과 관련되는 학습내용과 구체적 학습자료를 제시하고 핵심개념을 학습자가 발견하도록 유도한다(교수자는 질문을 하고 시범을 보인다).

② 보충자료 제시 및 관찰: 1단계에서 제시한 자료와 추가로 제시되는 자료와의 관련성을 찾는다. 교수자는 질문을 통하여 학습자가 자료들 사이의 관련성(유사성)을 발견하도록 한다. 보충자료는 더 깊고 확장된 관찰을 통해 자료들 간의 관련성을 찾도록 하는 것이 목적이다.

③ 추리: 학습자가 관찰을 통해서 자료들 간의 어떤 관련성(유사성)을 발견하였는지를 교수자가 질문하고 학습자는 관련성을 추리한다. 학습자가 추리활동을 통해 **기본개념이나 법칙을 발견**하는 것이 이 단계에서 중요하다. 그러기 위해서는 교수자의 적절한 질문기술이 요구된다.

④ 정리: 3단계에서 도출된 개념이나 원리가 여전히 추상적이고 모호하므로 구체적이고 명확한 용어로 진술한다. 특히, 특수용어보다 일반적 용어로 표현하는 것이 필요하다. 기존에 제시한 자료 외에도 다양한 자료와 관련지어 정의하는 것이 필요하다.

⑤ 응용: 도출된 개념이나 법칙을 새로운 사례나 상황에 적용한다.

5. 교수학습이론의 4요소

브루너는 교수학습이론이 가져야 할 네 가지 요소를 다음과 같이 제안하였다.[84]

① 지식의 구조화　② 학습의 준비성　③ 학습의 계열화　④ 강화

가. 지식의 구조화

브루너는 아무리 어려운 수학과 과학의 개념도 지식을 구조화하고(조직하고) 잘 표현하면 어떤 연령의 어떤 아동에게도 가르칠 수 있다고 주장하였다. 이것은 어떤 학습내용이든지 적절한 형식으로 잘 구조화하고 표현하면 어떠한 발달단계에 있는 학습자도 효과적으로 배울 수 있다는 것을 의미한다.[85] 따라서 교수자는 해당 교과에서 소수의 근본적인 개념(원리)을 정선하여 구조화시킬 필요가 있다. 지식이 구조화되면 학습에서 경제성과 효율성을 갖게 된다.

학습의 세 가지 과정, 에피소드, 구조의 효용성

브루너에 의하면 학습할 때는 세 가지 과정이 동시에 일어난다.

첫째, 새로운 지식을 획득하는 과정이다.

둘째, 변형의 과정이다. 이것은 획득한 지식을 다른 문제상황에 들어맞도록 조직하는 과정이다. 즉, 원래 지식을 파헤쳐서 새로운 형식으로 외연, 내삽,* 변용을 할 수 있도록 재조직하는 것이다. 따라서 변형이란 원래 지식을 이용하여 원래 주어진 상태 이상으로 그 지식을 다루어 나가는 방법을 말한다.

셋째, 평가의 과정이다. 이것은 지식을 다룬 방법이 그 문제상황에 비추어 적합한가를 점검하는 과정이다. 내가 낸 결론이 타당한가, 주어진 지식을 적절하게 외연하였는가, 지식의 조작과정에 결함이 없는가 등의 질문을 이 과정에서 한다. 교수자는 학습자가 평가를 잘 하도록 도와주는 역할을 한다.

어떤 내용을 학습하든지 간에 학습은 일련의 **에피소드**를 따라 진행되며 각각의 에피소드는 앞의 세 가지 과정으로 이루어진다. 하나의 학습 에피소드는 길 수도 있고 짧을 수도 있으며 아이디어를 많이 담을 수도 있고 적게 담을 수도 있다. 그런데 교과의 구조를 잘 파악하고 있다면, 아무리 길고 내용이 많은 에피소드라도 학습자는 힘들지 않게 학습할 수 있다(효용성).[86]

* 내삽(內揷, intrapolation)과 외연(外延, extrapolation)은 정보의 간극을 메우는 두 가지 방법이다. 내삽은 편지의 첫장과 끝장이 있고 가운데가 없는 경우, 그 가운데 부분을 상상하여 끼워넣는 방법이다. 외연은 편지의 처음 주장이 있고 이후 부분이 없는 경우, 상상을 통해 나머지를 연장하여 채워넣는 혹은 바깥으로 연장하는 방법이다(Bruner, J.(1960). 전게서. p. 129).

나. 학습의 준비성

학습의 준비성은 학습할 준비가 되었는가를 의미한다. 해당 학습에 필요한 학습자의 발달수준, 선수학습 정도, 해당 학습내용에 대한 의욕, 동기유발 정도 등이 적절하게 갖추었는가를 의미한다. 또한 학습의 준비성은 교수자가 학습목표 달성을 위한 효과적인 내용선정과 조직, 교수학습방법을 고려하는 것도 포함할 것이다.

특히 학습자의 학습동기가 중요하다. 발견학습이 성공하려면 학습자는 높은 학습동기를 가져야 한다. 그렇다면 어떻게 학습자의 학습동기를 일깨울 수 있는가? 사실 교과의 구조는 일반적이고 추상적이어서 학습자 입장에서 어렵고 재미가 없는 것이 보통이다. 그러면 어떻게 하면 어렵고 재미없는 교과의 구조를 학습자의 흥미와 능력에 맞출 수 있을까? 학습내용에 대한 내적 흥미를 북돋게 하고, 학습자에게 지적 발견의 희열을 느끼도록 하는 것이 필요하다. 학습자가 해당 교과의 구조를 발견하고, 발견한 구조를 이용하여 다른 사례에 응용을 하면서 **지적 희열**을 느끼도록 하는 것이다. 또한 해당 학습내용을 학습자의 발달수준, 선행학습정도 등에 맞게 조직하는 것이 필요하다. 사례나 자료를 제시할 때 재미있고 쉽게 제시하는 것이다. 또한 학습동기를 높이기 위해 발문을 통해 자극하고 탐구의 방향도 제시해야 한다.

다. 학습의 계열화

학습의 계열화는 구조를 체계적으로 학습하도록 하기 위하여 학습내용을 적절한 순서로 조직하는 것이다. 이 때, 학생의 발달단계, 선수학습 정도, 과제의 성격과 난이도 등을 종합적으로 고려하여 내용의 순서를 조직한다.

나선형 조직방법: 브루너가 제안한 대표적인 내용조직 방법이 나선형 조직방법이다.[87] 이것은 지식의 구조를 중심으로 관련 학습내용을 조직하되, 학교급에 따라 내용의 깊이와 폭이 심화되도록 조직하는 것이다.

표 2-13 나선형 조직방법

나선형 조직 원리						
연속성/ 차이		발달 단계	연속성	차이	지식의 표현양식을 발달단계와 연관시킴 (피아제 이론)	
		고교	윤리	문화사	상징적 표현으로 (상징으로)	형식적 조작기 (12세~)
		중학교	도덕	정치사	영상적 표현으로 (영상으로)	구체적 조작기 (7-11세)
		초등	도덕	역사	작동적 표현으로 (행동으로)	전조작기 (0-6세)

연속성은 지식의 구조가 학년 수준에 무관하게 동일성을 유지하는 것으로 타일러의 **계속성**과 유사한 개념이다. **차이**는 지식의 구조가 학년의 수준에 맞게 난이도, 표현방식, 제시방식 등이 적절한 형태로 조절되는 것이다. 이것은 타일러의 **계열성**과 유사한 개념이다.

학습자의 인지발달단계와 지식의 표현양식을 연관시킬 것: 브루너는 학습의 계열화를 위해 학습자의 인지발달단계와 지식의 표현양식을 연관시킬 것을 주장하였다. 즉, 교과의 구조를 학생의 발달단계에 맞추어 표현을 할 때 학습이 일어나는 것이다.

교과 지식을 예를 들어 물리학이나 수학을 귀납적이고 직관적인 수준에서 가르친다면 현재보다 훨씬 일찍 잘 가르칠 수 있다. 수학의 기본 개념을 수학의 학문적인 표현방식으로 표현하는 것이 아니라, 학습자가 스스로 다룰 수 있는 자료를 써서 가르친다면 어린 학습자도 완전히 이해할 수 있다. 이것은 매우 중요한 전제이다.[88]

인지발달 수준이 낮은 아동에게는 행동 같은 바디랭귀지로 표현하고, 이후 차츰 그림이나 표 같은 영상적 기호와 언어나 수학 같은 상징적 기호를 사용하여 표현할 때, 학습이 일어난다고 주장하였다. 이것은 피아제의 인지발달이론을 계승한 것이다.

라. 강화

상 등의 외적 동기보다 호기심, 성취감, 지적 희열 등의 내적 동기를 유발하는 것이 효과적이다. 강화가 교정적 정보로서 활용되는 직접적인 경로는 학생 스스로 자기학습의 결과를 확인하고 거기서 만족을 느낄 때이다.

6. 교육평가

학습자가 해당 교과의 주요 개념(구조)을 이해하였는가(통찰력), 교과의 구조를 이용하여 다른 현상을 이해하고 응용할 수 있는가(전이), 발견학습에 능동적으로 참여를 하고 탐구행위를 경험하였는가, 발견을 통해 지적 희열을 경험하였는가 등이 학문중심 교육과정에서 평가의 주된 관심사항이다.

7. 장단점 및 비판

가. 장단점

- 경제성, 이해가능성: 교과의 구조를 중심으로 기본적이고 핵심적인 내용을 선정하므로 학습양이 많지 않다(경제성). 또한 교과의 전체 구조를 쉽고 효율적으로 이해할 수 있다(효율성, 이해성).

- 학습경향성: 구조를 중심으로 기본적이고 핵심적인 것을 다루기에 학습에 관한 흥미를 지속적으로 유발할 수 있다.

- 발견학습의 장점은 아래와 같다.
  - 창의력, 문제해결력, 비판력 등의 고등정신능력이 개발된다.
  - 학습내용을 확실하게 이해하는 데 효과적이다.
  - 학습자가 스스로 학습의 방향을 찾고, 학습성과에 대해 책임감을 느낀다.
  - 탐구과정에 능동적으로 참여하고 스스로 문제를 해결함으로써 긍정적 자아개념, 자신감, 학습에 대한 흥미 등이 향상된다.

- 발견학습의 단점은 다음과 같다.
  - 학습시간이 많이 소요된다.
  - 단순한 개념을 설명하는 데는 비효율적이다.
  - 수업준비, 학습지도, 평가 등에서 교수자에게 많은 부담을 준다.

- 유의점
  - 모든 학습내용이 발견학습으로 적절한 것이 아니므로, 교수자는 해당 학습문제가 발견학습이 가능한지를 사전에 충분히 검토하는 것이 필요하다.

나. 비판

- 수학과 과학 등 일부교과에만 적용이 가능함: 수학이나 과학은 교과의 구조가 명확하고 이것을 중심으로 내용을 조직하는 것이 가능하나, 모든 교과에서 핵심 구조를 파악하는 것은 어려울 수 있다.

- 나선형 조직원리는 잘못하면 같은 내용이 반복되고, 학년이 올라갈수록 내용이 많아지고 어려워지는 문제가 있다. 지식의 구조를 중심으로 내용 선정과 조직을 하면 내용을 이해하기 쉽다고 하나, 실제로 보통의 학생은 이해하기 어렵고, 소수의 우수한 학생만이 이해하고 따라가는 결과가 나타났다.[89]

- 학문중심 교육과정은 실현을 위해서 상당한 교사훈련이 필요하다.

- 교육과정 개발에서 교사배제(teacher-proof)를 옹호: 브루너는 교과 교육과정은 해당 교과의 구조에 정통한 해당 학문분야의 학자가 초중고 교육과정을 결정해야 한다고 주장하였다. 실제로 주로 대학에서 해당 학문을 전공하는 학자들이 당시 과학교육과정 개발을 주도하였다. 이들은 다양한 교사 변인과 상관없이 동일한 질을 담보할 수 있는 교육과정을 개발하려고 하였다. 그러나 수업은 사전 계획 그 이상의 것이기 때문에 수업의 성공 여부는 교사의 전문성과 수업방식에 달려 있다고 해도 과언이 아니다.

- 실생활이나 사회문제와의 관련 속에서 지식의 적용 소홀: 지식의 구조를 중심으로 하는 학문중심 교육과정은 실생활이나 사회문제와의 관련 속에서 지식의 적용을 소홀히 하였다는 비판을 받았다.[90] 이유는 구조 중심의 교육과정이 이론적이고 추상적인 것에 편향되어서 실생활에 적용을 소홀히 하였기 때문이다. 그러나 브루너는 학교 교육과정은 사회 구성원들이 관심을 가질 가치가 있는 중요한 문제점, 원리, 가치를 중심으로 조직되어야 한다고 역설하였다.[91] 학문의 구조와 지식의 적용 모두를 조화시키는 교육과정은 1990년대 기준운동 이후 실현이 된다.[92]

- 교과의 분과주의를 더 심화시킴: 지식 및 교과의 단편성(분과주의)을 극복하기 위해 도입된 구조는 실행과정에서 교과 간 간극을 더 심화시키는 결과가 나타났다. 이유는 구조의 개념이 어려워서 해당 교과의 구조에 정통하지 못한 교사가 내용을 종합적으로 연결시키지 못하였기 때문이다.[93] 그러나 보다 근본적인 이유는 다른 교과와 구별되는 해당 교과만의 고유한 구조를 중심으로 교육과정을 개발하였기 때문이다. 또한 수학과 과학

이외의 교과(예: 국어, 역사 등)도 해당 교과의 구조를 중심으로 교육과정을 개발함으로써 교과 간의 상호 연계성은 더욱 멀어지고 학교 교육과정 전체는 학문적이고 분과적이 되어갔다.

학문중심 교육과정의 사례(키워드: 학문의 구조, 나선형 교육과정, 발견학습)*

사례 교사는 학생들에게 밤에 직접 별을 관측하자고 제안하였다. 학생들은 부모님과 함께 과학 교과서를 들고 약속한 시간에 학교 운동장에 모였다. 교사는 미리 설치해 놓은 천체망원경에 대해 설명하였고 학생들은 교사의 안내에 따라 별을 관측하였다. 교사는 학생들에게 과학책의 천체원리를 설명하였고, 학생들은 실제로 관측한 별을 생각하며 원리를 이해할 수 있었다.

해설 학문중심 교육과정에서 중요시하는 학습형태는 발견학습이다. 발견학습은 학습자가 탐구의 과정을 통해 기본 개념이나 원리를 발견하는 학습이다. 이 사례에서 교사는 어려운 천제 원리를 학생들에게 이해시키기 위해 별을 관측하는 탐구 활동을 하도록 하였다.

사례 경제 수업에서 학생들은 '사막에서 살아남기' 프로젝트를 수행하였다. 학생들은 사막에 살아남기 위하여 정해진 개수만큼의 물품카드만 골라 생존하기를 통해서 경제의 '희소성' 개념을 배웠다.

사례 교사는 한 학기 동안 배운 수학의 핵심개념들이 어떻게 유기적으로 연결되어 있는지 학생들에게 설명하였다. 학생들은 교사의 설명을 듣고 단원 목표들이 체계적으로 구성되어 있다는 것을 이해하게 되었다. 학생들은 이후 진행된 문제만들기 활동에서 좀 더 좋은 문제를 만들 수 있었다.

해설 학문중심 교육과정에서 학생들이 배워야 할 것은 학문의 구조이다. 학문의 구조는 해당 교과목의 일반적이고 기본적인 아이디어 또는 개념이나 원리이다. 학문의 구조는 해당 교과의 가장 중요한 내용이라고 할 수 있다. 위의 두 가지 사례에서 희소성 개념과 교사가 정리해준 한 학기 동안의 수학 개념들은 학문의 구조이다.

* 사례들은 「김대석, 박우식, 성정민(2021). 좋은 수업의 이론과 실제. 서울: 박영스토리.」의 내용을 인용한 것으로 더 많은 관련 내용과 사례들은 이 인용서를 참고 바람.

제 7 절 행동주의 교육과정*

1. 기본 관점

관찰가능한 외적 행동만을 연구대상으로 삼음: 행동주의 교육과정은 관찰되고 수량화 될 수 있는 행동만을 연구대상으로 삼는 행동주의 학습이론에 기반한다. 행동주의 학습이론은 보이지 않는 내면적 사고나 감정을 제외하고 관찰가능한 외적 행동만을 연구대상으로 삼는다. 그들은 **학습을 자극(S)과 외적 반응(R)의 연합을 통한 행동의 변화**로 정의한다.

목표중심모델: 행동주의 교육과정은 학습목표를 달성하는, 가장 효율적이고 효과적인 교육과정을 구체적으로 어떻게 만들까에 관심을 둔다. 이들은 **목표를 '~할 수 있다'는 행위동사로 진술하여 목표달성 여부를 확인**한다. 이유는 구체적 행위동사로 목표가 진술이 되면 목표달성 여부를 확인할 수 있기 때문이다. 행동주의 교육과정이 **목표중심모델**로 불리는 이유는 이러한 이유 때문이다.

평가중심모델: 행동주의 교육과정은 교육과정을 이수하였을 때, 결과(혹은 행동변화)로 나타나는, 행동을 평가(측정)하여 목표달성 여부를 확인한다. 즉, 평가를 통해 목표달성 여부를 확인하고 피드백을 하는 것이다. 그래서 평가중심모델로도 불린다.

어떻게 가르칠 것인가에 초점: 행동주의 교육과정은 교육과정 개발의 내용(무엇을 가르칠 것인가?)에 초점을 두기보다 수업의 결과로 변화된 행동 즉, 학습목표와 그러한 행동을 획득할 수 있는 조건(환경) 조작에 관심을 둔다. 다시 말하여 무엇을 가르칠 것인가 보다 **어떻게 가르칠 것인가에 초점**을 둔다.[94]

체제적인 접근: 행동주의 교육과정은 사전에 진술된 학습목표 달성을 중시한다. 그래서 목표달성에 효과적이고 효율적으로 기여하는, 계열화된 교육방법을 사용한다. 구체적으로 ① 목표 상세화 → ② 학습활동과 수업을 구조화 및 계열화 → ③ 평가 → ④ 행동수정 및 수업개선을 위한 피드백 등 교육과정을 체제적(systematic)으로 접근한다.

* 기술공학적 교육과정이라고도 한다.

2. 주요 학자 및 이론

가. 손다이크(E. L. Thorndike)의 결합 학습이론

손다이크[96]

손다이크에 의하면 학습이란 여러 조합방식에 의하여 관련 요소들이 결합되는 과정이다.[95] 여기서 관련 요소란 학습에 관여하는 요소로서 정신적 요소와 신체적 요소가 있다. 손다이크의 이론을 결합 학습이론으로 부르는 것은 특정 자극(S)에 의해 특성 반응(R)이 결합될 때 학습이 된다고 주장하였기 때문이다. 그는 이전의 형태주의 학습이론*을 부정하고, 학습이란 통찰이 아니라 시행착오를 통해 자극과 반응이 결합하는 과정임을 증명하였다. 그래서 그의 학습이론을 시행착오설이라고도 부른다. 주요 학습법칙으로 효과의 법칙(law of effect), 연습의 법칙(law of exercise) 및 준비성의 법칙(law of readiness) 등이 있다.

나. 파블로브(I. Pavlov)의 고전적 조건형성

학습은 자극과 반응 사이에서 이루어지는 조건형성의 과정이다. 조건형성(conditioning)이란 조건자극(CS)이 조건반응(CR)을 형성하는 것(즉, 만들어 내는 것)을 의미한다.

파블로브[97]

파블로브의 이론이 교수학습에 시사하는 원리는 다음과 같다.

① 일관성의 원리: 조건자극은 일관되게 제시되어야 한다.

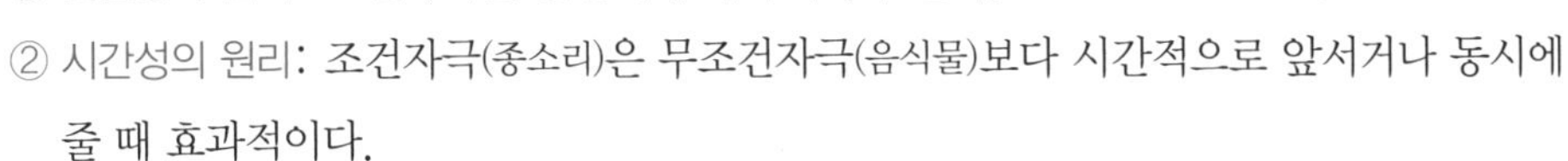

② 시간성의 원리: 조건자극(종소리)은 무조건자극(음식물)보다 시간적으로 앞서거나 동시에 줄 때 효과적이다.

③ 계속성의 원리: 반복된 횟수가 많을수록 조건화가 잘된다.

④ 강도의 원리: 조건자극이나 무조건자극이 강해야 효과적이다.

* 게슈탈트 심리학(Gestalt sychology)에 기반한다. 뒤의 2장 8절 인지주의 교육과정에서 자세히 설명한다(p. 108).

다. 스키너(B. Skinner)의 조작적(operant) 조건형성(conditioning)

스키너[99]

조작적 조건형성이란?: 조작적(operant) 행동(혹은 반응, 지렛대를 밟는 행위)의 결과로 수반되는 강화자극(먹이)에 의해서 이후 반응(지렛대를 밟는 반응)이 반복(혹은 형성)되는 것을 의미한다.[98] 여기서 조작(operate)은 유기체가 자극에 대해 수동적으로 반응하는 것이 아니라, 능동적으로 행위를 하여(즉, 조작하여) 환경에 어떤 결과를 만들어 내는 것을 말한다. 고전적 형성과 차이는 고전적 조건형성에서는 자극이 반응을 추출하지만, 조작적 조건형성에서는 자극이 없어도 반응은 스스로 방출(emitted)된다는 점이다.[100] 고전적 조건형성에서 선행자극이 이후의 조건반응을 통제하는 반면, 조작적 조건형성은 (스스로 조작한) 행동의 결과에 의해 반응이 통제된다.

예를 들어, 쥐는 우연히 지렛대를 밟는 행동의 결과로 수반된 먹이(강화자극)를 얻게 된다. 이후 지렛대를 밟는 반응(조작적 반응)은 빠른 속도로 학습된다. 여기서 쥐는 자극에 대하여 수동적으로 반응하는 것이 아니라(종소리가 나면 지렛대를 밟는 것이 아니라) 자극이 없어도(종소리가 없어도) 능동적으로 지렛대를 밟는 행위를 조작하여 먹이(결과)를 스스로 만들어 내는 것이다.

스키너의 이론이 교수학습 설계에 시사하는 점은 다음과 같다.[101]

- 기대하는 최종 행동을 학습목표로 진술한다.
- 수업 전에 이미 성취한 행동을 진단한다.
- 학습자가 학습목표의 90% 이상을 성취할 때까지 교수학습을 진행한다.
- 교수학습의 피드백을 위해 수업 과정 중 학습자의 진도를 기록한다.

3. 학습목표 진술

행동주의 교육과정은 학습목표를 관찰 및 측정이 가능한, **명세화된 행위동사로 진술**할 것을 주장한다. 학습목표를 행위동사로 진술하는 것은 타일러(Tyler)한테서 영향을 크게 받았지만, 그 이전에 보빗(F. Bobbitt)도 학습목표를 구체적으로 진술할 것을 주장하였다. 그는 성인생활의 활동을 분석하여 구체적인 교육목표를 도출한 후, 목표를 달성하기 위하여 교육내용을 선정하고 조직할 것을 주장하였다. 이후 타일러는 학습목표를 **영역, 내용, 행동을 상세히 진술**하여야 평가의 준거가 될 수 있음을 주장하였다. 그의 이러한 학습목표에 대한 관점은 블룸(B.S.Bloom)의 **목표분류학**으로 이어진다. 블룸 역시 학습목표를 인지적, 정의적, 심동적 영역으로 분류하고 각 영역을 위계적인 행위동사로 진술하는 목표분류학을 주장하였다.

목표분류학(Taxonomy of educational objectives)

학습목표의 영역을 인지, 정의, 심동의 세 영역으로 분류하고, 각 영역의 학습목표를 위계적인 행위동사로 분류한다.

		인지적 영역	정의적 영역	심동적 영역
상위수준	5단계	평가하다	성격화(인격화)하다	복합외현반응하다
	4단계	종합하다	조직화하다	기계화하다
⇧	3단계	분석하다	가치화하다	유도반응하다
	2단계	적용하다	반응하다	예비준비하다
하위수준	1단계	이해하다	수용(감수)하다	지각하다
		알다(지식)		
행위동사의 분류준거		복잡한 정도	태도나 행동양식을 내면화하는 정도	기능을 일상화하는 정도

- 정의적 영역
  - 수용(1단계): 외부 자극 · 활동을 수용하고 주의를 기울인다.
  - 반응(2단계): 외부 자극 · 활동에 참여하고 반응한다.
  - 가치화(3단계): 대상 등에 대하여 의의와 가치를 추구하고 행동을 나타낸다(예: 좋은 음악을 친구에게 권한다).
  - 조직화(4단계): 서로 다른 수준의 가치를 비교하고 연관 · 통합시킨다.
  - 인격화(5단계): 생활의 기준이 되고 가치관이 확고하게 내면화된다.
- **각 영역의 학습목표는 위계적임**: 하위 행동의 토대 위에서 상위 행동이 성취된다. 단계를 건너뛰지 못한다.
- **주요학자**: 블룸(Bloom, 1956, 인지영역), 크래쏘올(Krathwohl, Bloom & Masia, 1964, 정의적 영역), 심슨(Simpson, 1966, 심동적 영역), 해로우(Harrow, 1972) 등

- 비판
  - 관찰될 수 있는 것이나 행동만을 학습목표로 진술하고, 내적인 사고나 감정은 관찰이 어렵다는 이유로 학습목표에서 제외하였다.[102]
  - 행위동사의 상하위 수준 간의 유목의 구분이 분명하지 않다.
  - 인간의 정신활동이 그렇게 엄밀하게 분류될 수 있는가에 대하여 의문이 제기된다.
  - 교과목의 차이나 특성을 고려하지 않고 일반화하고 있다.[103]

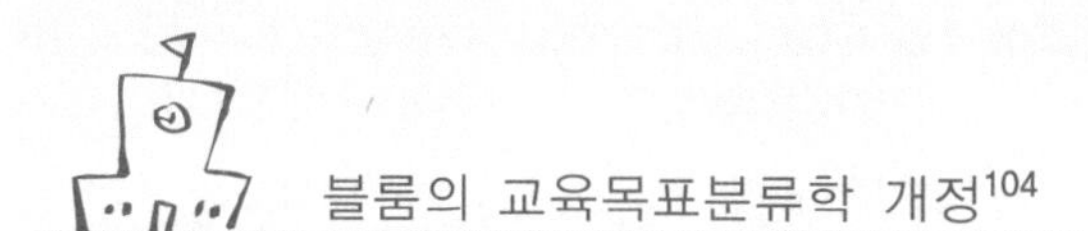

블룸의 교육목표분류학 개정[104]

지식차원(명사)	인지과정 차원(동사)					
	1.기억하다	2.이해하다	3.적용하다	4.분석하다	5.평가하다	6.창안하다
A. 사실적 지식						
B. 개념적 지식						
C. 절차적 지식						
D. 메타인지 지식						

■ 지식차원(명사)

A. **사실적** 지식: 교과나 교과의 문제를 해결하기 위해 숙지해야할 기본적 요소

A1. 전문용어에 대한 지식: 전문용어, 음악부호

A2. 구체적 사실과 요소에 대한 지식: 주요 자원 신뢰로운 정보원

B. **개념적** 지식: 요소들이 통합적으로 기능하도록 하는 상위구조 내에서 기본요소들 사이의 상호관계

B1. 분류와 유목에 대한 지식: 지질학 연대, 기업소유 형태

B2. 원리와 일반화에 대한 지식: 피타고라스 정리, 수요와 공급의 법칙

B3. 이론, 모형, 구조에 대한 지식: 진화론, 의회조직

C. 절차적 지식: 어떤 것을 수행하는 방법, 탐구방법, 기능을 활용하기 위한 준거, 알고리즘, 기법, 방법

C1. 교과 특수 기능과 알고리즘에 대한 지식: 수채화를 그리는 기능, 나눗셈 알고리즘

C2. 교과 특수 기법과 방법에 대한 지식: 면접기법, 과학적 방법

C3. 적절한 절차의 사용시점을 결정하기 위한 준거에 대한 지식: 뉴턴의 제2법칙이 포함된 절차의 적용시점을 결정하기 위한 준거, 사업비용 추정방법의 실현가능성을 판단하기 위한 준거

D. 메타인지 지식: 지식의 인지에 대한 인식, 지식과 인지 전반에 대한 지식

D1. 전략적 지식: 교과서 단원의 구조를 파악하기 위한 수단으로써 개요를 작성하는 지식, 법칙을 활용하는 지식

D2. 인지과제에 대한 지식: 시험유형에 대한 지식, 과제의 인지적 요구에 대한 지식

D3. 자기 지식: 논문을 비판하는 것은 개인적 강점이지만 논문을 작성하는 것은 개인적 약점이라는 지식, 자신의 지식수준에 대한 인식

■ 인지과정 차원(동사)

1. 기억하다: 장기기억에 관련 정보를 인출한다.

1.1 재인(확인)하기: 제시된 자료와 일치하는 지식을 장기기억에 넣기(역사적 사건의 날짜를 재인한다)

1.2 회상(인출)하기: 장기기억에서 관련 지식을 인출하기(역사적 사건의 날짜를 회상한다)

2. 이해하다: 말, 글, 그래픽 등으로 전달된 메시지에서 의미를 구성한다.

2.1 해석하기(명료화, 바꿔쓰기, 표현하기, 번역하기): 하나의 표현형태(예, 숫자)를 다른 표현형태(예, 단어)로 바꾸기(연설문을 의역한다)

2.2 예증(실증)하기: 개념이나 원리의 예나 범례 찾기(특정 미술양식의 예를 들기)

2.3 분류(유목화, 포섭)하기: 정리되지 않은 사례를 분류한다.

2.4 요약(추상화, 일반화)하기: 영화를 보고 사건을 짧게 요약한다.

2.5 추론하기(결론짓기, 외삽하기, 내삽하기, 예측하기): 제시된 정보에서 논리적 결론을 도출하기(예문에서 문법적 원리를 추론한다)

2.6 비교(대조, 도식화, 결합)하기: 역사적 사건을 현재의 상황과 비교한다.

2.7 설명하기(모델구성하기): 인과관계 체제 모델 구성하기(18세기 프랑스 혁명의 원인을 설명한다)

3. 적용하다: 절차를 특정 장면에 실행(활용)한다.

3.1 집행(시행)하기: 특정 절차를 유사한 과제에 적용하기

3.2 실행(사용)하기: 특정 절차를 친숙하지 않는 과제에 적용하기(뉴턴 2법칙이 적합한 장면을 결정한다)

4. 분석하다: 자료를 구성요인으로 나누고, 각 요인 간의 관계와 요인과 전체구조(혹은 목적)와의 관계가 어떠한지를 결정한다.

4.1 구별(변별, 식별, 초점화, 선정)하기: 제시된 자료를 관련된 부분과 관련 없는 부분으로, 중요한 부분과 중요하지 않은 부분으로 구분하기

4.2 조직하기(발견하기, 정합성 찾기, 통합하기, 윤곽그리기, 해부하기, 구조화하기): 요소들이 구조 내에서 어떻게 기능하는가를 결정하기(역사적 기술을 보고 역사적 설명에 부합하는 증거와 그에 반하는 증거로 구조화한다)

4.3 귀속(해체)하기: 제시된 자료에서 관점, 편견, 가치, 의도를 결정한다(논설문에서 저자의 정치적 관점을 결정한다)

5. 평가하다: 준거와 기준에 근거하여 판단한다.

5.1 점검(조정, 탐지, 모니터링, 검사)하기: 과정이나 산출물 내부의 오류나 모순을 탐지하기, 내적 일관성 여부를 결정하기; 절차를 시행하고 효과성을 탐지하기(결론이 관찰된 데이터로부터 도출되었는가를 결정한다)

5.2 비판(판단)하기: 결과와 기준간의 불일치 여부를 탐지하기, 결과가 외적 일관성을 가졌는지를 결정하기, 문제에 대한 절차의 적절성을 탐지하기(여러 방법 중 어느 것이 문제를 해결하는 최상의 방법인지를 판단한다)

6. 창안하다: 요소들을 일관하거나 기능적인 전체로 형성하기 위해 함께 둔다; 요소들을 새로운 패턴이나 구조로 재조직한다.

6.1 생성하기(가설 세우기): 준거에 기반한 대안적 가설을 세운다(관찰된 현상을 설명하기 위해 가설을 세운다)

6.2 계획(설계)하기: 과제를 성취하기 위한 절차를 고안하기

6.3 산출(구성)하기

정서(감성) 교육

• **개념**

– 인간의 특성은 크게 사고(think)와 관련된 인지적 특성과 감정이나 감성(feeling, emotion)과 관련된 정의(情意)적 특성으로 분류된다.

– 블룸과 크래쏘올의 목표분류학에서도 인지, 정의, 심동 영역으로 크게 분류된다(Krathwohl(1964)의 목표분류학).

– 전형적이고 일관되며 안정된 특성을 보이는 정서(감정)를 의미한다.

• **정의적 특성의 교육이 필요한 이유**

– 교육이 전인교육을 지향한다면 정의적 특성은 전인을 구현하는 핵심적 요소이다.

– 정의적 특성은 개인이 학습이나 성취를 추구할 때 추진력의 역할을 하는 심리적 동기이다. 공부나 특정 교과에 대한 긍정적 태도나 흥미 등은 자아실현이나 성공의 핵심 변인이다(수단적 측면).

• **영교육과정**

학교 교육과정에서 이성개발(인지능력개발), 외현적인 기능(skills)이나 지식 교육 등이 공식적 교육과정으로 취급되었으며, 상대적으로 내면적인 감성, 태도, 느낌, 의지, 호기심 등은 영 교육과정으로 취급되었다. 목표분류학에서 정의적 영역은 인지영역과 달리 매우 낮은 지위를 차지하였다.

• **정의적 특성의 교육이 잘 이루어지지 않는 이유**

– 학교 교과에서는 교육과정의 대상으로 인지적 측면만을 다루고 있으며 정의적 측면을 포함하는 경우는 매우 드물다. 같은 맥락에서 대학수학능력시험을 포함하는 대입전형에서도 지원자의 정의적 측면을 고려하지 않고 있다.

– 특정의 가치를 학생에게 일방적으로 주입하거나 세뇌할 위험이 수반될 수 있는 것으로 인식된다.

– 정의적 특성은 만지거나 볼 수 없고 모호하며, 특성이 영속이지 못하고 불안정하며 일시적이어서 곧 사라지는 특성으로 인식된다(행동주의 심리학의 영향).

– 정의적 특성은 너무 장기적인 것으로 학교 교육이 끝난 후 먼 훗날 비로소 그 효과가 나타나는 것으로 인식된다. → 학교 교육으로 달성할 수 없는 것으로 인식되고 있다.

– 서구의 기독교적인 사상에 영향을 받았다.

- 평가의 어려움
  - 정의적 특성을 개인의 사적인 영역이나 문제로 인식하는 경향이 있다. 정의적 특성을 평가하는 것에 대하여 프라이버시 침해로 생각하여 거부감이 크다. 정서교육의 책임이 학교가 아니라 가정이나 사회에 있는 것으로 인식된다.
  - 허위반응: 평가자의 의도를 알고 자신의 생각과 다르지만 옳다고 짐작되는 반응을 한다. 사회적으로 바람직하다고 생각되는 반응을 한다(중립적 반응).
  - 불안정성 및 일시성: 정의적 특성이 일시적으로 나타나고 장기간 지속되지 않는 경우가 많다.
  - 낮은 타당도와 신뢰도의 문제: 인지적 측면의 평가는 신뢰도와 타당도가 높아 평가결과(학업성취도)에 대하여 곧잘 수긍하지만, 정의적 특성의 평가는 신뢰도와 타당도가 낮아 결과를 수용하지 않는 경향이 있다.

메이거(R. Mager)는 도착점 행동이 일어나는 조건, 준거, 행위동사로 목표를 제시할 것을 주장하였다. 예를 들어 문제가 주어지면(조건)+20문제 이상(준거)+풀 수 있다(행동)로 진술하는 것이다.

켈러(F. Keller) 역시 학습목표를 관찰 가능한 행위동사로 진술할 것을 주장하였다. 가네(R. Gagné)는 종이가 주어지면(상황) 연필을 이용하여(도구) 씀으로써(행위동사) 문서를(대상) 만들 수 있다(학습능력)는 식으로 진술할 것을 주장하였다.

4. 교수학습 원리

- 행위동사로 학습목표진술: 학습목표는 수업이 끝났을 때 성취해야 하는 결과를 관찰가능한 행위동사로 진술한다.
- 외적 동기 강화: 기대되는 행동에는 정적 강화를, 기대하지 않은 행동에는 부적 강화(특히 소거)를 이용한다. 일관된 강화를 간헐적으로 사용하는 것이 효과적이다.
- 계열성: 학습내용은 쉬운 것에서부터 어려운 것으로 점진적으로 제시하고, 복잡하고 어려운 과제를 단순한 것으로 세분화하여 제시한다. 이렇게 함으로써 오반응이 줄고 바람직한 반응이 유도된다.
- 직선적 프로그램 설계: 직선적(혹은 하나의) 경로를 통해 학습목표에 도달할 수 있도록 프로그램을 설계하며, 이전 단계 과제를 완성해야 다음 단계로 진행할 수 있도록 설계한다

(예: 완전학습모형).

- 연습기회제공 및 보상: 수업의 과정에서 학습목표를 달성하기 위하여 학생에게 충분한 기능(혹은 행동)연습 기회를 제공하며(구체적으로 훈련과 반복), 기대되는 행동(성공적인 수행)에는 적절한 보상을 실시한다.

블룸(B. S. Bloom)의 완전학습모형(The Mastery Learning)*

- 캐롤의 학교학습모형에 근거하고 행동주의 학습이론에 기반하여 1960년대에 개발한 교수학습이론이다. 완전학습이란 95%의 학습자가 과제의 90% 이상을 이해하는 학습상태를 말한다. 블룸은 학습에 필요한 시간(단축)과 사용한 시간(연장)을 결정하는 변인을 조정함으로써 완전학습에 이를 수 있다고 주장한다.

$$\text{학습의 정도}(\uparrow) = \frac{\text{학습에 소비한 시간}(\uparrow)\ [\text{충분한 학습기회}(\uparrow),\ \text{학습자의 학습지속력}(\uparrow)]}{\text{학습에 필요한 시간}(\downarrow)[\text{학습자의 적성}(\uparrow),\ \text{학습자의 이해력}(\uparrow),\ \text{수업의 질(교사변인}, \uparrow)]}$$

- 기본가정: 완전학습모형은 학습수준에 따라 더 많은 학습시간을 제공하고, 평가결과에 따라 보충수업을 하면 완전학습을 달성할 수 있다고 가정한다. 또한 완전학습모형은 학업성취의 정상분포를 부정한다. 완전학습상태에서는 **부적 편포 상태**를 이룬다.

- **수업절차(10단계)**

  1) 수업 전 단계

     ① 출발점 행동진단(진단평가): 진단평가를 통해 학습결손과 학습을 방해하는 외적원인 등을 파악한다.

     ② 학습결손 제거(보충학습): 진단평가 결과 학습결손이 발견되면 보충학습을 실시한다.

  2) 수업 중 단계(본수업 단계)

     ③ 명확한 수업목표제시: 행위동사를 사용하여 명확하게 수업목표를 제시한다.**

---

* 숙달학습모형으로도 불린다.

** 중간 수준의 학습자가 단위시간에 도달할 수 있는 수준의 목표를 제시한다. 또한 목표들 간에 위계적 관계가 있으면 위계적으로 진술한다. 목표들 간에 연관성이 있으면 묶음으로 제시한다.

④ 교사수업활동: 교사가 학습내용을 설명하고 시범을 보인다.

⑤ 수업보조활동: 교사의 지도하에 학생이 실험, 실습, 시범, 연습 등을 수행한다.

⑥ 형성평가: 학습지도와 수업보조활동을 통해 실제로 학습이 일어났는가를 평가한다.

⑦ 목표미달시 보충학습: 형성평가 결과 목표에 미달한 학생은 보충학습을 한다.

⑧ 목표달성시 심화학습: 형성평가 결과 목표를 달성한 학생은 심화학습을 한다.

⑨ 소집단 학습: 소집단이 자율적으로 협동학습을 통해 해당 내용을 추가로 학습한다.*

3) 수업 후 단계: ⑩ 총괄평가를 하여 학습 진전도를 평가한다.**

그림 2-4 완전학습모형의 단계(10단계)

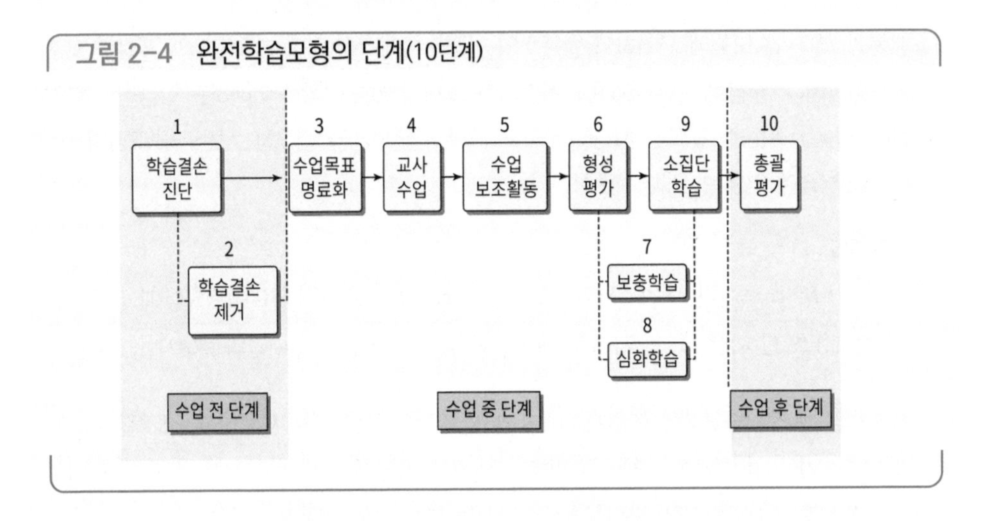

• **특징**

– 일종의 개별화된 처방적 수업모형이다(individually prescribed instruction).

– 수업 전 단계와 수업 후 단계가 본수업 단계만큼 중시된다.

– 수준별 수업이 실시된다.

– 직선적(혹은 단계적) 접근방법을 취한다.

---

* 9단계를 2차학습 기회 제공으로 할 수 있다. 즉, 형성평가를 통해 학생의 학습 진전에 대한 정보가 확인되면 목표달성을 위해 추가적 학습기회를 제공하는 것이다. 이 경우 교사의 추가 설명, 개인적 혹은 모둠별 협동학습을 통해 추가로 학습하는 것이다[김수동(2003). Bloom의 숙달학습모형. 전성연 편. 교수학습의 이론적 탐색. 원미사. p. 191.]

** 매 시간마다 학습결손 여부를 평가하는 것이 현실적으로 어려울 것이다. 따라서 단원평가에서 결손 여부를 확인하는 것이 좋을 것이다(저자 주).

학습시간(learning time)과 학업성취도의 관계

콜만 연구의 반작용으로써 학교교육의 효과성을 규명하려는 노력이 일어났다. 이 일환으로 학습시간의 효과성이 분석되기 시작하였다. 여러 연구에서 학습시간을 주요 교수학습변인으로 보고하였다. 또한 학습의 기회(혹은 학습시간)제공이 학업성취도를 결정하는 주요 변인이며, 학습시간과 학업성취도 간에 유의미한 정적 상관관계를 보고하였다.[105]

한편 종전의 연구가 학습시간의 양과 학업성취도가 유의미한 상관을 갖는 것으로 보고하고 있으나 그 강도는 비교적 낮게 나오고 있는데,[106] 이유는 양적인 학습시간을 주로 분석하였기 때문이다. 즉, 이전의 학습시간 연구는 학생이 학습시간에 집중하였던 안하였던 간에 학습활동에 참여한 전체시간을 대상으로 삼았는데, 이것을 학습에 배정된 시간(alloted time, AT)이라고 하며 가장 넓은 의미의 학습시간이라 할 수 있다.

이후의 연구에서는 명목적으로 할당된 학습시간의 양(예: 수업일수, 1일당 교수시간, 출석일수 등) 보다 실제로 학습에 몰두하는 시간(active learning time 또는 engaged learning time)이 강조되었다.[107] 이러한 능동적인 학습시간 또는 학습몰두시간은 주의정도를 강조하는 지표로써 **과제몰두시간**(time on task, TOT)이라 한다.

과제몰두시간보다 학생의 심리적 및 인지적 측면을 보다 강조하는 **학문적 학습시간**(academic learning time, ALT)이 있다. ALT는 학생이 과제에 주의를 기울이면서 성공적으로 과제를 수행하는 시간의 양을 의미한다. 이것은 능동적인 학습몰두시간(TOT) 중에서 성공적으로 과제를 수행한 시간의 비를 가리킨다.[108]

$$ALT = \frac{\text{성공적으로 과제를 수행한 시간}}{\text{과제에 몰입한 시간}(TOT,\ \text{단순히 과제에 주의집중한 시간})}$$

그러므로 ALT는 단순한 주의(집중)지수인 TOT 보다 더 예언력이 있다. TOT는 주의집중과정에 한정되고 있음에 비해 ALT는 주의집중뿐만 아니라 이해와 기억 등의 전체적인 인지과정을 함축한다.[109] 이 외에 수업에 학생이 참여한 시간으로 일부는 학습이 일어났고 일부는 소비될 수도 있는 교수시간(teaching time, TT)이 있다.

각각의 학습시간의 양을 비교하면 AT > TT > ToT > ALT 순으로 나타날 것이다. 학생이 수업에 참여하기는 하되 학습이 일어나지 않는 경우가 있으므로, 교수자 입장에서 학습시간 손실이 적은 AT = TT = ToT = ALT로 유의미한 학습이 일어나도록 하는 것이 필요하다. 한편 학습시간의 효과가 학업성취도에 미치는 효과는 직접적이지 않으며 매개요인을 고려해야 한다.[110]

ALT이든 아니면 TOT이든 학습시간은 무엇인가로 채워져야 하는 빈 그릇과 같으며 그 시간을 채우는 것은 학습자마다 다를 것이다. 학습시간은 빈 그릇이며 그것을 채우는 것은 교수학습활동과 학습자에 달려있다. 따라서 빈 그릇인 학습시간을 알차게 채우는 성과는 교수학습활동과 학습의 질에 달려있는 것이다.

5. 평가

행동주의 교육과정은 발달적 교육관을 지지한다. **발달적 교육관**은 모든 학습자에게 적절한 교수학습 방법을 제시하면 모두가 의도하는 학습목표를 달성할 수 있다는 가정을 한다. 따라서 행동주의 교육과정은 목표행동을 학습자가 획득하였는가의 여부를 평가하는 **절대평가**(혹은 목표지향 평가, 준거지향 평가)를 주로 사용한다.

6. 비판

- 행동주의 교육과정은 교육목표의 당위성이나 규범성에 무관심하다. 교육목표를 (가치) 중립적이며 관찰 가능한 행위동사로 표현할 것을 주장하지만 어떤 교과목, 어떤 내용을 학습할 것인가에 대하여는 언급하지 않는다.
- 행동주의 교육과정의 한계는 관찰할 수 없는 것은 학습목표와 학습내용에서 제외한다는 것이다. 그래서 행동주의 학습 모델에 주로 인지기능연습 모델이 많다. 행동주의 교육과정은 읽기, 쓰기, 말하기, 셈하기, 수학, 예체능 등 인지기능연습을 강조하여서 사고 자체의 개발을 소홀히 다룬다. 이러한 이유로 인지주의 학습이론으로부터 비판을 받는다.
- 행동주의 교육과정은 **내면적 감성이나 정서 학습을 소홀히** 다룬다. 이유는 관찰가능한 것을 강조하여 내면적 사고의 과정을 소홀히 다루기 때문이다.
- 행동주의 교육과정은 학습목표를 사전에 구체적 행위동사로 진술하는 것을 요구하지만, 특정 교과목이나 내용에 따라 사전에 행위동사로 목표가 진술되는 것이 어려운 경우가 있다. 이것에 대한 대안으로 사전 목표진술이 어려울 경우 아이즈너는 수업

과정이나 수업 후 드러나는 것을(expressive outcomes) **사후적 목표**로 삼을 것을 주장하였다.

- 행동주의는 완전학습모형처럼 목표달성을 위해 **절차적, 단계적** 접근방법을 사용할 것을 주장하나, 특정 교과목의 경우 이러한 단계적 방법이 어렵거나 유용하지 않은 경우가 있다. 미술작품의 완성, 비평, 문제해결, 의사결정 등이 그러하다.

행동주의 교육과정의 사례(키워드: 행동목표, 목표분류, 교육목표 이원분류표, 지식의 위계, 완전학습, 자극–반응 연합)*

사례 교사는 수업 시작 시 항상 학습목표를 안내하고 수업 과정 중에도 학습목표를 강조하였다. 교사는 학습목표를 명세적 행동목표로 제시하였고, 수업이 끝난 후 학생들이 학습목표를 잘 달성하였는지 행동을 측정하였다. 또한 평가 시에는 행동영역과 내용영역으로 구분하여 작성한 교육목표 이원분류표를 작성하여 활용하였다.*

해설 블룸은 행동주의 심리학을 기반으로 행동목표와 교육목표분류학이라는 이론을 만들었다. 이 사례에서 교사는 학습목표를 행동동사로 자세히 진술된 명세적 행동목표로 제시하였고, 평가문항을 개발하기 위해 행동영역을 강조하는 교육목표 이원분류표를 활용하고 있다.

사례 교사는 수를 의미하는 한자를 학생들이 효과적으로 학습하도록 '한자 활쏘기' 수업을 하였다. 교사는 칠판에 과녁을 크게 그리고, 장난감 활을 준비하였다. 학생들은 과녁의 숫자를 장난감 활과 화살로 쏘아 맞춘 숫자를 학습지에 한자로 적었다. 교사는 학습지의 숫자 칸을 다 채운 학생에게 젤리나 사탕 등을 상으로 주었다.

해설 행동주의 교육과정에서는 자극–반응 기제를 기반으로 이론이 전개된다. 이 사례에서 학생들은 활쏘기 게임과 성공했을 시 제공되는 젤리나 사탕이라는 강화물을 통해 '자극' 받고, 학습에 적극적으로 참여하여 숫자를 한자로 쓰는 학습을 수행하는 '반응'을 보여준다. 행동주의에서 비롯한 아이디어들은 이 사례와 같이 많은 부분에서 활용된다.

* 사례들은 「김대석, 박우식, 성정민(2021). 좋은 수업의 이론과 실제. 서울: 박영스토리.」의 내용을 인용한 것으로 더 많은 관련 내용과 사례들은 이 인용서를 참고 바람.

제8절 인지주의 교육과정

1. 기본 관점

인지주의 학습이론은 개인이 지식을 습득할 때 두뇌 속에서 일어나는 인지과정(즉, 정보처리과정)에 관심을 둔다. 즉, 개인이 어떤 정보처리과정을 통해 인지능력이 발달하는가에 관심을 둔다.*

교육목적: 인지주의 교육과정에서 교육의 목적은 **새로운 정보를 기존의 인지구조에 잘 동화되도록 하는 데** 있으며, 정보처리 활동을 촉진하는 학습자의 내적 사고활동을 중시한다.[111]

능동적 학습자관: 인지주의는 학습자가 내적인 인지과정을 통해 자신의 인지구조를 능동적으로 변화시킨다는 점에서 행동주의보다는 능동적이고 적극적인 학습자관을 가진다. 그러나 인지주의 역시 객관주의 인식론에 기반하여 지식이 개인과 무관하게 외부세계에 독립적으로 존재한다고 믿는다.

행동주의와 차이: 인지주의 학습이론은 행동주의 학습이론에 대한 반발로 태동하였다. 인지주의 심리학자들은 학습이 감각에 의한 경험과 경험들의 연합으로 구성된다는 행동주의 심리학을 비판한다. 인지주의 학습이론에서 학습은 행동의 변화가 아니라 **인지구조의 변화**이다. 인지구조는 주어진 자극에 대해 수동적으로 반응하여 변화하는 것이 아니라, 주체가 능동적이고 구조화된 지각활동으로 구성하는 것이다. 인지주의 학습이론은 행동주의 학습이론과 달리 자극(S)과 반응(R)의 **중간과정인 인지과정**에 주목한다. 행동주의가 학습단위를 자극 → 반응의 단순한 연합으로 보고 시행착오에 의해 학습이 일어나는 것으로 보는 데 반해, 인지주의는 학습단위를 요소 간의 관계로 간주하고, 이들 간 관계는 통찰에 의해 발견되는 것으로 본다.[112]

* 이에 반해 구성주의 학습이론은 개인의 능동적이고 적극적인 지식의 구성에 관심을 갖는다(저자 주).

행동주의 학습이론과 인지주의 학습이론 비교

기본관점: 행동주의는 관찰가능한 행동만을 탐구대상으로 하여 자극(S) → 반응(R)의 단순한 관계를 분석하지만, 인지주의는 정보를 처리, 저장, 인출하는 사고의 과정(인지과정)을 분석한다.

학습관: 행동주의에서 학습은 비교적 영속적 행동의 변화이나, 인지주의는 인지구조의 변화를 학습으로 본다.

강화의 기능: 행동주의에서 강화는 필수이다. 강화는 자극–반응 관계를 형성하거나 반응 확률을 증가시킨다. 반면 인지주의에서 강화는 학생에게 정보를 제공하는 역할만 수행하므로 강화 없이도 학습이 일어난다.

문제해결: 행동주의에 의하면, 학생은 과거의 문제해결방식을 이용하여 문제를 해결한다. 이 과정에서 시행착오를 겪는다. 반면, 인지주의는 학생이 문제를 총체적으로 사고하고 통찰을 통해 문제를 해결한다고 주장한다.

2. 인지주의 학습이론의 발전

인지주의 학습이론은 형태주의 심리학(gestalt psychology), 통찰이론을 거쳐 현대의 정보처리이론으로 발전하였다.[113]

가. 형태주의 심리학(Gestalt psychology)

학습은 자극–반응의 연합(시행착오)에 의해 일어나는 것이 아니라 통찰에 의해 일어난다고 가정한다. 형태주의 심리학은 전체는 부분의 합이라는 행동주의 심리학이 취하는 환원주의에 반대한다. 전체는 단순히 부분의 합이 아니라 그 이상을 의미한다고 주장한다. 이유는 형태가 분할되면 의미가 상실되기 때문이다.[114] 따라서 학습자는 학습할 때, 부분을 보는 것이 아니라 여러 부분들을 연결하여 전체적으로 조직된 하나의 형태로 인지한다. 즉, 학습자는 자신이 본 것 혹은 경험한 것들을 연결하여 구조화하고 하나로 조직화하는 것이다.

나. 쾰러(W. Köhler)의 통찰이론(통찰학습)

지각은 외부정보를 수동적으로 수용하는 것이 아니다. 그것은 능동적인 활동이며, 학습자는 단절된 부분들을 지각하는 것이 아니라 부분들이 연결된 전체를 지각한다. 통찰은 부분들을 전체적으로 연결하는 능동적 탐색과정에서 일어나며 이것은 우연한 시행착오와 다른 것이다. 학습은 자극과 반응의 연합으로 이루어지는 것이 아니라 통찰에 의하여 전체적인 관계를 파악함으로써 이루어진다. 통찰학습과정은 세 단계로 구성된다.[115]

① 문제장면 직면: 인지 불균형이 일어나며 학습동기가 유발된다.

② 문제장면 탐색: 부분들을 전체적으로 연결하는 능동적 탐색과정이 일어난다.

③ 통찰이 형성됨: 부분들 간의 관계성을 파악하고 인지불균형이 해소된다.

다. 정보처리이론

정보처리이론은 개인이 외부세계에서 획득한 정보를 처리하는 과정, 즉 어떠한 기제를 거쳐 지각, 이해, 기억, 재생하는가에 관심을 둔다. 정보처리이론은 뇌가 정보를 처리하는 과정을 컴퓨터의 정보처리과정에 비유하여, 컴퓨터가 정보투입 → 정보처리 → 결과산출의 과정을 거치듯이, 개인도 감각기관(감각등록기, 감각기억) → 작업기억 → 장기기억(일화기억, 의미기억, 고전적 조건형성효과, 절차기억, 점화[116]) → 정보인출의 과정을 거친다고 가정한다. 이 이론에 의하면 학습이란 외부의 정보(자극)를 획득하여 저장하는 과정이다.

정보처리이론가들은 단편적 정보보다 하나의 학습단위로 조작된 정보가 기억이 잘 된다고 주장하는데, 이것은 정보가 유의미하고 기존의 인지구조 등과 연계될 때 기억하기 쉽다는 **오수벨**의 주장과 일맥상통한다.

3. 주요 학자 및 이론

촘스키(N. Chomsky): 촘스키는 아동이 2~3세에 복잡한 언어를 완전히 습득한다고 주장하였다. 언어의 구조는 복잡하므로 단순한 행동 연습을 주장하는 행동주의로는 아동이 복잡한 언어 구조를 습득하는 것을 설명하기 어렵다. 대신 그는 아동이 복잡한 언어를 단기간에 획득하는 것은 선천적인 언어습득기제(LAD)를 갖고 태어나기 때문이라고 주장하였다.

촘스키[117]

오수벨(D. Ausubel): 오수벨은 새로운 학습내용이 기존 인지구조 내에 위치한 기존 지식 중 새로운 학습내용의 개념적 근거가 되는 개념 혹은 지식(선행조직자)과 잘 연관될 때, 새 학습내용이 잘 획득되고 오래 지속한다고 주장하는데 이것이 유의미학습이다.

오수벨[118]

4. 교육과정 설계 및 교수학습 원리, 교육평가

기존 인지구조에 동화되도록 설계: 인지주의 교육과정은 새로운 과제를 분석하여 구조화시키고 계열화하여 단계적으로 제공하는데, 이것은 학습자의 정보처리과정이 잘 되도록 하기 위함이다. 이러한 효율적 정보처리과정을 통해 학습자가 새로운 학습내용을 기존의 인지구조에 잘 동화되도록 교육과정을 설계한다.

약간 높은 수준의 목표설정: 학생의 현재 수준보다 약간 높은 수준의 학습목표를 설정할 때 효과적이다.

계열화된 내용조직: 학생의 인지발달 단계에 적절하게 과제를 계열화하여 제시하는 것이 학습에 효과적이다.

통찰이 있는 수업: 스스로 사고하도록 하는 문제를 제공하고 현상을 깊이 있게 생각해 의미를 포착하는 수업을 중시한다(예: 쾰러의 통찰이론). 이 과정에서 교사는 학생이 스스로 과제를 처리하도록 도와주는 역할을 수행한다.

교수학습의 원리는 다음과 같다.

- 내적 동기유발: 문제해결을 통해 성취감을 맛볼 때 내적 동기가 유발된다.
- 유의미(meaningful) 학습: 새 정보가 기존 인지구조와 잘 연결이 될 때, 유의미 학습이 일어난다.
- 연습의 중요성: 연습을 많이 할수록 기억이 잘 된다. 밀집된 연습보다 분산되고 반복된 연습이 효과적이다.
- 전이와 간섭: 전이(transfer)는 이전에 학습한 것이 직 · 간접적으로 현재(혹은 이후) 학습에 영향을 미치는 것을 의미한다. 긍정적 전이는 이전에 학습한 것이 현재 학습에 도움이 되는 것이며, 부정적 전이는 이전에 학습한 것이 현재 학습에 방해가 되는 것이다.

간섭(interference)은 부정적 전이의 일종으로 이전에 배운 것이 현재(혹은 이후) 학습에 부정적 영향을 미쳐 학습을 방해하는 것이다. 간섭을 줄이기 위해서는 학습의 순서가 중요한데, 처음과 끝 부분에서 간섭이 적으면 내용을 더 많이 기억한다. 부정적 전이와 간섭을 줄이기 위해 간헐적 연습을 하고 암기보다 유의미 학습을 하는 것이 효과적이다.

교육평가: 인지주의 교육과정은 학습의 최종결과보다 인지처리과정을 중시하므로 결과보다 인지처리과정을 평가한다. 따라서 단답형, 선다형 시험이 아닌 임상, 면접, 관찰 등의 평가방법을 사용한다.

5. 장단점

장점: 학습내용과 사고 및 활동 간의 관계를 파악할 경우, 완전학습이 가능하고 이해력이 향상된다. 또한 학습에 대한 긍정적 태도가 생긴다.

단점: 학습시간이 많이 소요되고 학습의 내용범위가 줄어들게 된다. 또한 수업운영이 어렵다.*

오수벨의 설명식 수업(유의미 학습, Meaningful Learning Theory)

1. 유의미 학습의 의미

- 오수벨(1963)에 의하면 유의미 학습이란 새로운 지식 혹은 과제가 학습자의 기존 인지구조와 상호작용하여 그 안으로 포섭되는 것이다.[119] 학습의 중요한 요소는 학습자의 인지구조 속에 위치한 기존 지식이나 개념이다. 새로운 과제가 잘 학습되려면(즉, 유의미 학습이 되려면), 새로운 과제와 관련된 인지구조 내의 관련 지식이나 개념(관련 정착 의미, relevant anchoring idea)과의 안정성과 명확성이 확보되어야 한다.

* 인지주의 교육과정에서 교수자는 학습자가 스스로 사고하도록 하는 문제를 제공한다. 그런데 이것이 학습자에게 어렵고 또한 도전적이다. 그래서 학습자는 리스크를 줄이고자 교수자에게 정답을 확인하는 질문을 계속 하게 되고 교수자는 답변하는 과정에서 정답의 힌트를 주게 된다. 점차 교수자 중심의 수업과 닮아가는 것이다.

• 따라서 새로운 과제가 인지구조 속에 있는 관련 지식이나 개념(관련 정착 의미)과 연관을 잘 맺을 때(잘 정착될 때) 의미를 생성하는 유의미 학습이 일어난다. 구체적으로 새로운 과제가 인지구조 내에 위치한 지식 중 새로운 과제와 관련이 되는 개념 혹은 지식(관련 정착 의미)과 잘 연관될 때(잘 정착될 때), 새로운 과제는 잘 획득되고 오래 지속된다. 즉, 유의미 학습이 일어나는 것이다.

그림 2-5 미시경제학에 대한 지식구조

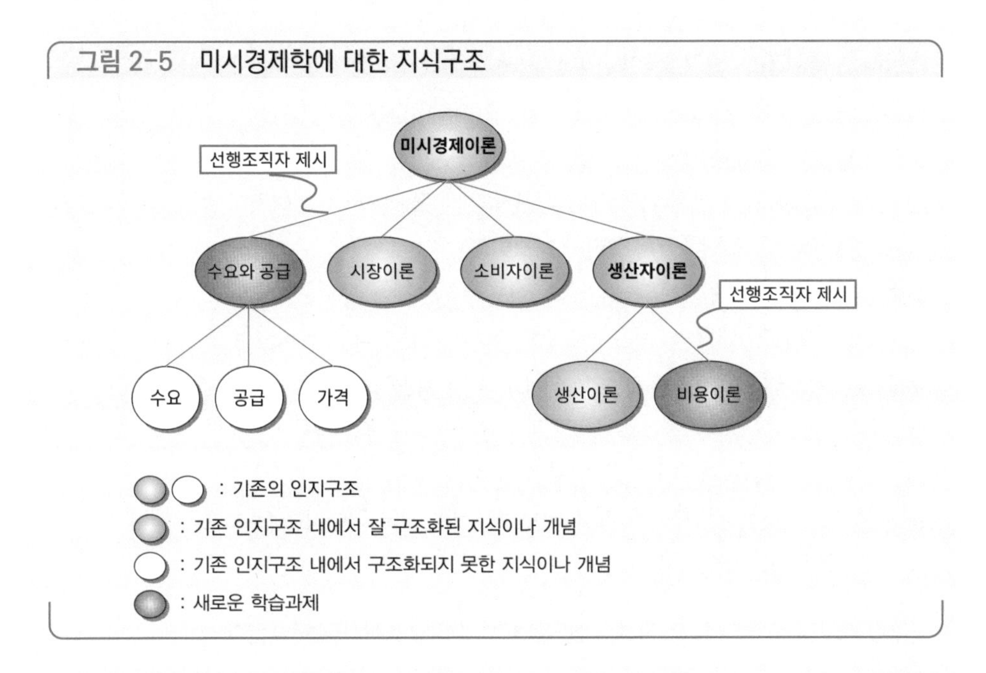

2. 선행조직자

• 오수벨에 의하면 선행조직자는 새로운 자료의 수용(정착)을 위한 토대(발판)이다.[120] 선행조직자는 새 과제와 관련 지식(혹은 관련 정착 의미)의 연결을 돕는 장치이다. 선행조직자는 새 과제가 관련 지식에 잘 연결되도록 하기 위하여 먼저 제시되는 것이다. 선행조직자는 새로운 학습과제(지식)가 학습자의 인지구조에 잘 정착되도록 하기 위하여 미리 제시되는 것이다.

• 철강 제조과정 지식(새 학습과제)을 제시하기 전에 보다 일반적인 지식인 합금에 대한 지식을 설명한다. 합금의 제조과정을 이해함으로써 구체적 지식인 철강 제조에 대한 이해가 촉진된다(잘 정착된다). 합금 제조과정에 대한 이해는 새 지식인 잘 장착되기 위한 맥락(토대, 발판)을 제공한다.

- 선행조직자는 다음과 같은 역할을 한다.[121]
  - 선행조직자는 선행적이고 (새 과제 정착의) 개념적 발판을 제공한다.
  - 학습자가 새 과제를 구체적이고 특수한 형태로 이해하기 전에 개념들 간의 유사점과 차이점에 대한 일반화된 개요와 같은 구실을 한다.
  - 학습자가 유사점과 차이점을 이해할 수 있도록 미리 학습태세를 갖추도록 한다.
- 선행조직자는 높은 **추상성, 일반성, 포괄성**을 지닌다. 그것은 새로운 과제보다 추상적이며 일반적 개념 · 원리 · 법칙 · 용어 · 명제 · 사례 등이다. 이 점에서 선수학습과 다르다. 예를 들어 인도의 카스트제도를 새롭게 학습할 때, 사회계층을 먼저 설명하는 것이다. 또한 다문화를 배우기 전에 문화에 대한 개념을 먼저 설명하는 것이다. 앞서 그림에서 수요와 공급이론을 설명하기 전에 수요의 개념과 공급의 개념을 먼저 설명하거나, 비용이론을 설명하기 전에 생산의 요소를 먼저 설명하는 것이다.
- 선수학습과 차이: 선수(先受)학습의 경우 선수학습된 내용의 수준이 새로운 과제와 무관하다. 즉, 선수학습된 내용의 수준은 새로운 과제의 수준보다 포괄적일 수도 있고 구체적일 수도 있다.* 그러나, 선행조직자는 새 과제보다 더 일반적 · 포괄적 · 추상적이다. 따라서 선행조직자는 선수학습(전시학습 상기, 문제제기, 본시 수업의 개관 등)과 구별된다. 예를 들어 지난 시간에 배운 것을 회상하는 것, 내일 배울 것을 제시하는 것, 학습자에게 개인적인 경험을 회상하도록 하는 것, 새로운 과제가 이전에 배운 것을 이해하는 데 도움이 됨을 말하는 것은 선행조직자가 아닌 것이다.

3. **선행조직자의 종류: 선행조직자는 설명조직자와 비교조직자로 구별된다.**

- 설명조직자: 새 과제와 관련 지식(혹은 관련 정착 의미)이 유사하지 않거나 혹은 관련 지식이 없을 때, 새로운 과제 정착의 개념적 발판을 마련하기 위하여, 새 과제와 관련하여 미리 설명되는 포괄적, 기본적 개념을 말한다. 설명조직자는 새 과제 학습의 발판(개념적 근거)이 되며 관련 정착적 의미가 된다. 예를 들어 여러 종류의 숲에 대한 분류를 설명한 후(선행조직자) → 숲을 세분화하여 작은 숲과 나무(새로운 과제)를 설명한다. 기계에너지를 설명한 후(선행조직자) → 기계에너지의 특수 형태인 잠재적 에너지와 운동에너지를(새로운 과제) 설명한다.
  - 철강 제조과정 지식(새 학습과제)을 제시하기 전에 보다 일반적인 지식인 합금에 대한 지식을 설명한다.
  - 독립혁명(새 학습과제)을 제시하기 전에 독립을 먼저 설명한다.
  - 다이어트식을 설명하기 전에 영양을 먼저 설명한다.

* 선수학습의 내용수준이 새로운 과제나 지식과 동일하다는 주장도 있다.

- 비교조직자: 인지구조 내의 관련 지식(관련 정착 의미)과 새로운 과제 간에 유사점이 많은 경우, 그 유사점과 차이를 분명히 하여 양자를 비교할 목적으로 미리 제시되는 지식이나 개념을 말한다. 관련지식과 비교를 통하여 새로운 과제와 관련 지식을 관련짓는다(정착시킨다).
  - 산업혁명(새 학습과제)을 제시하기 전에, 기존 지식(프랑스혁명, 미국독립전쟁, 농업혁명)에서 사용된 혁명의 의미를 설명하고, 기존 지식에서 혁명의 의미와 새로운 과제에서 혁명의 의미를 비교한다.

4. 선행조직자의 효과와 기능

- 선행조직자는 학습자의 인지구조를 강화하여 새로운 과제의 이해를 용이하게 한다.
- 선행조직자는 자체로 중요한 학습내용이 된다.
- 새로운 과제와 관련 지식(관련 정착 의미) 간의 연결에서 안정성과 명확성이 없으면, 새로운 과제와 구별이 안 되고, 기계적 학습(rote learning)이 된다.

5. 관련 지식(관련 정착 의미)에 새로운 과제를 정착시키는 방법

유의미 학습이 되기 위해서는 인지구조 속의 관련 지식(관련 정착 의미)과 새로운 학습과제가 연계되어야 한다. 이를 위해서는,

① 새로운 학습과제가 잘 조직되어야 한다(과제 적합성): 학습과제의 적합성이 높을수록 높은 '논리적 유의미가(logical meaningfulness)'를 지니기 때문이다.

② 도입에서 선행조직자를 우선적으로 제시한다

③ 새로운 과제를 관련 지식(관련 정착 의미)과 연계되도록 한다.

6. 유의미 학습의 주요 원리

- 점진적 분화의 원리: 학습을 할 때 일반적 · 포괄적인 개념이나 지식을 먼저 학습하고 → 점차 구체적 · 세분화된 것을 학습한다. 이렇게 과제를 위계적으로 조직하고 점진적으로 분화하여 학습함으로써 상위개념(일반적, 포괄적 개념)이 하위개념(구체적, 세분화된 개념)을 포섭할 수 있다. 이 원리는 인지구조가 포괄적 · 일반적 개념을 정점으로 하여 → 점차 구체적 · 세분화된 개념이 아래를 차지하도록 한 위계적인 구조이기 때문에 새로운 학습과제도 위계적으로 조직되고 포괄적 개념에서부터 구체적 개념으로 점진적으로 학습될 때, 포괄적 상위개념이 구체적 하위개념을 포섭할 수 있다는 것에 근거한다.[122]
- 통합적 조정(연계)의 원리: 새로운 과제가 기존의 인지구조에 잘 통합되고 조정되도록 조직하고 학습한다. 또한 새로운 과제와 기존 지식과의 유사점이나 차이점을 인식하고 불일치가 조정되도록 새로운 과제를 조직하고 학습한다. 점진적 분화의 원리가 잘 되면 통합적

조정은 자연히 달성된다.[123]

- 선수학습의 요약 및 정리: 선수학습을 요약·정리하면 새로운 과제학습이 촉진된다. 특히 학습내용이 위계적일 경우 필요하다.

7. 유의미 학습의 절차

1) 선행조직자 제시: ① 학습목표를 제시한다. ② 선행조직자를 제시한다. 선행조직자가 되는 개념이나 지식의 정의, 특성을 충분히 설명하거나 다룬다. ③ 관련 지식을 회상하도록 자극한다. 새로운 학습과제와 관련 있는 기존의 지식·경험을 회상하도록 자극한다.
2) 본시 학습과제 제시: 본시 학습과제(새로운 학습과제)를 제시한다. 이때 과제 적합성을 고려하여 과제를 위계적으로 조직하고 일반적인 것을 먼저 다루고, 이후 세분화된 것을 다룬다.
3) 인지조직의 강화: 통합적 조정의 원리를 사용한다. 능동적인 수용학습을 촉진한다. 명료화한다.

개념학습모형

인지심리학의 대표적인 수업모형이다. 특히 정보처리모형에 기초한다. 개념학습모형은 많은 지식과 정보를 이해할 수 있고, 추상적 사고를 가능하게 하여, 가설설정, 분류, 의사결정 등 고등사고능력을 기르게 한다. 그래서 인지심리학에서는 개념학습모형을 중시한다. 개념이란 외적 범주(혹은 정보)를 내부의 인지처리과정(정보처리과정)을 통해 저장된 범주에 대한 심적 표상이다.

1. 개념의 특징들

- 추상성과 원형(prototype): 개념은 구체적 사물을 말하지 않는다. 그래서 개념은 추상적이다. 개념으로 분류를 할 때 분류의 기준이 되는 대표적 개념을 원형이라 한다.
- 속성, 결정적 속성, 비결정적 속성: 분류할 때 기준이 되는 특징을 속성이라 한다. 이때 가장 중요한 것이 결정적 속성이며 중요성이 낮은 것이 비결정적 속성이다.
- 예(example), 비예(non-example), 긍정적 예, 부정적 예: 개념에 해당되는 예가 예이며, 개념과 해당되지 않는 예가 비예이다.

• 오개념, 상투개념(stereotype): 비결정적 속성을 결정적 속성으로 잘못 이해한 것이 상투개념이다.
• 구체적 개념, 추상적 개념: 개, 사람, 가족은 구체적 개념이며, 국가, 주권, 인권 등은 추상적 개념이다.
• 동위개념: 남자와 여자는 사람의 하위에 존재하는 동위개념이다.

2. 개념학습의 모형들

① 속성모형: 같은 범주 내의 모든 사례들에 공통된 속성이 존재한다는 가정하에, 개념은 속성들의 묶음으로 형성된다고 생각한다. 예나 상황보다는 개념이 가지고 있는 속성들을 중심으로 개념을 가르친다. 개념이 지닌 속성을 이해하거나 발견하는 방식으로 수업이 전개된다. 가장 전통적 모형이다. 장점은 논리적이고 간단하며 인지 활동에 충실하다. 상위개념, 하위개념, 구체적 개념 이해에 적합하다. 단점은 어렵고 복잡한 개념을 이해하는데 한계가 있다. 이유는 추상적으로 나열된 속성을 이해하기 어렵고, 복잡한 개념을 속성으로 간단하게 설명하기 어렵기 때문이다.

② 원형모형: 속성모형의 대안으로 등장하였다. 사례들의 속성에서 개념을 도출하는 것이 아니라, 가장 대표적인 예(원형)가 개념을 잘 표현한다고 가정한다. 이 대표적인 예(원형)를 중심으로 수업을 전개한다. 예를 들어, 고양이를 원형으로 학습하고 그것을 개의 특성과 구별하거나, 배우자의 이상형을 잡고 이를 토대로 실제의 배우자를 찾는다. 이것에 비해 속성모형은 속성들을 조합하여 개념을 도출한다. 원형모형의 장점은 속성을 발견하기 어려운 개념을 학습할 때 유익하다. 또한 추상적 개념, 동위개념 학습에 유익하다.

③ 상황모형: 특정 상황(맥락) 속에서 구체적인(혹은 변형된) 경험이나 행동 등을 중심으로 개념을 이해한다. 이유는 개념은 진공상태에서 순수하게 존재하는 것이 아니라, 특정 상황에 따라 다르게 나타나기 때문이다. 역할놀이, 모의학습, 게임학습을 활용하면 효과적이다.

3. 수업절차[124]

속성모형	원형모형	상황모형
• 목표제시, 학습할 개념 제시	• 목표제시, 학습할 개념 제시	• 목표제시, 학습할 개념 제시
• 개념 정의와 관련 속성을 설명	• 원형 제시	• 상황 진술: 개념이 적용된 특수 상황과 상황 속에서 구체적인 개념을 설명
• 결정적 속성과 비결정적 속성 검토		
• 예와 비예 검토	• 비예 제시: 비예를 제시하여 해당 개념을 분명히 이해함	• 예와 비예 검토
• 적용: 새로운 예가 해당 속성들을 지녔는지를 검증함	• 속성 검토: 속성들을 검토하여 개념을 정리	• 속성 검토
• 개념분석: 관련 개념, 확대개념을 사용해 해당 개념을 분석함	• 개념분석: 좌동	• 개념분석: 좌동
• 관련 문제 검토: 해당 개념과 관련된 문제를 검토하거나 발전시킴	• 관련 문제 검토: 좌동	• 문제검토: 좌동

제9절 구성주의 교육과정

1. 기본 관점

인식론적 배경: 행동주의나 인지주의 학습이론과 달리 구성주의 학습이론은 다른 철학적 배경에서 나온 이론이다.[125] 그래서 행동주의나 인지주의와 다른 인식론적 입장을 갖는다. 행동주의나 인지주의는 객관주의 인식론에 근거한다. 객관주의는 지식은 개인과 무관하게 외부 세계에 홀로, 그리고 독립적으로 존재한다고 생각한다. 즉, 지식을 나와 무관하게 독립적으로 존재하는 고정된 실체이고 그래서 모든 상황에서 적용할 수 있는 보편타당한 절대진리를 추구한다.[126] 따라서 행동주의와 인지주의는 학습할 가치가 있는, 객관적으로 검증된 지식을 인정하고 그것을 학습대상으로 삼는다. 반면, 구성주의는 객관적 지식의 존재를 부정하는 상대주의적 인식론에 근거한다.[127]

등장배경: 정보화 사회에서 객관적인 지식의 단순한 암기, 반복, 재생은 더 이상 유효하지 않으며, 많은 정보와 지식 중에서 나에게 맞는 것이 무엇인지를 파악하고, 선택, 가공, 활용할 수 있는 문제해결능력이 필요하게 되었다. 이러한 시대적 요구의 대안으로 구성주의가 대두되었다.

지식은 구성되는 것임: 구성주의에서 실재(reality) 혹은 현실은 주체가 자신의 경험에 기반하여 구성하는 것이다. 지식은 주체가 세상을 이해하기 위하여 자신의 경험 세계에 기반하여 나름의 인지활동을 통하여 구성한 것이다. 구성주의 학습이론에서 학습은 학습자가 스스로 지식을 구성하는 것이다.

지식의 맥락성(혹은 상황성)을 중시: 구성주의는 지식의 맥락성을 중시한다. 항존주의와 달리 구성주의는 진리는 단 하나라는 생각을 버리고 상황에 따라 진리가 달라지는 맥락적 유용성을 중시한다. 항존주의에서 오직 하나의 진리 A로 여겨지는 것이 상황 1에서 지식 A′, 상황 2에서 지식 A″, 상황 3에서 지식 A‴로 달라지는 맥락성을 중시하는 것이다. 따라서 구성주의는 특정 상황에서 개인의 이해나 의미구성이 중시된다.

상호작용과 협동학습을 중시: 구성주의에서 지식은 나, 동료, 교사, 교과 등과의 상호작용을 통해 구성되는 것이다. 지식은 개인의 인지활동과 사회구성원과의 상호작용을 통하여 구성되는 것이다. 구성주의 학습에서 협동학습을 강조하는 것은 이러한 이유 때문이다.

2. 주요 이론

가. 피아제(J. Piaget)의 발생학적 인식론

피아제[128]

피아제의 발생학적 인식론은 구성주의 학습이론 형성에 크게 기여하였다. 인지구조 혹은 지능은 주체가 환경에 평형화를 하면서 끊임없이 구성되어가는 것이다. 주체는 개인적, 능동적으로 지식을 구성하며, 지식을 통해 환경에 적응하고자 스스로 변화시킨다. **평형화**는 주체가 변하는 환경하에서 생존하기 위하여 자신의 인지구조를 일정하게 유지하려는 본능적인 경향성을 말한다. 즉, 주체가 환경이나 세상에 대한 이해와 현재 경험 간의 인지적 균형상태를 유지하려는 경향을 말한다.* 모든 주체는 평형화에 대한 선천적 욕구를 지니며, 인지적 불평형은 발달의 주요 원동력이다. 그에 따르면 평형화의 과정에서 새로운 개념(혹은 지식)을 기존 인지구조(스키마**의 연합)에 **동화**시키고, 만약 기존의 인지구조에 맞지 않으면 **조절**하면서 통합된 인지구조를 형성하는 과정이다. 따라서 인지발달과정의 각 수준에*** 적합한 개념(혹은 지식)을 선정, 학습하는 것이 필요하다.

피아제의 발생학적 인식론에 기반한 학습원리는 다음과 같다.[129]

학습은 내적인 지식구성의 과정이다: 학습은 단순하게 관찰을 통해 일어나지 않는다. 학습은 외부 환경에 능동적으로 반응하여 지식을 구성하는 과정이다. 이 지식구성의 과정에 추상화 과정이 포함된다.

학습은 동화와 조절을 통해 인지구조를 조직화하는 것이다: 학습은 대상에 대한 단순한 반응에 의해 일어나지 않는다. 즉, 반응하는 순간 학습이 일어나는 것이 아니라, 반응을 의식화할 때 학습이 일어난다. 여기서 반응을 의식화한다는 것은 대상을 이해하고 반응하기 위해 동화와 조절을 통해 인지구조를 조직화하는 것을 말한다. 따라서 인지구조를 조직화하는 과정이 없이 대상에 대한 단순한 반응은 그것을 아무리 많이 반복한다고 해도 학습이 아닌 것이다.

기존 인지구조(혹은 인지발달 수준)에 적절한 과제를 선정할 때 학습이 일어난다: 학습은 대상을 이해하는데 필요한 인지구조를 이미 갖추고 그 인지구조로 대상을 해석(혹은 이해)하는 과정이며 이것이 동화이다. 이때 기존의 인지구조로 대상이 해석되지 않으면(즉, 동화되지 않으면), 기존의 인지구조를 변형하는데 이것이 조절이다. 따라서 기존 인지구조에 적절한 과제를 선정하고 조직하는 것이 중요하다.

학습은 외부와의 상호작용을 통해 일어난다: 학습은 외부와의 상호작용을 통해 일어나며 상호작용의 과정은 자발적 과정이다. 따라서 교수자 중심의 직접적 설명은 구성주의 학습에서

* 큰 호수에 살던 달팽이들을 새로운 호수에 넣었는데, 한 달팽이는 길게 모양이 길어졌지만, 다른 달팽이는 여전히 이전의 모양을 유지하였다. 달팽이가 모양을 유지하던지 아니면 변화시키던지 간에 모두 주체와 환경 간의 평형화의 결과이다. 즉, 달팽이의 변화는 환경에 살아남기 위한, 강압적 변화가 아닌, 환경에 맞추어 스스로 능동적으로 변한 것이고 이것이 주체와 환경 간의 평형화이다.

** 도식은 '형태'라는 의미이다. 사물, 사건 혹은 사실에 대한 전체적 윤곽을 의미한다. 피아제는 도식을 유사한 상황에서 반복되면서 전승되거나 일반화되는 행동의 구조 혹은 조직으로 정의하였다.

*** ① 감각운동기 ② 전조작기 ③ 구체적 조작기 ④ 형식적 조작기

최소화되어야 한다.

나. 인지적 구성주의와 사회적 구성주의

구성주의 심리학은 지식을 보는 관점 및 개인이 지식을 형성(혹은 구성)하는 과정에 대한 관점에 따라 두 가지로 구분된다. 하나는 인지적 구성주의이며* 다른 하나는 사회적 구성주의**이다. 전자를 대표하는 이론이 피아제의 발생학적 인식론이며, 후자는 비고츠키(L. Vygotsky)의 이론이 대표한다.

인지적 구성주의: 피아제는 오로지 개인이 지식을 형성하는 과정에 초점을 두고 연구를 하였다. 그는 발생학적 인식론에 기반하여 개인이 지식을 형성하는 과정을 심리학적 혹은 인지적 측면에서 설명하는 데 관심을 두었다. 즉, 피아제는 지식의 구성과정에서 사고의 조작적 특성(동화, 조절, 평형화 등)을 설명하려고 노력하였다. 그에 의하면 주체와 객체 간의 심리적 차원에서 상호작용이 지식 구성의 기초이다. 즉, 지식은 주체와 객체의 상호작용을 통해 구성된 것이다. 주체는 객체(대상 혹은 사람)와 심리적 상호작용(의 내적과정)을 통해 지식을 구성하는 것이다. 여기서 상호작용은 정신적 조작으로서 상호조작(co-operation)을 의미한다. 하지만 피아제는 지식형성 과정에서 일반적 구조와 기능을 넘어선, 사회적 상호작용에는 관심이 없었으며, 지식형성 과정에서 사회적 상호작용의 역동성을 연구하지는 않았다.[130]

사회적 구성주의: 반면, 비고츠키는 지식의 사회문화적 기원을 주장하였는데, 그에 의하면 지식은 사회(집단)에서 누적된 **역사-문화적 형태로 존재**한다. 개인이 지식 특히, 언어 지식을 형성하는 과정은 역사-문화적 형태의 지식을 이미 가진 타인과 사회적 상호작용을 통해 내적으로 구성한다고 주장하였다.[131]***

---

* 개인적 구성주의로도 불린다.

** 사회문화적 구성주의로도 불린다.

*** 이 점에서 비고츠키와 유사하게 브루너(J. Bruner)도 특정 문화가 효과적인 방식으로 기능하는 정신을 형성하는데 언어가 크게 기여한다고 생각하였다(Bruner, 1996). 브루너의 후기 연구의 관심사는 '언어가 사용하는 사람에 따라 다른 실재를 구성하는가?'였다(Bruner, 1996). 에스키모인들이 눈(雪)을 묘사하는 다양한 언어를 가지고 있는 것이나, 베를 짜는 과테말라 인디언들이 직물에 대한 단어를 가지고 있는 것, 또한 동아시아 문화에서 친족이나 가족관계를 설명하는 다양한 단어를 가지고 있는 것에서 알 수 있듯이 언어는 문화의 중요한 요소를 담고 있음을 알 수 있다. 브루너는 '인지발달은 문화 속에 담긴 지식을 습득하는 과정이며, 개인은 문화의 대리자 역할을 하는 언어를 통해 외부와 상호작용하면서 발달한다.'라고 주장하였다(Bruner, 1966: 21). '교육의 문화'에서 브루너는 문화가 정신을 형성하며, 문화는 개인이 세계와 자신의 존재에 대한

피아제의 이론과 비고츠키 이론의 차이: 피아제는 발생학적 인식론에 근거하여 지식 획득 과정에 대한 심리적, 인지적 설명에 관심을 두고 동화, 조절, 평형화 등의 사고의 조작적 특성을 설명하려고 하였다. 그에 의하면 주체와 객체 간의 심리적 차원에서 상호작용(상호조작)이 지식 구성의 기초가 된다. 반면 비고츠키는 지식형성 과정에서 사회적 차원에서의 상호작용을 강조하였다. 그에 의하면 역사-문화적 형태로 존재하는 지식을 타인과 사회적 상호작용을 통해 내면화하는 과정이 지식의 구성과정이다.

비고츠키[132]

양자의 공통점: 양자의 공통점은 모두 지식 형성에서 개인의 지식 구성 활동이 중심이며 이것은 인지적 과정, 사회문화적 과정과 분리될 수 없는 것이다.

3. 전통적 교육과 구성주의 교육의 비교

구성주의에서 **학습은** 지식의 단순한 획득과 재생산의 과정이 아니라, 능동적인 구성의 과정이며, 그것은 인지적, 사회문화적 과정이다. 지식의 구성은 그것이 외부세계에 직접 대응되는 것이 없더라도, 학습자가 외부세계에 대한 나름의 의미를 만드는 과정이다.[133] 따라서 구성주의에서 **교육은** 학습자가 자신이 처한 상황에 적합하게 의미와 실재를 구성하도록 돕고, 자신이 처한 상황에 보다 잘 적응하고 필요에 따라 상황을 변화시키도록 돕는 역할을 한다.[134]

학습목표와 학습내용 결정은 최종적으로 학습자가 한다. 나에게 적합하고 유의미한 주제를 내가 결정하는 것이다. 교사의 역할은 사전에 주제와 내용을 결정하여 제공하는 것이 아니라, 학습자가 주제와 내용을 유의미하게 구성하도록 도와주는 것이다. 수업의 과정에서 교사는 복잡하고 비구조화된 다양한 상황을 제공하고, 여러 관점에서 문제를 해결하도록 조력한다.

평가 구성주의 교육에서는 학습자가 지식을 구성하는 능력을 갖추었는가를 확인하는 것을 평가의 대상으로 삼는다.[135] 구체적으로 수행평가나 형성평가가 구성주의 철학에 맞는 평가

개념을 구성하는 도구를 제공한다고 주장한다(Bruner, 1996). 정신은 언어를 매개수단으로 한 문화를 통해 구성되며 또한 실현되는 것이다. 이 점에서 정신은 문화와 불가분의 관계이다. 문화가 정신을 형성한다는 것은 그의 후기 연구의 핵심명제인 것이다[이정아(2016). 브루너의 교육적 인식론에 대한 이해와 비판적 고찰. 교육연구, 31(1), 57-82.]

유형이다.

전통적 교육과 구성주의 교육을 비교하면 다음과 같다. 전통적 교육은 교과중심 교육과정과 비슷할 것이다.

표 2-14 전통적 교육 VS 구성주의 교육의 비교

전통적 교육	구성주의 교육
지식의 절대성을 주장	지식의 상대성 주장
객관주의에 기반: 실재는 인식 주체의 외부에 존재한다. 교육내용은 외부의 객관적인 지식이나 정보가 대상이다	상대주의: 실재는 인식 주체에 의해 결정됨
학습은 외부의 객관적 실재를 수용함	학습은 개인적으로 의미를 구성하는 것임
현실과 괴리된 과제(탈맥락성)	생활과 연계된 실제적 과제(맥락성, 상황성 강조)
기초학습기능 및 교과에 적응이나 동화를 강조함	생활 속의 문제해결을 강조함. 비판적인 사고력, 문제해결능력, 인지적 유연성 등을 강조함
교사는 지식의 전달자임. 교육내용을 단순히 전달할 뿐임	학생의 능동적인 지식구성과 자기 주도성이 존중되며 교사는 같이 지식을 구성하는 존재임(scaffolder 역할: 교사는 학습이 촉진되도록 발판의 역할을 함)
학생은 수동적인 정보의 수용자임(백지상태)	학생이 질문하는 것을 중시함
혼자 하는 학습 강조(개별화 학습 강조)	동료와 상호작용을 통한 협동 학습 강조(집단성)
단순한 과제제시: 단순한 것에서 복잡한 것으로 점진적으로 제시(계열성 중시)	맥락(상황)과 연계된 복잡하고 비구조화된 실제 과제
평가: 정확한 답변을 요구하며 수업과 분리된 평가(총괄평가)를 함	지식을 스스로 구성할 수 있는가?, 현장의 복잡한 실제 문제를 스스로 해결할 수 있는가? 등이 평가의 관심거리임(수행평가, 과정중심평가)

4. 교수학습의 원리 및 특징

구성주의 교육에서 강조하는 교수-학습원리는 다음과 같다.

학습의 능동성(혹은 자기주도성): 학습자는 외부 환경으로부터 정보를 수동적으로 받아 저장하는 것이 아니라 흥미와 관심을 기초로 외부와 능동적으로 상호작용하면서 지식을 구성하고 문제를 해결한다.

지식의 맥락성: 같은 지식이라도 그것이 활용되는 맥락에 따라 달라지므로 해당 지식이 활용되는 맥락을 고려하여 학습한다(상황적 학습모델).

인지 불균형이 학습을 초래한다: 인지적 갈등과 혼란은 학습을 위한 자극이 된다. 피아제 이론에 의하면 불평형의 상태에서 평형화를 추구하는 것은 인간의 기본적인 욕구이자 인지 발달의 원동력이다. 즉, 인지적 갈등과 혼란이 학습의 원동력이다. 따라서 개방적 탐구 및 인지불균형을 해소하려는 탐구를 격려해야 한다.[136]

자발적인 학습목표 설정: 구성주의에서 학습자는 자신의 지식과 경험, 흥미, 적성에 따라 학습목표를 설정하고 과제를 선택할 수 있다. 자발적인 학습목표 설정은 학습자의 동기를 유발하고 이후 학습의 원동력이 된다.

학습목표의 유동성: 목표는 교수자에 의해 사전에 정해지는 것이 아니라, 학습의 과정 중에 학습자가 스스로 만들어 가는 것이다.

과제(내용)의 비결정성: 지식의 객관성이나, 절대성을 주장하는 사람들은 내용을 체계적으로 구조화하여 학습자가 수용할 것을 주장한다. 반면, 구성주의는 지식에 대한 상대주의 입장을 가지므로 학습자가 정리되거나 구조화되지 않은, 복잡한 과제를 자신의 지식과 경험의 수준에 따라 해결하고 구성할 것을 강조한다. 교과서(textbook)는 여러 교재(textbooks) 중 하나일 뿐이다.

구체적이고 실제적인 과제: 구성주의는 생활 속의 문제해결을 중시한다. 따라서 과제는 현장과 괴리된 추상적인 것이 아니라 실제적이고 구체적인 것일수록 좋다.

성찰: 문제해결과정에서 학습자는 자신의 사용한 방법, 전략, 결과물 등을 분석하면서 문제해결과정을 성찰한다. 이것은 듀이의 반성적 사고와 비슷하다.

협동학습 강조: 구성주의에서 지식구성은 사회적 요소와 개인적 요소의 상호작용을 통해 일어난다. 개인의 지식은 동료와 사회적 상호작용을 거쳐서 새롭게 구성되고 타당성이 입증된다. 따라서 토론, 대화, 질의응답 등의 상호작용이 많은 협동학습이 요구된다.

학습의 조력자로서 교사의 역할(scaffolder): 교수자의 역할은 학습자가 스스로 문제를 해결하도록 방향제시, 암시나 단서 제공을 할 뿐이다. 학습자가 혼자 문제를 해결할 수 있도록 교수자는 처음에는 많은 도움을 주지만 차츰 도움을 줄여 나간다.

결론적으로 구성주의에서 학습은 현장의 복잡하고 비구조적인 실제 과제(문제)를 자기주도적 및 협동적으로 해결하는 것이며, 이 과정에서 교수자의 역할은 축소되고 학습자의 역할이 커질 수밖에 없다.

5. 구성주의 학습모델

인지적 도제이론(The Cognitive Apprenticeship Model)

Brown, Collins & Duguid(1989)에 의해 제안되었다. 구성주의 학습모델 중 가장 널리 활용된다. 인지적 도제학습모델은 전통적인 도제방법을 학교상황에 맞게 새롭게 재구성한 것이다. 이 모델에서 학습자는 전문가인 교사와 함께 실제 상황에서 실제 과제를 중심으로 서로 토의하면서 새로운 지식을 구성하게 된다.[137] 즉, 지식이나 기술은 그것이 실제로 활용되는 상황(사회집단)에 참여를 통해 학습할 때 잘 구성된다고 가정한다.

일반적 도제와 차이: 일반적인 도제와의 차이는 기존의 도제가 물리적인 것을 익히는 것이라면 인지적 도제는 **인지활동 계발에 초점**을 둔다. 전통적인 도제에서 교수자는 직접적인 교수활동을 하지만 인지적 도제모델은 학습자가 스스로 구성하는 능동성을 강조하기 때문에 교사는 보조역할(scaffolder)만 할 뿐이다. 인지적 도제이론은 비고츠키의 근접발달영역(ZPD) 이론에 기초한다.[138]

학습의 단계

모델링, 스캐폴딩, 페이딩(fading)의 세 가지가 핵심 단계이다. 페이딩은 학습자가 혼자서 문제해결을 할 수 있도록 교수자의 지도, 안내를 차츰 줄이거나 중지하는 것이다.

- 1단계(모델링): 전문가가 학습자에게 시범을 보이는 단계이다. 전문가는 내면적인 인지(처리)과정을 외현적인 활동(과제수행)으로 시범을 보이고 학습자는 관찰한다.
- 2단계(코칭): 전문가의 시범을 관찰한 후 학습자가 과제를 수행할 때, 전문가는 **힌트**와 **조언**을 한다. 코칭은 직접적인 도움이 아닌 학생이 스스로 문제를 해결하도록 **암시나 단서**를 제공하는 것이 좋다. 코칭의 과정에서 학습자는 다른 사람(특히 전문가)의 수행과 자신의 수행을 비교한다(성찰지도).

- 3단계(스캐폴딩, scaffolding): 과제 수행 도중 학습자가 문제에 봉착하면 전문가가 모델링, 피드백, 공동 과제수행 등을 통해 도움을 주는 단계이다. 스캐폴딩은 필요한 경우만 제공하고, 학습자가 과제수행에 익숙해지면 차츰 줄여나간다. 스캐폴딩은 학습자의 근접발달 영역 내에서 도움을 주는 것이 좋다.
- 4단계(명료화, articulation): 학습자가 과제수행을 통해 자신이 구성한 지식과 이해를 명료하게 설명하거나, 수행을 시범보이는 단계이다. 이 과정을 통해 학습자는 지식, 문제해결과정과 전략 등을 정리하고 암묵적 지식을 분명하게 재조직하게 된다. 명료화의 장점은 첫째 내재적 지식을 명료화하고, 둘째 지식을 다른 과제에 보다 쉽게 활용하도록 하며, 셋째 같은 방법을 다른 맥락에 활용할 수 있도록 하고, 넷째 동료의 명료화 과정을 보면서 대안적 관점을 가지게 한다.[139]
- 5단계(반성, 성찰, reflection): 전문가의 과제수행과 나의 과제수행을 비교함으로써 문제를 찾고 이를 수정하는 과정이다. 이 과정에서 학습자는 자신의 과제수행을 되돌아보고 발전적인 전략을 세운다.
- 6단계(탐색, exploration): 학습자가 전문가의 도움없이 스스로 문제해결을 위한 가설이나 전략 설정, 문제해결을 탐색하는 과정이다. 이러한 과정을 통해 학습자는 점차 독립적인 전문가가 되어간다.

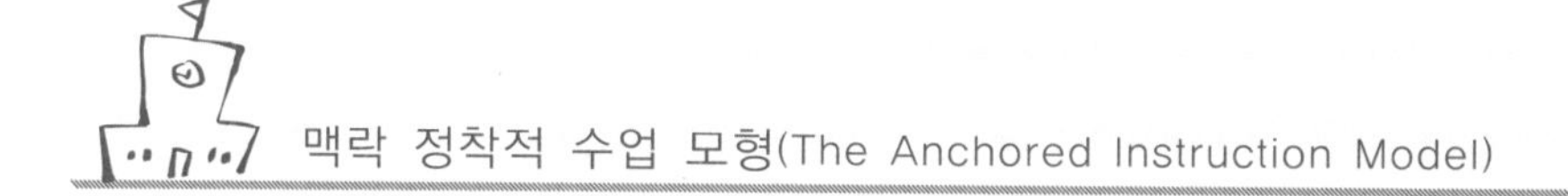
맥락 정착적 수업 모형(The Anchored Instruction Model)

문제가 발생하고 해결되는 실제 맥락 중시: 앵커(anchor)는 문제가 발생하는 구체적인 상황이나 맥락을 의미한다. 지식, 기능, 가치와 태도는 문제가 발생하는 고유한 맥락 속에 정착되어야 한다는 수업(교수학습) 모형이다.[140] 학습은 문제가 발생하는 실제적이고 구체적인 맥락에서 발생한다. 따라서 맥락 정착적 수업 모형은 문제가 발생하고 해결되는 실제 맥락을 배경으로 지식을 학습할 때 지식의 전이가 활발하게 발생한다고 주장한다.[141]
미국 반더빌트대학의 인지학습공학그룹(CTGV: the Cognition and Technology Group at Vanderbilt)에서 개발한 교수학습 프로그램이 대표적인 맥락 정착적 수업이다.[142] 이 수업은 유의미한 학습을 위해서는 지식이 사용되는 맥락에 대한 정보가 중요하다는 원리를 적용했다. 교수학습 프로그램으로는 학생 주도의 문제해결 학습 환경에서 비디오 매체를 사용하여 수학을 배우는 재스퍼 시리즈(the Jasper Series)와 비디오-디스크를 사용하여 국어 및 사회 과목에 적용한 어린이 명탐정 프로젝트(the Young Sherlock Project)가 있다.* 주요 특징은 학습자 중심, 맥락적인 지식 중심, 평가 중심, 공동체 중심이라고 볼 수 있으며, 교수학습의 주요 원리는 아래와 같다.[143]

- 특정(구체적) 맥락(상황) 전제: 특정 맥락(상황)을 전제로 문제를 형성(정의)하고 해결한다.
- 매체 활용 복잡한 문제 상황 제시: 매체(동영상, 컴퓨터 등)를 활용하여 문제 상황을 제시한다. 여기서 제시되는 문제 상황은 정답이 정해진 상황이 아닌 다양한 유형의 문제 해결을 허용한다.[144] 매체 사용은 학습자의 동기부여 촉진, 풍부한 배경 정보 제시 및 문제 상황에 대한 인지적 이해를 돕는다.
- 스토리텔링 형식 전개: 실제 삶과 관련된 친근한 과제를 이야기 형식으로 제시하여 문제 해결을 위한 유의미한 상황을 제시한다. 학습자가 기억하기 쉽고, 학습자의 몰입을 촉진한다. 학습내용과 일상생활을 쉽게 연결시킬 수 있다.[145]
- 학생 주도이며 생성적(emerging) 문제해결 학습: 문제 형성부터 해결 및 평가의 모든 과정을 학생 스스로, 능동적으로 주도한다.[146] 학습자는 정답이 정해진 과제가 아닌 다양한 대안을 허용하는 과제를 실제 상황에서 동료와 협력적으로 맥락에 적절한 해결책을 만들어가는 생성적 학습을 한다.
- 여러 사실적 자료 함축 제시: 문제해결을 위한 자료가 이야기 속에 모두 함축적으로 제시되어 있다.
- 비슷한 주제의 다양한 응용: 학습 내용의 전이를 유발하기 위해 비슷한 문제 상황을 여러 번 제시하여 반복 학습을 한다.
- 통합학습(교육과정과 연계성): 문제가 발생하는 맥락(앵커)을 중심으로 문제 해결에 필요한 여러 교과목의 다양한 지식을 유기적으로 연계하면서 통합적으로 배운다.
- 협동학습: 문제 해결 과정에서 학습자는 동료, 교사 및 여러 교과 내용 등과의 상호작용을 통해 지식을 구성한다.

* 재스퍼 시리즈와 어린이 명탐정 프로젝트의 구체적인 교수학습 방법에 대해서는 다음의 자료를 참조하시오. Cognition and Technology Group at Vanderbilt. (1990). Anchored instruction and its relationship to situated cognition. *Educational Researcher, 19*(6), 2-10. Young, M. F., & Kulikowich, J. M. (1992). Anchored Instruction and Anchored Assessment: An Ecological Approach to Measuring Situated Learning. https://files.eric.ed.gov/fulltext/ED354269.pdf

문제중심학습(PBL)

문제중심학습은 의과대학 수업모형으로 시작이 되었다. 이것은 실제상황 속의 복잡하고 비구조화된 문제를 동료와 같이 협동을 하면서 해결책을 찾아가는 학습모형이다. 사례로는 의대, 경영대, 법대의 사례 중심 수업(case study)이 예이다. 문제중심학습에서 다루어지는 문제는 정답이 정해진 것이 아닌, 다양한 대안을 허용하는 문제로서 복잡하고 비구조화된 문제일수록 좋다(문제의 복잡성). 또한 학생이 흥미와 관심을 유발시키는 문제일수록 좋다.

문제중심학습은 문제해결 자체보다 문제해결과정에서 배우는 지식, 비판적 사고력, 문제해결능력, 협동심 등을 중시한다. 문제중심학습을 통해 학습자는 내용지식, 문제해결능력, 의사소통능력, 협동심 등을 배우게 된다.[147]

- PBL 학습목표: 학습자가 문제에 대하여 해결안 혹은 견해나 입장을 전개(develop)하여 제시하고, 설명하고, 나아가 옹호(defense)할 수 있어야 한다.[148]

  문제중심학습의 주요 특징은 다음과 같다.
- 비구조적인 문제상황: 문제중심에서 다뤄지는 문제상황은 비구조적이다. 학습자는 문제해결을 위해서는 문제가 무엇인지, 해결을 위해 무엇이 필요한지 등의 해결 전략을 세운다.

표 2-15 구조적인 문제와 비구조적인 문제 비교[149]

구조적인 문제	비구조적인 문제
문제 파악이 쉽다.	문제 파악이 쉽지 않는다.
문제해결에 필요한 정보가 같이 제공된다.	문제해결에 필요한 정보가 제공되지 않아 학습자가 만들거나 찾아야 한다.
해결책이 하나이거나 미리 정해져 있다.	여러 다양한 해결책 생성이 가능하다.

- 실제적인 문제: 문제는 실제 상황과 관련된, 구체적인 문제일수록 좋다.
- 자기주도성(학습자 중심): 학습자는 자기주도적으로 문제해결과정을 이끌어 간다. 이 때 교수자의 역할은 직접적인 도움을 최소로 하면서 문제해결에 필요한 질문, 단서, 암시 등을 제공할 뿐이다.
- 협동학습: 학습자는 서로 협력하여 문제해결을 시도하고 이 과정에서 각자가 역할분담을 한다. 동료의 역할 수행을 관찰하는 것은 자신의 역할 수행이 도움이 될 뿐만 아니라, 자신의 사고를 확대하는 데에도 유익하다.[150](물론, 개별학습 시간도 갖는다.)

문제중심학습의 과정은 다음과 같다.

- **문제상황제시**: 교수자가 실제적이고 구체적인 문제상황을 제시한다.
- **문제 파악**: 학습자는 문제상황을 파악한다(무엇이 문제인가?).
- **문제 정의**: 문제를 구체적으로 정의한다.
- **가설 설정**: 문제해결에 필요한 가설을 설정한다.
- **가용가능한 지식이나 자료 목록 작성**: 문제해결을 위해 현재 가용가능한 자료나 지식 목록을 작성한다.
- **추가 자료 탐색**: 문제해결을 위한 추가적 자료나 지식을 탐색한다(문제 해결을 위해 더 필요한 자료나 지식이 무엇인가?)
- **역할분담 및 협동학습**: 문제해결을 위하여 서로 간의 역할분담과 협동학습을 한다.
- **해결책 적용**: 잠재적 해결책을 적용하여 문제해결을 시도한다.
- **평가**: 문제해결과정의 효과성을 평가한다.
- 효과: 실제적인 문제상황은 학습자의 인지 불균형을 초래하여 학습에 대한 흥미뿐만 아니라 지속적인 동기를 유발한다. 또한 지식의 적용가능성(전이)을 높인다. 문제중심학습은 창의적이고 비판적인 사고력 향상에 도움이 된다. 그러나 문제를 정의하고 문제해결에 필요한 자료를 탐색하고 해결책을 찾는 것은 높은 사고능력을 요구한다.

구성주의 교육과정의 사례(키워드: 발달단계(피아제), 근접발달이론(비고츠키), PBL, 협동학습)*

사례 교사는 '특수불법행위'에 대해 가르치기 위해 직소 수업을 준비하였다. 교사는 사전에 성적을 기준으로 5명씩 이질적 모둠을 구성하였다. 모둠 학생들은 각자 소주제를 나눠 맡았고 사전에 조사하여 수업에 참여하였다. 수업 시간에는 각은 주제를 맡은 학생들이 모여 각자 조사해 온 공통의 주제를 공유하며 공부하였고, 원래 모둠으로 돌아와 각자 맡은 주제를 다른 모둠원들에게 가르쳐 주었다. 최종적으로 학생들은 모둠에서 학습한 내용을 학습지에 정리하여 교사에게 제출하였다.

사례 교사는 학생 두 명씩 짝을 지어 주었다. 짝을 지은 두 학생은 학습 범위를 나눠 맡아 미리 학습하고 서로에게 가르쳐 주었다. 교사는 짝 학습이 잘 이루어지고 있는지 관찰하고 어려움을 겪는 학생들을 도와주었다.

해설 구성주의는 크게 인지적 구성주의와 사회적 구성주의로 구분된다. 위의 두 사례는 사회적 구성주의와 관련된 사례들이다. 사회적 구성주의는 지식이 사회(집단)에서 누적된 역사-문화적 형태로 존재한다고 본다. 따라서 타인과의 사회적 상호작용이 학습의 중요한 요소가 된다. 위의 첫째 사례는 모둠학습의 형태인 직소수업이고, 둘째 사례는 짝과 함께 하는 상호교수활동이다. 특히 사회적 구성주의는 협동학습의 이론적 배경이다.

사례 교사는 모둠별로 세계 여러 나라의 음식에 대해 탐구하는 프로젝트 수업을 5차시로 진행하였다. 학생들은 모둠별로 세계의 다양한 국가나 문화권 중에 하나를 정해 음식을 조사하였다. 교사는 학생들이 프로젝트를 진행하는 과정에서 답을 알려주지 않고 안내나 질문을 통해 학생들 스스로 생각하도록 도와주었다. 조사 결과는 모둠원들이 협동하여 발표 자료로 만들어졌고, 수차례 수정과 보완이 이루어졌다. 발표물은 큰 종이, 음식 미니어쳐, ppt 자료 등으로 다양하였다. 학생들은 최종 발표가 진행된 다음에도 다시 한번 발표물을 보완하여 교실에 전시하였다.

해설 이 사례는 PBL의 한 사례이다. PBL은 비구조적이고 실제적인 문제를 학습자가 자기주도적으로 협동하여 해결하도록 한다. 위 사례에서도 학생들은 세계의 음식이라는 흥미로운 주제를 모둠원들과 함께 자유롭게 협동하여 자료를 조사 및 제작하여 발표, 전시까지 진행한다. PBL은 구성주의를 기반으로 구안된 대표적인 학습형태이다.

* 사례들은 「김대석, 박우식, 성정민(2021). 좋은 수업의 이론과 실제. 서울: 박영스토리.」의 내용을 인용한 것으로 더 많은 관련 내용과 사례들은 이 인용서를 참고 바람.

제10절 인간중심 교육과정(The Humanistic Curriculum)*

1. 기본 관점

인간중심 교육운동은 현대교육의 비인간성과 몰개성, 교과가 주인이 되는 것을 비판하면서 1960~70년대 등장하였다. 인간중심 교육운동은 **전인교육을 통한 자아실현**을 목적으로 한다. 인간중심 교육운동은 학생이 만족하는 의미있는 경험을 통해 자아실현을 추구한다. 전인교육 관점에서 아동의 인지적, 정서적, 심동적 측면의 고른 발달을 추구한다.[151]

역사적 유래: 이 관점의 역사적 유래는 18세기 루소까지 올라간다. 아동의 본성을 훼손하지 않는 루소의 자연주의 교육관은 이후 노작교육, 실물교육을 강조한 페스탈로치의 사상으로 이어진다. 이것은 아동중심 교육을 주창한 프뢰벨의 교육 사상으로 이어지고, 이러한 교육사상 등을 배경으로 하여 아동의 흥미와 관심을 중시하는 듀이의 아동중심 교육사상이 탄생한다.

등장배경: 인간중심 교육운동 등장의 직접적 배경은 1950~60년대 학문중심 교육과정과 행동주의 심리학이다. 인간중심 교육운동을 지지하는 사람들은 학문중심 교육과정과 행동주의 학습관이 교과를 도구로 하여 인지발달만을 왜곡되게 추구한다고 비판하였다. 행동주의 심리학에 대한 대안으로 그들은 로저스, 매슬로 등의 인본주의 심리학을 인간중심 교육운동의 배경으로 삼는다. 이유는 인본주의 심리학이 내발적 동기, 주체의 능동성, 정서의 중요성을 강조하기 때문이다. 또한 1960년대 영국의 열린교육운동을 소개한 플라우덴 보고서(The Plowden Report, 1967)도 배경이 되었다.

사례: 인간중심 교육운동의 사례로 영국의 서머힐 학교(Summerhill School), 1960~70년대 영국과 미국에서 나타난 열린교육운동, 1980년대 이후 우리나라에서 생겨난 대안학교 등이 있다.**

서머힐 학교[152]

* 인본주의 교육과정으로도 불린다.

** 초·중등교육법 제60조의3(대안학교)에서는 '학업을 중단하거나 개인적 특성에 맞는 교육을 받으려는 학생을 대상으로 현장 실습 등 체험 위주의 교육, 인성 위주의 교육 또는 개인의 소질·적성 개발 위주의 교육 등 다양한 교육을 하는 학교로서 각종학교에 해당하는 학교'를 대안학교로 정의하고 있다.

경험중심 교육과정과 비슷: 인간중심 교육운동은 여러모로 경험중심 교육과정과 비슷하다. 먼저 아동중심 교육사상을 강조하는 역사적 유래가 같다. 인간중심 교육운동은 아동의 흥미를 중심으로 교육내용을 선정할 것을 주장하는데 이것도 경험중심과 비슷하다. 또한 인간중심 교육운동은 자발적인 목표설정, 아동의 흥미와 능동성을 강조하고 느슨한 공부를 허용한다. 그래서 인간중심 교육은 보수주의자들의 비판을 받는데 이것 역시 경험주의와 비슷하다. 우리나라에서 4차 교육과정에서 인간중심 교육사조를 표방하였다.

2. 자아실현을 위한 교육목적과 교육내용

교육목적: 인간중심 교육사조는 인간의 성장 및 아동의 만족을 통한 **자아실현을 교육목적**으로 한다. 인간중심 교육은 아동의 성장을 최대한으로 신장시키고 만족스러운 삶을 살도록 도와줌으로써 자아실현을 하는 데 교육목적을 둔다.[153]

교육내용: 아동의 자율적인 목표설정을 통해 **자아실현에 유익한 경험**(활동이나 교과목)으로 교육내용을 구성한다.

3. 교수학습 및 평가

- 내적 동기, 능동적인 학습: 아동의 자율적인 목표설정을 통한 내적 동기화와 이를 기반으로 한 자기 주도적 학습을 중시한다.

- 교사–학생의 상호작용(유대관계)을 중시: 교사는 학생의 어려움을 공감하고 조력하거나 학생을 격려하는 따뜻하고 온정적인 교사이다. 인간중심교육에서 교사의 특징은 학생의 말을 공감, 이해 및 경청하고 학생을 존중하는 교사이다. 교사–학생 관계는 정서적이며 동등한 관계이다.*

- 아동의 전인적 성장에 유익한 교육환경 중시: 인간중심 교육에서는 교육환경에 주목한다. 전통적인 학교의 모습은 공장과 비슷하였다.** 즉, 대규모 학급, 과밀학급, 좁은 크기의 교실, 몸에 맞지 않는 책걸상, 비좁은 복도, 한 개의 운동장, 높은 빌딩, 휴식공간이 없는 학교 구조 등은 아동의 전인적 성장에 매우 부정적인 영향을 주었다. 잠재적 교육과

* 서머힐스쿨에서 교사와 학생이 회의를 할 때 지위에 상관없이 모두가 1인 1표를 행사한다. 또한 회의 과정에서 학생들은 교장이나 교사 앞에서 경직된 모습이 아닌, 자유롭고 편안한 자세로 회의에 참가한다(출처: EBS, 학교란 무엇인가. 제10부. 노는 아이들의 기적: 서머힐 스쿨).

** 1장 3절 교육과정에 대한 은유적 표현에서 설명된 클리바드 공장의 모형을 참고할 것(저자 주)(p. 16)

정을 주장한 잭슨(P. Jackson, 1968)은 교육환경과 관련하여 "가장 시급한 교육적 과제는 학교에 인간적이고 편안한 환경을 조성하는 것이다"라고 역설하였다. 이러한 유해한 교육환경은 학교폭력, 집단따돌림 문제 등 전인적 성장에 나쁜 영향을 미친다. 그래서 인간중심 교육에서는 자연친화적 교육환경 조성과 아동의 전인적 성장에 유익한 학교 풍토나 분위기 조성을 강조한다.*

- 소규모 학습 구성: 학급의 규모는 학생 간 상호작용이 가능하도록 소규모로 구성되는 것이 좋다.

- 내발적 동기의 중요성: 인본주의 심리학에서는 주체의 능동성, 이를 통한 아동의 자아실현을 중시하다. 따라서 인간중심교육에서도 아동의 능동성, 자기주도성과 이를 통한 **내발적 동기**를 중요시한다.

- 전인교육: 인간중심 교육에서는 인지, 정서, 심동의 통합적 발달을 추구한다. 따라서 교과 중심의 인지발달 외에도 아동의 정서와 감성 발달도 중시된다.

- 평가: 지필평가 외에도 학생의 자기평가, 면담 등의 다양한 평가방법을 중시하나 근본적으로 평가에 대하여 회의적이다(평가 무용론).[154]

4. 비판

인간중심 교육은 다음과 같은 비판을 받는다. 먼저 교육목적, 교육과정, 교육내용이 구체적이지 않고 논지가 모호하다. 아동의 성장이나 자아실현을 강조하다 보니 사회 속에서 학교나 공교육의 역할에 대한 전반적인 이해가 부족하다. 전통적 교육은 교육목적, 교육과정, 교육내용이 분명하고, 논리적이고 일관적이며 체계적으로 운영된다. 이에 비하여 인간중심 교육은 교육목적, 교육과정, 교육내용이 모호하고, 논리성과 체계성이 부족하다.

인간중심 교육은 아동의 흥미를 중시하고 자유로운 목표설정을 허용하는데, 현장에서는 다양한 개인차를 다 고려하여 교육을 실천하기 어렵다. 인간중심 교육은 학교현장에서 한 번도 실제적이고 체계적으로 실천된 적이 없었다.[155]

인간중심 교육운동은 이성의 중요성을 소홀히 하고 정서의 역할을 지나치게 많이 강조한다고 비판받는다. 또한 자유의지를 지나치게 강조한다고 비판받는다.

---

* 최근 우리나라에서 학교폭력문제를 해결하기 위한 방안의 일환으로 예체능 활동, 스포츠 클럽 등을 시행하고 있지만 운동장과 체육관, 교실이 비좁아서 자유롭게 활동할 공간이 부족한 실정이다(저자 주).

인간중심 교육운동은 인본주의 심리학, 제3세계 심리학, 실존주의, 아동중심교육 등 다양한 논의로 전개되어 완결된(혹은 통일된) 교육과정이라기보다 행동주의 교육사조, 교과중심교육에 대한 대안적 성격이 강하다.

제11절 성취기준 교육과정*

1. 등장배경 및 발달

학문중심 교육과정 운동이 약해지고 1980년대 들어 국제학업성취도 평가에서 미국이 뒤처지는 것으로 나타났다. 또한 미국 교육의 문제점을 지적하는 도서 '위기에 처한 국가'(Nation at risk)가 출간되자 보수주의자들은 위기의식을 가지게 된다. 이에 연방정부와 주정부를 중심으로 학생들의 학업성취도를 국가 경쟁력의 지표로 보고 교과의 학업성취도 향상을 위해 재정지원 및 관련 법을 개정하게 된다.

보수주의자들은 미국 교육이 위기에 처한 원인이 명확한 기준(standard)이 없기 때문이라고 판단하여 기준을 제정할 것을 촉구하였다. 그 결과 여러 주에서 주 교육과정의 **내용기준(성취기준, standard)을 제정**하였으며, 미국수학교사협의회(NCTM) 등의 단체도 교육과정 문서를 검토하여 교육과정과 평가의 기준을 정하여 제시하였다. 또한 학교가 교육의 성과를 잘 달성하였는지를 확인하기 위하여 주 단위 평가 등의 대규모 평가를 실시하였다(책무성 평가). 이 과정에서 주가 제시한 내용기준이나 교과단체에서 제시한 교육과정의 기준을 활용하여 평가의 준거로 삼았다. 한편, 미국의 기준운동 영향으로 우리나라는 7차 교육과정부터 교과별 성취기준을 명확하게 진술하고 있다.

2. 내용기준, 수행기준, 벤치마크[156]

내용기준(성취기준): 교육과정 성취기준(curriculum standards)이라고 하며, 교과목의 중심 내용이다. 학생들이 배워야만 하는 지식과 기능에 대한 상세한 진술로서 여기에는 지식과 기능, 사고력, 공부, 의사소통, 논리적 사고, 각 교과의 본질적 아이디어, 개념, 쟁점, 딜레마 등이 포함된다.

---

* 기준운동(standard movement)으로도 불린다.

수행기준(성취수준, 평가기준): 내용기준에 대한 숙달정도 혹은 성취기준의 달성 정도를 표현하는 기준이다. 성취(수행)수준을 판단할 수 있는 안내나 지침을 의미한다.

벤치마크: 문장으로 진술된 내용기준과 수행기준을 학생의 발달단계(학년)에 적합하게 그 의미를 규정한 것으로 기준을 지식과 기능으로 상세히 표현한 것이다. 교육 후 학습의 결과로서 나타나는 것을 상세화하고 구체화한 것이다.

3. 주요 특징

기준을 명확히 진술할 것: 기준운동의 핵심은 전이가 잘 되는 지식이나 기능을 중심으로 기준을 진술하고 학습내용을 선정하고 이를 통해 교과의 학업성취도를 높이자는 것이다. 특히 읽기, 수학, 과학, 역사 등의 학업성취도 향상을 강조하였다.

기초학습능력 중시: 기준운동은 학교에서 읽기, 쓰기, 수학, 과학 등의 기초학습능력 향상을 중시하는 것으로 전개되었다. 그래서 기초복귀(back to basis) 운동으로도 불린다.

평가기준 강조: 교육과정과 수업 설계 시 기준을 평가의 준거로 활용할 것을 강조하였다. 그래서 위긴스와 맥타이(G. Wiggins & J. McTighe)가 제시한 교육과정과 수업설계 절차는 학습목표설정 → 평가기준 설정(수용할 수 있는 기준 설정) → 목표달성을 위한 교수학습활동 계획 순이다. 이것은 평가가 뒤에서 제시되는 타일러의 모형에 비하여 평가가 앞에서 강조된다고 하여 **백워드 설계**(backward design)라고 한다.

학문중심교육의 부활: 명확한 성취기준 진술, 전이가 잘 되는 지식 중시, 읽기, 수학, 과학의 학업성취도 향상 등을 강조하는 기준운동은 행동주의 학습이론과 결합한 학문중심 교육과정의 새로운 부활로 볼 수 있다.

4. 의의 및 비판

기준운동은 학습목표를 진술할 때 교수활동 중심에서(무엇을 가르칠 것인가) 학습활동 중심으로(무엇을 배웠는가) 기술하는 데 기여하였다. 성취기준 중심의 평가를 통해 학교교육의 질 개선에 기여하였다. 또한 자율성 혹은 다양성만 추구하는 기존 교육시스템에 통일성을 부여하는 계기가 되었다.

그러나 기준운동은 외적인 행동을 중심으로 기준이 진술되기 때문에 창의력, 비판력 등의 고등정신능력과 정서나 감정 등의 내적인 측면을 소홀히 다룬다. 또한 모든 교과에서 기준이 명료하게 설정될 수 있는 것은 아니다. 학생이 처한 환경이 서로 다름에도 불구하고 동일한 성취수준을 설정하는 것은 환상이며 오히려 교육적 불평등을 초래할 수 있다. 기준운동이 모든 학생의 성취수준을 높일 수 있다는 것은 환상이다. 동일한 기준과 평가를 강조하는 기준운동은 교육에 대한 국가의 통제를 강화함으로써 교사나 학교의 자율성이 침해될 수 있다.

제12절 재개념주의 교육과정

1. 기본 관점

1970년대 이후부터 일군(一群)의 학자들이 전통적으로 해석해온 교육과정의 의미를 재개념화하면서 교육과정을 새롭게 해석하였다. 바로 재개념주의자들(reconceptualists)이다. 이들이 주장하는 일련의 교육과정을 '재개념주의 교육과정(reconceptual curriculum)'으로 명명한다.*

쿠레레의 의미를 재개념화함: 재개념주의자들은 교육과정을 학교에서 배우는 교과목이나 경험을 넘어 '삶의 이력' 혹은 '삶의 궤적(軌跡)(course of life)'으로 확대해석한다. '쿠레레(currere)'의 본래 의미를 회복하고자 하는 것이다. 쿠레레는 학교에서 학생들이 교육을 받으면서 듣고, 느끼고, 생각하는 모든 개인적 · 주관적 경험을 의미하며, 재개념주의자들은 이들 경험을 **자서전적 방법론**을 통해 생생하게 그려내어 그 의미를 밝히려고 한다.

교육과정의 정의: 교육과정은 사전에 정해진 교육목표를 향해 달려가고 교육이 끝났을 때 나타나는, 학생이 할 수 있는 기능, 능력, 산출물이 아니다. 교육과정은 개인의 **삶의 궤적이며 그것은 자신의 삶에 대한 자서전적 해석**이다. 이것의 의미는 자신의 살아온 과거 경험을 타인과 자서전적 대화를 통해 해석하면서 자신과 타인 및 세계에 대한 이해가 곧 교육과정이란 의미이다.

교육과정의 범위: 삶의 궤적으로 교육과정은 그 개념이 매우 확대된다. 그것은 교과교육과정은 물론 교과외교육과정을 포함하며, 학교 교육과정은 물론 학교 밖의 가정과 사회에서 학생이 겪는 경험까지 포함하게 된다. 또한 잠재적 교육과정도 포함한다.

* 학자에 따라서 재개념주의 관점으로 명명하기도 하나 본서에서는 재개념주의 교육과정으로 명명한다.

표 2-16 재개념주의 교육과정의 범위

<table>
<tr><th colspan="2">학교교육과정</th><th>학교 밖 경험</th></tr>
<tr><td rowspan="2">공식적 교육과정</td><td>교과교육과정</td><td rowspan="3"></td></tr>
<tr><td>교과외교육과정</td></tr>
<tr><td colspan="2">잠 재 적 교 육 과 정</td></tr>
</table>

전통적 의미의 교육과정과 비교: 교육과정에 대한 전통적인 해석을 학생이 학교에서 교과서를 중심으로 배우는 학습내용 혹은 경험으로 하는 것과 달리, 재개념주의자들은 교육과정을 개인에 따라 다양하고 유동적인 것으로 본다. 전통적인 교육과정이 교과서에 있는 객관적인 내용이나 경험을 강조하는 반면, 재개념주의 교육과정은 개인이 처한 상황에 따라 달리 해석되는 주관적 경험과 타 경험과의 관계를 중시한다. 전통적인 교육과정이 학교 교육과정으로 대표되는 공식적 교육과정에 한정된다면, 재개념주의 교육과정은 학교 교육과정은 물론, 학교 밖 경험까지 포함하며 동시에 잠재적 교육과정도 포함한다. 한마디로 재개념주의자들은 쿠레레를 삶의 궤적(혹은 경주로)을 달리면서 개인이 겪는 다양한 경험을 자서전적 대화를 통해 해석하면서 형성한 나름의 의미로 본다. 또한 개인을 자신의 삶의 궤적을 스스로 찾거나 혹은 없으면 만들어 가는 능동적인 존재로 간주한다.

표 2-17 전통적 교육과정과 재개념주의 교육과정의 비교

<table>
<tr><th>전통적</th><th>1970년대
이후</th><th>재개념주의</th></tr>
<tr><td>학생과 무관하게 고정된 교육과정</td><td rowspan="7">⇒
재개념화</td><td>학생에 따라 유동적인 교육과정</td></tr>
<tr><td>수동적 학생 가정</td><td>능동적 학생 가정: 학생이 능동적으로 경험하는 교육과정</td></tr>
<tr><td>공통교육과정이 강조됨</td><td>선택 교육과정이 강조됨</td></tr>
<tr><td>교과서를 중심으로 모두가 겪는 객관적 내용이나 경험이 강조됨</td><td>개인의 주관적 경험 및 타 경험과의 관계를 강조</td></tr>
<tr><td>학교 교육과정에 한정</td><td>학교 교육과정은 물론 학교 밖 경험까지 포함</td></tr>
<tr><td>공식적 교육과정에 한정</td><td>잠재적 교육과정을 포함</td></tr>
<tr><td>교과목(Course of Study)으로서 교육과정</td><td>개인의 삶의 궤적(Course of Life)으로서 교육과정</td></tr>
</table>

2. 주요 특징

생성적 교육과정(emerging curriculum): 재개념주의자들은 교육과정을 고정된 것으로 보기보다 개인이 자신에게 유의미한 교육과정을 능동적으로 만들고 생성해 가는 것으로 본다.

불평등, 억압을 극복하고 해방을 추구함: 재개념주의자들은 인종, 성, 사회경제적 지위 같은 경제적 · 이데올로기적 맥락에서 개인을 속박하는 불평등 · 억압 문제를 극복하고자 한다. 재개념주의자들은 개인의 과거 경험을 분석하여 현재를 이해하고 미래를 상상하는, **쿠레레의 방법**을 통해 개인을 속박하는 제약을 타파하여 해방까지도 추구한다. 특히 사회구조나 제도 등의 거시적 맥락보다 개인적 측면에서 불평등 · 억압 문제의 원인과 극복을 마련하고자 한다. 따라서 개인의 내적 · 주관적 경험을 이해하는 데 관심을 가지며 이를 위하여 **자서전적 방법론**을 강조한다.*

다문화 교육과 밀접: 재개념주의는 실존주의 철학사조, 포스트모더니즘의 영향을 받았으며 다문화 교육과도 밀접하다.

대표학자: 파이너(W. Pinar), 그루메(M. Grumet) 등이 재개념주의를 대표하는 학자들이다.

3. 쿠레레의 방법과 자서전적 방법

재개념주의자들은 개인을 속박하는 불평등, 억압, 이데올로기 등을 타파하기 위해서 우선 개인이 과거에 겪은 경험을 이해하려고 한다. 이를 위해서 쿠레레의 방법론과 자서전적 방법론을 사용한다. 파이너는 개인이 자신의 경험을 분석하여 자신의 실존적 의미를 찾는 방법으로 쿠레레의 방법을 제안하였다. **쿠레레 방법론**은 4가지로 구성된다.

① 소급단계: 과거 경험에 대해 글을 쓴다. 자유 연상을 통해 과거를 회상하고 과거 경험을 생생하게 그려낸다.
② 전진단계: 아직 나타나지 않은 미래를 자기성찰을 통해 상상한다.
③ 분석단계: 글로 표현된 자신의 과거 경험에 대해 교사나 타 학생들과 대화를 통해 분석한다. 자신과 타인의 경험을 비교하기도 한다.
④ 종합단계: 현재로 돌아와서 자신의 목소리에 주의를 기울이고 그것이 갖는 의미를 되새긴다.

* 반면 같은 비판적 교육학자에 속하는 애플(M. Apple) 같은 학자들은 개인을 속박하는 불평등 · 억압 문제를 극복하기 위해서 사회제도, 교육제도, 이데올로기 등과 같이 사회의 거시적 · 구조적 맥락에 관심을 가진다.

파이너는 쿠레레의 방법을 교육장면에서 사용할 목적으로 자서전적 방법론을 제안하였다. 자서전적 방법론은 세 가지로 구성된다.

① 자신의 과거 경험을 있는 그대로 기술한다.

② 자신의 쓴 글에 대하여 타인(교사나 학생들)과 대화하면서, 과거 자신의 행동과 사고를 결정하였던 가정이나 이념체계가 무엇인지를 검토하고, 자신과 타인 및 세계에 대하여 새로운 인식과 전망을 한다.

③ 타인의 경험을 분석한다. 이 과정을 통해 교육이 개인에게 미치는 영향을 인식하면서 교육의 표면적 모습과 근원적 모습(본래의 모습)을 구분하게 된다.[157]

제13절 다문화 교육과 교육과정

1. 기본 관점

뱅크스[158]

다문화 교육의 출현: 동화주의에서 다문화주의로의 이행

미국에서 다문화 교육의 개념이 등장한 시기는 1970년대이다. **뱅크스**(J. A. Banks)는 미국 사회의 다문화 교육의 발생 과정을 네이티비즘(1800~), 용광로 이론(1900~), 민족교육(1920~), 집단 간 교육(1950~), 새로운 다원주의(1960~), 다문화 교육(1970~)의 단계로 구분했다.* **샐러드 볼**(Salad bowl) **이론** 혹은 **모자이크**(Mosaic) **이론**은 **다문화주의**(multiculturalism)에서 강조하는 이론이며, **용광로**(Melting pot) **이론**은 일반적으로 **동화주의**(assimilationism)에 초점을 둔 이론이다.**

* 램지, 볼드, 윌리엄스(Ramsey, Vold & Williams)는 미국 다문화 교육의 발전과정을 5단계로 구분했다. 이들은 네이티비즘 시기를 제외했으며, 연대 구분은 뱅크스와 유사하다. 용광로 이론 시기(1900~), 앵글로주의 통합 시기(1920~), 인종차별 폐지 시기(1950~), 민족연구 부흥 시기(1960~), 문화 다원주의 시기(1970~)로 구분된다. 최근 '다문화'가 가지는 부정적 낙인효과와 제한적 의미를 고려해 '이주배경'이라는 용어의 사용을 제한하였다.

** 동화주의와 용광로 이론은 개념적으로 구분되기도 한다. 즉, 동화주의는 신이민자들이 가진 원래 문화를 포기하고 주류 문화가 된 구이민자의 문화를 수용할 것을 요구하는 반면, 용광로 이론은 이민자들의 다양한 문화가 용광로에 녹여 져서 새롭고 풍부한 문화가 창출됨을 의미한다. 하지만 현실적으로 용광로 이론은 동화주의에 가까운 의미로 수용되는 경향이 있다.

상상의 공동체: 20세기 후반에 민족을 실재가 아닌 '상상의 공동체'*로 보는 관점이 등장했다.

세계화로 인한 다문화 사회로의 진입: 다문화 사회는 건국 초기부터 다양한 인종과 문화로 구성된 국가와 비교적 동질의 문화를 가진 국가들이 세계화로 인한 다양한 인종, 언어, 문화의 유입으로 다문화 사회로 진입한 국가로 구분할 수 있다. 우리나라는 후자의 경우에 속한다.

국내의 다문화 교육: 다문화에 대한 국내의 학술적인 논의는 1980년대부터 시작되었으나, 다문화 교육에 본격적인 관심을 가진 것은 2006년 **하인즈 워드**(Hines Ward)의 방한과 교육부의 '다문화가정 자녀 교육지원 대책'이 발표되면서 부터이다.[159]

다문화 교육의 개념[160]

- **뱅크스**(Banks)는 다문화 교육을 "교육철학이자 교육개혁 운동으로 교육기관의 구조를 바꾸어 학생들에게 평등한 교육 기회를 제공"하는 것으로 보았다. 교육기관의 구조는 인식의 구조를 의미하며, 뱅크스는 교육과정 개혁을 통한 다문화 교육을 강조했다.
- **베넷**(C. I. Bennett)은 다문화 교육을 ① 평등교육을 목표로 ② 교육과정 개혁을 통하여 주류집단과 소수집단의 모든 구성원이 ③ 다문화적인 능력을 배양하여 궁극적으로는 ④ 사회정의를 향한 교육에 참여하는 것으로 정의했다.
- **다문화 교육은 학습자가 자신이 속한 집단에 상관없이 평등한 교육을 보장받도록 하는 교육이며 궁극적으로 다양한 문화를 인정하고 존중하며 이러한 가치와 태도를 행동으로 실천하는 교육이다.** 즉, 다문화 교육은 모든 인간에게 평등한 교육을 보장하면서 인종, 민족, 언어, 문화뿐만 아니라 다양한 사회 계층, 성별, 종교에 대한 긍정적인 태도를 형성하고 타인의 존재를 인정하는 것이다. 다문화 교육을 통해 우리는 평등의 가치를 함양하고 편견이나 선입견에 대해 비판적인 사고를 형성함과 동시에 다양한 문화적 사고를 하는 사람들과 더불어 살 수 있는 실천 의지와 실행 방법을 모색해야 한다.[161]

다문화 교육과 교육과정의 관계: 베넷은 다문화 교육이 교사의 가치관이나 기대, 학생의 태

* Anderson, B. (2006). *Imagined communities: Reflections on the origin and spread of nationalism*. NY: Verson. 앤더슨은 민족주의를 실재의 공동체인가 아니면 상상의 공동체인가에 대한 논의를 전개하고 있다. 그는 민족주의를 인종, 민족, 국가와 같은 구체적 실재를 토대로 하면서 문화, 예술, 언어와 같은 요소를 통하여 강화되는 경향이 있음을 진술하고 있다.

도, 학교의 분위기와 규칙 등과 같은 잠재적 교육과정에 의해 주류집단 및 소수집단 학생의 인식과 가치 및 태도에 영향을 준다는 점을 강조했다. 하지만 다문화 교육은 잠재적 교육과정뿐만 아니라 교과서와 교과 내용을 통한 공식적 교육과정을 통해서도 이루어진다. 교과서에 등장하는 인물의 이름, 성별, 인종뿐만 아니라 삽화 등을 통해 문화적인 편견과 차별이 발생할 수 있다. 따라서 진정한 다문화 교육을 위해서는 교육과정에 대한 개혁이 필요하다.[162]

2. 다문화 교육의 범주와 내용

뱅크스는 다문화 교육의 범주를 내용 통합(content integration), 지식 구성과정(knowledge construction process), 편견 감소(prejudice reduction), 평등교육(equity pedagogy), 학교 문화와 사회구조의 권한 부여(empowering school culture)로 제시했다.[163] 베넷은 다문화 교육의 범주를 교육과정 개혁(다양한 관점에서 교육과정 재검토), 평등교육(평등지향, 기회의 평등, 과정의 평등), 다문화적 역량(자신의 문화 및 타인의 문화적 관점 이해), 사회정의(모든 유형의 차별과 편견에 저항, 특히 인종, 성, 계급에 대한 차별주의에 저항)로 구분했다.[164]

3. 다문화 교육과정 모형

가. 베이커(G. C. Baker)의 기본 교육과정 설계 모형

베이커는 다문화 교육을 위한 교사 양성 · 연수 모형을 제안했다. 그의 모형은 습득(Acquisition), 발전(Development), 개입(Involvement) 단계를 포함한다.[165] 다문화 교육에 폭넓게 적용되는 기본 모형이다. 국내에서는 베어커의 습득, 발전, 개입 단계와 게이(G. Gay)의 지식, 태도, 실행의 단계를 통합하여 ① 지식습득 단계, ② 태도발전 단계, ③ 실행개입 단계로 다문화 교육과정 설계 모형이 구안되었다.[166]

나. 뱅크스의 다문화 교육과정 통합 모형

뱅크스는 다문화 교육과정 운영을 통합적인 관점에서 5가지 접근방법을 제시했다. 기여적 및 부가적 접근방법은 교육과정의 변화 없이도 적용가능하나, 전환적 및 사회 행동적 접근방법은 교육과정의 변화가 수반되어야 한다. 그는 주류문화의 한계를 벗어나 다양한 소수문화를 이해하고 존중하기 위해서는 전환적 접근방법 및 사회 행동적 접근방법으로까지 나가야 함을 주장했다.[167]

표 2-18 뱅크스의 다문화 교육과정 운영의 특징과 한계

접근방법	교육과정 운영	특징	한계
기여적	축제, 기념일 등 특정한 날에 다문화 교육을 이벤트성 행사로 진행	전문성이 없어서도 학교에서 다문화 교육을 쉽게 적용함	다문화 교육에 대한 피상적인 이해
부가적	다문화 교육 내용을 수업의 일부로 수용하여 포함	다문화 교육을 위한 교수학습 계획의 부분적 수정과 보완	학교 교육과정의 목표와 다문화 교육에 대한 목표가 서로 연계되지 못함
전환(변혁)적	학교 교육과정을 다문화적 관점에서 근본적으로 재구성	교육과정의 변화	권력관계에 대한 이해(분석) 부족으로 다양성을 위한 다양성 추구에만 그침
사회적 행동(의사결정 및 사회적 행동)	학교 교육과정에서 사회변혁을 위한 학생의 참여 및 행동 강조	사회적 불평등과 차별 해결을 위한 실천 활동	다문화 교육의 이상향이지만, 실행 여건 마련이 어려움
혼합적	학교 및 교실 환경에 따른 다양한 다문화 교육과정 접근 방법 수정 · 보완 · 실행	위의 4가지 접근방법을 절충하거나 선택해서 활용	학교 및 교실 상황에 따라 다문화 교육의 성격이 달라지는 비체계성

다. 베넷의 종합적 교육과정 개념 모형

베넷은 다문화 교육의 핵심 가치를 인간 존엄과 권리 존중, 문화적 다양성에 대한 인정과 존중, 세계 사회에 대한 책임감, 지구보전으로 보았다. 그의 종합적 교육과정 개념 모형은 다문화 교육의 목적을 효과적으로 실행하기 위해, 즉 학습자의 다문화적 지식(이해), 기술(행동), 가치와 태도, 행동을 개발하기 위해 의도적으로 계획된 학교에서의 경험에 중점을 두었다.

베넷의 모형은 ① 다문화적 역사 관점 개발, ② 문화적 인식 강화, ③ 문화 간 이해 능력 강화, ④ 인종 · 성별 등의 편견과 차별에 대항, ⑤ 지구 상황과 세계적 역학 관계 인식, ⑥ 사회적 행동 기술의 향상이라는 6단계로 구성되어 있다.[168]

라. 포드-해리스(Ford & Harris)의 다문화 교육과정 수업 설계 및 평가 모형

포드-해리스는 뱅크스의 다문화 교육과정 개혁 모형(4가지 접근방법)과 블룸(Bloom)의 교육목표 분류학(인지적 목표의 6단계)을 기초로 교사가 다문화 교육과정 수업을 설계하고 평가할 수 있는 준거의 틀을 제시했다. 즉 뱅크스의 기여적, 부가적, 전환적, 사회적 행동 접근 방법과 블룸의 지식, 이해, 적용, 분석, 종합, 평가 영역에 따른 구체적인 준거 기준을 매트릭스로 만든 것이다. 1999년에 출간된 포드-해리스(블룸-뱅크스)의 다문화 교육과정 수업 설계 및 평가 매트릭스는 2011년 포드에 의해 개정되었다. 2001년 **앤더슨과 크래스월**(Anderson & Krathwohl)이 블룸의 목표분류학을 개정해서 만든 **신목표분류학**의 일부 내용을 포드는 다문화 교육과정 수업 설계 및 평가 준거 틀에 다시 적용한 것이다.[169]

표 2-19 포드-해리스의 다문화 교육과정 수업 설계 및 평가 준거 틀

단계	알기	이해하기	적용하기	분석하기	평가하기	창안하기
기여적 접근	학생은 문화 유물, 사건, 집단, 다른 문화적 요소 등에 대한 사실을 배우고 안다.	학생은 문화 유물, 집단 등에 대한 정보의 이해를 보인다.	학생은 문화 유물, 사건 등에 대해 배운 정보를 적용할 수 있다.	학생은 문화 유물, 사건 등에 관한 정보를 분석(비교와 대조)할 수 있다.	학생은 문화 유물, 집단 등에 기반한 사실과 정보를 평가할 수 있다.	학생은 문화 유물, 집단 등에 기반한 새로운 결과물을 창안할 수 있다.
부가적 접근	학생은 문화적 집단에 대한 개념과 주제를 배우고 안다.	학생은 문화적 개념과 주제를 배우고 이해할 수 있다.	학생은 문화 개념과 주제에 관해 배운 정보를 적용할 수 있다.	학생은 중요한 문화 개념과 주제를 분석할 수 있다.	학생은 문화적 문제, 개념, 주제를 비판하고 평가할 수 있다.	학생은 문화적 개념과 주제에 관한 중요한 정보를 종합할 수 있다.
전환(변환)적 접근	학생은 중요한 문화적 요소, 집단 등의 정보를 받고, 다양한 관점에서 이를 이해할 수 있다.	학생은 중요한 문화 개념과 주제를 다양한 관점에서 이해하는 것을 배우고 이해를 묘사할 수 있다.	학생은 중요한 개념과 주제를 다양한 관점에서 이해한 것을 적용할 수 있다.	학생은 중요한 문화 개념과 주제를 하나 이상의 관점에서 검토할 수 있다.	학생은 중요한 문화적 개념과 주제를 다양한 관점에서 비판, 판단, 평가할 수 있다.	학생은 자신의 새로운 관점이나 다른 집단의 관점에 근거해 하나의 결과물을 창안할 수 있다.
사회행동 접근	학생은 문화 유물 등에 대한 정보에 근거하여 사회적 행동을 위한 제언을 한다.	학생은 중요한 개념과 주제에 대한 이해를 기반으로 사회적 행동을 위한 제언을 한다.	학생은 중요한 사회 · 문화적 문제에 대한 이해를 적용하고, 이 문제에 대한 제언을 하고 행동을 취한다.	학생은 다양한 관점에서 사회 및 문화 문제를 분석할 수 있고, 이 문제에 대해 행동을 취한다.	학생은 중요한 사회 및 문화적 문제를 비판하고, 변화시킬 방법을 찾는다.	학생은 사회 및 문화적 문제를 해결할 행동 계획을 창안하고, 변화를 추구한다.

4. 자유주의적 및 비판적 다문화주의와 다문화 교수학습 지향점

가. 자유주의적 다문화주의와 비판적 다문화주의

- 자유주의적(다원주의적) 다문화주의: 개인은 다양한 문화를 접하면서 혼란과 갈등을 겪게 된다. 이런 과정을 통해 자국 문화에 대한 정체성을 형성하고, 사회에 대한 개념이 확대되면서 문화에 대한 다문화적 태도를 확장한다.

- 비판적 다문화주의: 문화에 대한 정체성 형성 및 문화 다양성 이해와 존중을 함양시키는 것으로는 충분하지 못하다. 더 나아가 평등과 정의가 아닌 억압적 관계를 만드는 사회 구조의 변화를 도모하고 인종주의와 불의에도 적극적으로 대응해야 한다.

나. 교수학습 지향점

다문화 교육의 교수학습의 지향점은 국내적 다양성, 국제적 다양성, 국내적 공평과 정의, 국제적 공평과 정의로 구분하여 교수 전략을 수립하여 실천해야 한다. 학습자 자신의 정체성, 학습자가 속한 사회의 다양성, 평등, 정의, 세계 시민성, 새로운 미래 사회를 위한 창조성이 다문화 교육의 교실 수업이 추구해야 할 지향점이다.

5. 한계 및 비판[170]

- 다문화 교육은 서구 보편주의 사상에 내재된 하나의 이데올로기일 뿐이다. 다문화 교육은 '긍정적이고 따뜻한 은유'로 간주되기는 하지만 다문화주의의 다문화성이나 이데올로기적 측면은 소홀히 다루기 때문이다.
- 다문화 교육은 문화적 차이 이면에 존재하는 집단 사이의 정치 · 사회적 갈등을 다루지 못하게 되면서 탈정치화 혹은 탈맥락화 된다. 즉 문화적 차이만이 집단 갈등의 원인으로 제시되면서 문화적 차이와 정치 · 사회적 연관성이 제대로 조명되지 못할 가능성은 높아진다.
- 다문화주의는 문화적 차이들 간의 위계를 형성한다. 탈정치화 된 문화적 차이는 하나의 고유한 본질로서 절대화 된다. 이 과정에서 문화적 차이에 대한 관용이 중시되고 또 관용을 통한 문화적 차이들 간의 상상적 공존을 지향한다. 이는 필연적으로 문화적 차이들 간의 위계를 야기한다.
- 다문화 교육과 교육과정은 소수 인종이나 집단에 대한 시혜 혹은 복지로 간주된다.

• 다문화 교육은 전(全) 지구적 차원에서 세계화와 자본의 논리에 따라 전개되었을 뿐만 아니라 이로 인한 문화적 · 사회적 결과를 낳았다. 전자를 '구조적 계기'라고 한다면, 후자는 '문화적 계기'라고 할 수 있는데, 다문화 교육 담론은 대체로 후자에 머물러 있다.

제14절 역량 기반 교육과정

1. 기본 관점[171]

역량 담론의 등장: 역량 개념은 20세기 초 **보빗**에게서도 찾을 수 있지만, 본격적인 논의는 1970년대 교사 역량 교육과 직업 훈련 및 인적자원개발 · 관리 분야에서 관심을 가졌다. 핵심역량 담론은 1990년대에 교육과정 분야에서 본격적인 논의가 이루어졌으며, 21세기 초 학교교육 맥락에서 세계적으로 확산되고 있다.

등장 배경 및 발전 과정: 학력 및 지식 중심 교육의 한계, 정보통신기술의 발달, 지식의 폭발적 증가와 지식의 상대성 강조, 4차 산업혁명 시대에 필요한 AI, SW, ICT 소양 강조, 경쟁을 넘어 협력(협업)하는 능력 요구, 급격한 사회 변화 등 → 역량 기반 교육과정 담론의 시작 → OECD 교육국에서 개인의 성공적 삶과 국가 발전에 필요한 핵심역량 규명 논의(1997~2003) → OECD 주요 국가들이 핵심역량 중심의 교육과정 개편 → 2007년 8월 대통령 자문 교육혁신위원회의 "미래교육비전과 전략(안)"에서 미래사회의 핵심역량 중심의 교육과정 개편 제안 → 2015 개정 교육과정 총론에서 6대 핵심역량 강조 → 'OECD 교육 2030' 프로젝트(DeSeCo 2.0)의 변혁적 역량 강조 → 2022 개정 교육과정에서 **포용적 지식과 역량중심 교육**의 지속적인 강조

역량의 다양성: OECD의 핵심역량(DeSeCo 프로젝트) 및 변혁적 역량(DeSeCo 2.0: 새로운 가치 창출, 긴장과 딜레마 조정, 책임감 갖기), UNESCO의 지속가능발전을 위한 기초 소양 교육, Davos Forum의 세계시민 및 대인관계처럼 다양한 역량들이 제시되었다.

교육과정 반영: 2015 개정 교육과정은 6대 핵심역량(자기관리 역량, 지식정보처리 역량, 창의적 사고 역량, 심미적 감성 역량, 의사소통 역량, 공동체 역량)을 강조하였다. 2022 개정 교육과정은 역량의 개념을 재설계하였다. 즉 지능정보사회에 유연하게 대응할 수 있도록 삶과 연계한

미래의 역량을 중심으로 학교급별 · 교과별 학습 경험을 재구조화하였다. '학생이 무엇을 아는가?'보다는 알고 있는 것을 기초로 '무엇을 실제로 할 수 있는가?'에 초점을 맞추고 있다.

2. 역량 기반 교육과정 담론의 시작: OECD의 DeSeCo 프로젝트*

OECD는 역량을 "지식이나 기능을 뛰어넘는 것", "특정 주어진 상황에서, 심리 사회적 자원(기능과 태도 포함)을 이용하거나 동원하여 복잡한 요구를 성공적으로 해결하는 능력"으로 정의했다.

성공적인 개인의 모습: 취업과 소득, 건강과 안전, 정치 활동 참여, 사회적 네트워크

성공적인 사회의 모습: 경제적 생산성, 민주적 절차 가능, 사회 통합, 정의, 인권 보장, 생태계 보전

최종 핵심역량(3개 범주): 도구 사용하기, 다른 집단과 교류하기, 자율적으로 행동하기. 3개 범주의 핵심 역량에 선행하여 **'반성적 사고'**의 중요성을 강조했다.

표 2-20 OECD DeSeCo 프로젝트에서 제시한 핵심역량

범주	선정 이유	핵심역량
1. 여러 도구를 상호작용적으로 활용하기	• 자신의 목적에 맞게 도구 선택의 필요성 • 세계와 적극적인 대화의 필요성 • 새로운 기술 습득의 필요성	**• 언어, 상징, 텍스트의 상호작용적인 활용 능력** **• 지식과 정보의 상호작용적인 활용 능력** **• 기술의 상호작용적인 활용 능력**
2. 사회적 이질 집단에서 상호작용하기	• 다원 사회에서 다양성을 다룰 필요성 • 공감의 중요성 • 사회적 자본의 중요성	**• 타인과 관계를 잘하는 능력** **• 협동 능력** **• 갈등 관리 및 해결 능력**
3. 자율적으로 행동하기	• 환경과 그 기능을 이해할 필요성 • 자신의 정체성과 목표 실현의 필요성 • 권리 행사와 책임을 다할 필요성	**• '넓은 관점'(big picture)의 행동 능력** **• 인생 계획 및 프로젝트 구상 · 실행 능력** **• 자신의 권리 · 관심 · 한계 · 필요 등의 옹호 · 주장 능력**

핵심역량의 기여와 적용: 핵심역량은 개인(사회)의 중요한 성과에 기여하고(개인과 사회에 공헌), 특수한 맥락이 아닌 다양한 맥락에서 적용 가능하며(삶의 다양한 상황에서 개인의 중요한 요

* 1997년부터 2003년까지 OECD가 수행한 연구로 향후 교육의 방향을 역량중심으로 설정하고 '핵심 역량을 규명하고 선정'(Definition and Selection of key Competencies)했다.

구 충족), 모든 개인에게 중요한 요인으로 작용해야 한다. 따라서 핵심역량은 궁극적으로 자기인식, 타인인식, 자기관리, 타인관리, 합리적인 의사결정 및 의사소통 관련 요인들을 강조하는 **사회정서학습**(SEL)과 관계가 있다.

핵심역량의 특징: 핵심역량은 학습자 모두가 갖추어야 하는 영역이며, 학교 교육의 책무성과 수행능력도 핵심역량을 중심으로 강조하며, 핵심역량은 교과기반 교육 및 학교교육의 발달적 성격을 강조한다.[172]

핵심역량과 교과역량: 범교과적 역량의 명칭을 핵심역량 혹은 일반역량이라고 하며, 교과의 특수역량을 교과역량 혹은 특수역량이라고 한다.

표 2-21 기존 학교 교육과정 설계와 역량기반 교육과정 설계 비교

	기존 학교 교육과정 설계	역량 기반 교육과정 설계
교육방향과 초점	교과 지식과 내용의 습득	개인(사회)의 성공적인 삶에 필요한 역량(핵심역량, 교과역량) 함양
교육과정 설계	교과 중심 설계	역량 중심으로 교과 지식과 내용 설계
설계의 주안점	지식과 내용의 조직 방법	역량 발달 촉진을 위한 원리와 과정(교과 지식과 내용은 수단)
지식의 분과 및 통합 결정 주체	국가 교육과정 설계 과정에서 상당 부분 결정	교사에게 상당 부분 위임 (분과, 간학문, 통합, 범교과 등)
평가	결과 중심 평가 지식 및 기능 중심 평가	과정 중심 평가 태도와 가치 평가도 강조(그 과정에서 지식 및 기능도 평가) 역량의 수행 및 적용 능력 평가
역량의 위치	선언적인 수준, 교과내용에 흡수	교육의 궁극적인 목표이자 핵심

3. 변혁적 역량을 향해: OECD 교육 2030 개념 틀(DeSeCo 2.0)

핵심역량 기반 교육과정이 지식, 기능, 가치를 모두 중요하게 강조하고 있음에도 불구하고 실제로는 '능력'이나 수행을 중심으로 교육과정이 설계되어 왔다. 이에 OECD는 지식과 기능뿐만 아니라 가치와 윤리를 강조하는 'OECD 교육 2030 개념 틀'을 제시했다.

이것은 DeSeCo 2.0으로 불리며, 개인의 '성공'(success)을 넘어 개인과 사회의 '안녕(웰빙)'(well-being)을 강조한다. 성공 메타포는 경제발전 논리에 기초하고 있는 반면, **안녕(웰빙) 메타포**는 물질 및 경제적 부분을 포함하면서도 건강, 시민참여, 사회적 연대, 교육, 안전, 삶의 만족, 환경 등 삶의 질적 측면에 초점을 맞추고 있다.[173]

표 2-22 OECD의 역량 개념의 변화

기준	DeSeCo 프로젝트	OECD 개념 틀 2030(DeSeCo 2.0)
비전	• 개인의 성공	• 개인과 사회의 '웰빙'(well-being)
역량 개념	• 지식과 기능뿐만 아니라 태도, 감정, 가치, 동기와 같은 요소들을 동원하여 특정 맥락의 복잡한 요구를 성공적으로 충족시킬 수 있는 능력	• 복잡한 요구를 충족시키기 위해 지식, 기능, 태도와 가치를 동원하는 능력으로 지식, 기능, 태도와 가치를 포함하는 총체적 개념
목표	• 성찰	• 학생 행위주체성

그림 2-6 OECD 교육 2030 개념 틀

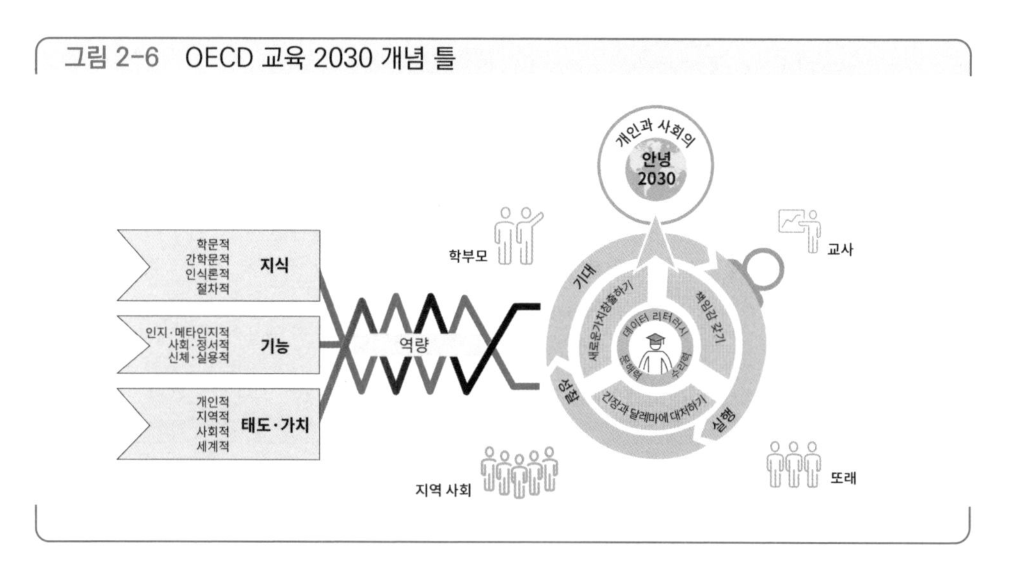

변혁적 역량(OECD 교육 2030 개념 틀의 주요 내용)

- 개인과 사회의 안녕 추구: **지식(학문적, 간학문적, 인식론적, 절차적), 기능(인지 · 메타인지적, 사회 · 정서적 지식, 신체 · 실용적), 태도와 가치(개인적, 지역적, 사회적, 세계적)에 기반한 역량 교육을 통해 궁극적으로 개인과 사회의 안녕(웰빙)을 추구한다.**
- DeSeCo 2.0의 3대 범주와 관련 역량
  - 새로운 가치 창출하기(Creating new value): (1) 신 성장 자원(동력)으로서의 혁신, (2) 혁신을 위한 협동 · 협업 능력, (3) 적응력, 창의성, 융통성, 민첩성, 호기심, 창조적 사고, 글로벌 사고의식 등
  - 긴장과 딜레마에 대처하기(Reconciling tensions and dilemmas): (1) 타인의 다른 욕구와 입장 이해, (2) 상호연결성 인지와 성급한 결론 피하기(시스템적 사고), (3) 갈등해결, 공감, 관점 갖기와 인지적 유연성, 회복탄력성 · 스트레스 거부, 신뢰 등
  - 책임감 갖기(Taking responsibility): (1) 자신의 행동에 대한 미래의 결과 고려, (2) 위험 · 보상, 자기행동 평가 능력, (3) 도덕적 · 지적 성숙, 성찰능력, 마음챙김, 책임감(통제소재 및 자기조절 포함), 위험 관리 등
- 교육과정 개념, 내용 및 주제 개발의 강조점: 학생 행위주체성, 내용 주제의 엄격성, 일관성, 일치정렬, 전이가능성, 학습자의 학습내용 선택을 강조한다.
- 교육과정 설계의 강조점: 교사 행위주체성, 실제성(진정성), 내용의 상호관계성, 유연성, 참여를 강조한다.
- 협력적 행위주체성(co-agency): 가치 있는 교육의 목표를 향해 교사, 학생, 학부모, 지역 사회 구성원 모두(교육공동체 구성원)가 상호작용적이고 지원적인 관계를 가져야 한다.

4. 비판과 한계[174]

가. 비판

- 역량 논의는 근본적으로 행동주의 접근에서 출발했으며 수행 및 행동 특성에 의존한다.
- 역량기반 접근은 환원주의 오류를 범하고 있다. 즉 인간의 총체적 능력을 하위 구성요소로 범주화하여 제시하기 때문이다.
- 역량은 이론적 지식보다 객관화가 가능한 실제적 지식과 기능을 강조함으로써 이론적 지식의 중요성을 과소평가한다.
- 학교 교육과정을 통한 역량과 직업 기초능력의 관련성(NCS 등)을 강조함으로써 학교교육을 직업교육화한다.

나. 한계

- 역량은 그 개념 자체가 모호하고, 인식론적으로 불확실하다. 역량의 구체적인 실현 모습에 대한 합의가 정확하게 이루어지지 않은 부분이 있다. 이러한 이론 및 방법론의 부재로 인해 역량에 대한 개념은 다소 오해와 편견에 둘러싸여 있다. 결국 역량의 의미에 대한 이해의 차이가 발생하면, 역량 기반 교육과정을 구체적으로 구현하는 과정에서 상당한 혼란을 초래할 수 있다.

생각해 볼 문제

1. 교육과정에 대한 기존의 여러 정의들을 공부한 후, 교육과정에 대한 자신만의 정의를 진술하시오(구체적 이유와 근거 제시).

2. **교과중심 교육과정**의 문제점을 비판하고 구체적 대안(혹은 발전방안)을 제시하시오(구체적 이유와 근거 제시).
   - 학교교육과정에서 교과교육의 중요성에 대한 인식이 약해지면서 교과의 비중이 작아지고 있다. 상대적으로 인성교육, 민주시민교육, 인권교육, 상담, 생활지도, 진로교육, 자유학제, 스포츠클럽활동 등 비교과 교육에 대한 중요성과 비중이 커지고 있다. 학교에서는 교과 학업성취도 향상을 크게 강조하지도 않는다. 아이들은 영어, 수학 등의 교과 공부는 학원이 학교보다 더 잘 가르치고 학교가 학원을 따라갈 수 없다고 생각하기도 한다.
   - 학교교육과정에서 교과교육의 방향, 역할, 기능을 미래 학교교육의 방향, 역할, 기능과 함께 논하시오.

3. **경험중심 교육과정**의 문제점을 비판하고 구체적 대안(혹은 발전방안)을 제시하시오(구체적 이유와 근거 제시).

4. **중핵교육과정**에 기반하여 수업설계하기: 특정 교과목의 한 단원을 선택하여 중핵교육과정(혹은 융복합 교육과정)에 기반하여 수업을 설계하시오(1차시 분량 교수학습지도안 작성).

5. 교육과정 사회학

- 특정 교과목의 한 단원을 선택하여 프레이리가 주장하는 **문제제기식** 방법으로 수업을 설계하시오(1차시 분량 교수학습지도안 작성).
- 번스타인이 주장하는 학교에서 사용되는 **공식어와 대중어**에 근거하여 자신이 학교생활에서 공식어, 대중어를 경험한 사례를 제시하시오.
- 부르디외가 주장하는 **문화재생산론**에 근거하여 자신이 학교생활에서 문화재생산을 경험한 사례를 구체적으로 기술하고 해결방안을 제시하시오.
- 애플은 교사가 상품을 파는 단순노동자로 전락하는 것을 비판한다. 교사가 단순노동자가 아닌, 전문가가 되기 위하여 무엇을 해야 하는가? 전문가로서 교사가 되기 위해서 예비교사는 사범대학 또는 교육대학에서 무엇을 준비해야 하는가?

6. 학문중심 교육과정

- 내가 생각하는 내 **교과(혹은 특정 교과)의 구조**를 3가지 이상 제시하고 그 이유를 제시하시오.
- 학문중심 교육과정의 문제점을 비판하고 구체적 대안(혹은 발전방안)을 제시하시오(구체적 이유와 근거 제시).
- **나선형 조직원리**: 특정 교과목의 내용을 나선형 조직원리를 이용하여 조직하시오. 특정 교과목의 내용이 나선형 조직원리에 의하여 조직되었는지를 분석하시오.
- **발견학습모형**: 특정 교과목의 한 단원을 브루너의 발견학습모형에 기반하여 수업설계하시오(1차시 분량 교수학습지도안 작성).

7. 행동주의 교육과정

- 행동주의 교육과정의 문제점을 비판하고 구체적 대안(혹은 발전방안)을 제시하시오(구체적 이유와 근거 제시).
- **완전학습모형**: 특정 교과목의 한 단원을 블룸의 완전학습 모형에 기반하여 수업설계하시오(1차시 분량 교수학습지도안 작성).

- **목표분류학**: 특정 교과목의 학습목표(혹은 성취기준)를 블룸의 목표분류학에 기반하여 인지·정의·심동의 세 영역 및 각 영역별 수준으로 분류하시오.

8. 인지주의 교육과정

- **설명식 수업**: 특정 교과목의 한 단원을 선택하여 오수벨의 설명식 수업모형에 기반하여 수업설계하시오(1차시 분량 교수학습지도안 작성).
- **개념학습모형**: 특정 교과목의 한 단원을 선택하여 개념학습모형에 기반하여 수업설계하시오(1차시 분량 교수학습지도안 작성).

9. 구성주의 교육과정

- **인지적 도제이론**: 특정 교과목의 한 단원을 선택하여 인지적 도제이론에 기반하여 수업설계하시오(1차시 분량 교수학습지도안 작성)
- **맥락 정착적 수업 모형**: 특정 교과목의 한 단원을 선택하여 맥락 정착적 수업 모형에 기반하여 수업설계하시오(1차시 분량 교수학습지도안 작성).
- **문제중심학습**: 특정 교과목의 한 단원을 선택하여 문제중심학습(PBL)에 기반하여 수업설계하시오(1차시 분량 교수학습지도안 작성).

10. 재개념주의 교육과정

- 학교교육 혹은 특정 교과목에서 재개념주의 교육과정을 구체화하고 실천할 수 있는 방안을 제시하시오.

11. 정서개발을 위한 교육과정과 수업설계

- 특정 교과목의 한 단원을 선택하여 내면적 감성이나 정서를 개발(함양)하기 위한 수업을 설계하시오(1차시 분량의 교수학습지도안 작성): 해당 단원의 핵심 주제와 밀접한 정서(혹은 감정)를 추출하고, 그 정서를 깊이 느끼는 수업을 설계하시오.

임용기출문제

Q1 A교사의 학습목표 진술 방식에 대한 문제점과 합리적 대안을 논술하시오(2014 초등).

A 교사: 오늘은 바다에 사는 동물의 특징에 대해 살펴볼 거예요. 오늘의 학습목표는…….
(학습목표가 진술된 문장 카드를 제시한다.)

바다에 사는 동물의 특징에 대해 알아보자.

학생1 : (못 들은 척 계속 만화 캐릭터를 그리면서) 물고기 그리고 싶어요.

Q2 ① A교사의 말에 나타난 인성의 의미에 근거하여, 인성교육을 위한 학교 교육과정 편성・운영 시 B교사가 말하는 '통합'과 '연계'가 필요한 이유를 각각 1가지씩 논하시오.

② C교사의 말에 함의된 교육과정의 유형을 쓰고, 이 교육과정 유형의 관점에 비추어 볼 때 범교과 학습 주제의 지도를 위한 학교 교육과정 '편성'과 '운영'시 유의해야 할 점을 각각 1가지씩 논하시오(2018 초등).

A교사: 요즘 인성 교육이 주목 받고 있죠. 2015 개정 교육과정 총론에도 인성 교육이 범교과 학습 주제 중의 하나로 제시되어 있고요.

B교사: 그런데 인성 교육을 포함한 범교과 학습 주제는 교과와 창의적 체험활동 등 교육활동 전반에 걸쳐 통합적으로 다루도록 하고, 지역사회 및 가정과 연계하여 지도해야 한다는 점에 유의할 필요가 있어요.

A교사: 「인성교육진흥법」에서 인성 교육을 정의한 것을 보면, 인성은 '자신의 내면을 바르고 건전하게 가꾸고 타인・공동체・자연과 더불어 살아가는 데 필요한 인간다운 성품과 역량'이라고 할 수 있는데, 인성의 이러한 의미는 인성 교육에서 왜 통합과 연계가 필요한지를 잘 보여 주는 것 같아요.

B교사: 그런데 통합과 연계를 위해서는 선생님들이 모여서 긴밀하게 협의하고 조정하는 과정이 필요한데, 그게 보통 어려운 문제가 아니에요.

D교사: 선생님들 중에는 자기 경험에만 갇혀 각자의 의견을 허심탄회하게 드러내어 함께 검토하는 것 자체를 상대에 대한 불필요한 간섭으로 여겨 기피하는 분들이 있어요. 문제에 부딪혔을 때 스스로 궁리해 새로운 해결 방안을 찾기보다 과거의 경험이나 전통적 방식만을 답습하려는 경향도 없지 않고요.

A교사: 어렵네요. '안전한 생활'이라는 교과서를 만들고 시간을 배당하여 안전 교육을 하도록 한 것처럼, 다른 주제도 다 그렇게 하면 좋을 텐데…….

C교사: 중요한 주제라고 해서 모두 그렇게 할 수는 없죠. 그래서 학교 교육과정을 편성하고 운영하는 일이 어려운 것 같아요. 여러 주제 중 일부만 학교 교육과정에 포함되고, 어떤 주제는 포함되었다 하더라도 실제로는 지도가 이루어지지 않는 경우도 있잖아요?

Q3 아래에서 교사가 수업 효과성을 높이기 위해 선택한 〈학문중심교육과정〉 이론에 근거한 수업전략 방안에 대해 논하시오(2014 중등).

일지 # 2○○○년 5월 ○○일 ○요일

중간고사 성적이 나왔는데 영희를 포함하여 몇 명의 점수가 낮아서 답안지를 확인해 보았다. OMR카드에는 답이 전혀 기입되어 있지 않거나 한 번호에만 일괄 기입되어 있었다. 아이들이 시험 자체를 무성의하게 본 것이다. 점심시간에 그 아이들을 불러 이야기를 해 보니 학교에서 배우는 내용이 대학 진학을 하지 않고 취업할 본인들에게는 전혀 쓸모없이 느껴진다고 했다. 특히 오늘 내 수업 시간에 휴대전화만 보고 있어서 주의를 받았던 영희의 말이 아직도 귀에 생생하다.

"저는 애견 미용사가 되려고 하는데, 생물학적 지식 같은 걸 배워서 뭐 해요? 내신 관리를 해야 하는 아이들조차 어디 써먹을지도 모르는 개념을 외우기만 하려니까 지겹다고 하던데, 저는 얼마나 더 지겹겠어요."라고 말하는 것이었다.

학교에서 배우는 기초 지식이나 원리가 직업 활동의 근간이 되기도 한다는 것을 어떻게 아이들이 깨닫게 할 수 있을까? 내가 일일이 다 설명해 주지 않아도 아이들이 스스로 교과의 기본 원리를 찾을 수 있게 하려면 어떤 종류의 과제와 활동이 좋을까? 이런 생각들로 머릿속이 복잡하던 중에, 오후에 있었던 교과협의회에서 수업 전문성 개발을 위한 장학 활동을 몇 가지 소개받았다. 내 수업에 대해 차근차근 점검해 봐야겠다.

Q4 아래에서 A중학교가 내년에 중점을 두고자 하는 ① 교육목적을 자유교육의 관점에서 논하고, ② 교육과정 설계방식의 특징을 설명하시오(2015 중등).

이번 워크숍은 우리 학교의 교육에서 드러난 몇 가지 문제점을 확인하고, 개선 방안을 제시하는 방식으로 진행되었습니다. 주요 내용을 말씀드리면 다음과 같습니다.

먼저, 교육 목적에 관한 문제점과 개선 방안입니다. 우리 학교는 학생들의 합리적 정신을 계발하기 위해 지식 교육을 추구해 왔습니다. 그런데 지난해 도입된 국어, 수학, 영어 교과에 대한 특별 보상제 시행으로 이들 교과의 성적은 전반적으로 상승하였지만, 학교가 추구하고자 한 것과 달리 반별 경쟁에서 이기거나 포상을 받기 위한 것으로 교육 목적이 왜곡되는 경향이 있었습니다. 이러한 교육 목적의 왜곡으로 인하여 교사는 주로 문제 풀이식 수업이나 주입식 수업을 하게 되었고, 학생들은 여러 교과에 스며 있는 다양한 사고방식을 내면화하지 못하는 결과가 초래되었습니다. 이러한 문제점을 보완하기 위하여 내년에는 교육 개념에 충실한 지식 교육, 즉 자유교육(liberal education)의 이상을 구현하는 데 중점을 두고자 합니다.

다음으로, 교육과정 설계 방식 및 수업 전략에 관한 문제점과 개선 방안입니다. 교육과정 설계 방식 측면에서, 종전의 방식은 평가 계획보다 수업 계획 중심으로 설계되어 있어서 교사가 교과의 학습 목표에 비추어 학생들이 배우는 내용을 올바르게 이해하였는지를 확인하는 데 한계가 있었습니다. 교사는 계획한 진도를 나가기에 급급한 나머지, 학생들의 학습 결손을 예방하지 못하였습니다. 내년에는 학생들의 학습 목표 달성 정도를 확인하는 데 유용한 교육과정 설계를 하고자 합니다.

Q5 A중학교 교사가 작성한 자기개발계획서의 일부를 읽고 '수업 구성'에 나타난 교육과정 유형의 장점 및 문제점을 각각 2가지 논하시오(2016 중등).

자기개발계획서

개선 영역	개선 사항
수업 구성	• 학생의 경험을 중시하는 교육과정을 실행할 것 • 학생의 흥미, 요구, 능력을 토대로 한 활동을 증진할 것 • 학생이 관심을 가지는 수업 내용을 찾고, 그것을 조직하여 학생이 직접 경험하게 할 것 • 일방적 개념 전달 위주의 수업을 지양할 것

Q6 C교사는 학생 참여 중심의 교수 · 학습을 준비하기 위해서 교사 연수 프로그램에 참여하고 있다. '2015 개정 교육과정의 실질적 구현 방안'이라는 주제로 C교사가 실행하려는 구성주의 학습활동을 위한 학습 지원 도구 · 자원과 교수 활동을 각각 2가지 제시하시오(2017 중등).

C교사: 저는 구성주의 학습환경 설계에 관한 연수에 참여하고 있습니다. 문제 중심이나 프로젝트 중심의 학습 활동을 실행하기 위해서는 적합한 학습 지원 도구나 자원을 학생들에게 제공해야 한다는 것을 알게 되었고, 학습 활동 중에 교사가 수행해야 할 역할에 대해서도 이해하게 되었습니다.

Q7 다음의 교사가 언급한 비고츠키 지식론의 명칭, 이 지식론에서 보는 지식의 성격 1가지와 교사와 학생의 역할 각각 1가지를 논하시오(2020 중등).

- 토의식 수업을 활성화하려면 먼저 지식을 보는 관점의 변화가 필요함
- 교과서에 주어진 지식이 진리라는 생각이나, 지식은 개인이 혼자 만드는 것이라는 생각에서 벗어나는 것이 중요하며, 이와 관련하여 비고츠키(L. Vygotsky)의 지식론이 많은 시사점을 줄 수 있음
- 이 지식론의 관점에서 보면, 교사와 학생의 역할도 기존의 강의식 수업에서의 역할과는 달라질 필요가 있음

사례 문제

Q1 다음은 교육지원청 "교육과정-수업-평가 학교현장지원단" 소속 교사들의 토론 장면이다. 사례를 읽어보고 문제를 중심으로 토론하시오.

A장학사 : 오늘 학교현장지원단 선생님들께서 모이셨는데요. 우리 지원단이 학교 현장 교육을 위해 어떤 관점을 갖고 지원에 나서야 할지 고민해보는 시간을 가집시다. 우리는 학교현장 지원을 위해 기본적으로 교육과정에 대해 어떤 생각을 갖고 접근해야 할까요?

B교사 : 저는 교사들에게 우선 국가교육과정을 보라고 말해주고 싶습니다. 특히 국가교육과정의 성취기준을 정확히 이해하고 자신이 가르칠 교과의 교육내용을 선정해야 합니다. 교육내용은 특히, 학생들에게 가장 기본이 되는 지식을 모아 놓은 것인데요. 교육내용으로는 충분히 검증된 내용들이 들어와야 합니다. 2015 개정 국가교육과정에서는 특히 한 학기 한 책 읽기 프로그램을 꼭 하게 되어 있는데요. 한 학기 한 책으로 누구나 인정하는 훌륭한 고전들을 일선 교사들에게 추천해주면 좋겠습니다.

C교사 : 그러나 기존의 것만을 가져와서 가르친다면 학생들의 흥미와 너무나 괴리될 수 있습니다. 교사들이 자신의 교실에 맞도록 교육과정과 교과서를 적극적으로 재구성해야 합니다. 특히, 교과서는 하나의 잘 만들어진 교재이지 절대적인 지위를 지닌 교육과정 그 자체라고 할 수 없습니다. 교사들이 자신이 가르치는 학생들의 연령, 특성, 기타 여건에 맞게 적극적으로 재구성하도록 권장해야 합니다.

D교사 :현재 학교에서 가르치고 있는 교육내용들은 학생들이 미래에 시민으로 자라났을 때 부족한 부분이 많습니다. 특히, 학생들은 현재 일어나고 있는 사회의 일들을 스스로 판단하고 비판하면서 미래 사회를 개혁해 나아갈 주역으로 자라날 수 있습니다. 지금의 교과서를 비롯한 다양한 교재들은 사회개혁에 필요하다기보다는 사회의 기득권 세력들의 의견이 많이 반영된 것이라고 생각합니다. 그래서 선생님들은 교육과정의 재구성에 그치지 말고, 사회의 부조리한 면들을 수업에 끌어들여와 학생들 간의 토론을 통해 문제해결점을 찾아가는 사고를 할 수 있게 해야 합니다.

E교사 : 저는 교육과정에 편성될 교육내용들이 어느 정도는 그 교과를 대표해야 한다고 생각합니다. 제 말은 모든 경험이 교육에서의 경험으로 적합한 것은 아니라는 뜻입니다. 특히, 교과에서 교과의 배경이 되는 학문 분야의 가장 중요하고 기본이 되는 지식들을 다루

지 않는다면 굳이 교육과정을 힘들게 편성할 필요가 있는지 의문입니다. 따라서 선생님들이 교과에서 다루어야 Big Idea를 선별하여 교육과정을 체계적으로 구성할 수 있어야 합니다. 우리 지원단에서도 선생님이 이런 역량을 갖출 수 있도록 도와야 합니다.

1. B교사의 교과지식에 대한 주장을 **교과중심 교육과정**의 관점에서 논하시오.

2. **교과중심 교육과정** 지지자들은 자유교육(교양교육)을 공통적으로 가르칠 것을 주장합니다. 교육의 평등이라는 관점에서 이들의 주장을 논하시오.

3. C교사는 교과서를 교사들이 적극적으로 재구성할 것을 주장하고 있습니다. 왜 그래야 하는지 **경험중심 교육과정**의 관점에서 논하시오.

4. 존 듀이가 주장하는 "교과를 심리화하여" 가르친다는 것을 자신의 전공교과와 관련하여 논하시오.

5. D교사는 교과서의 지식이 미래 사회를 변화시키는 주역으로서 학생들에게 많이 부족하다고 주장한다. D교사의 입장에 대하여 **사회개조 교육과정**의 관점에서 논하시오(핵심어: 사회재건, 프레이리의 문제제기식 교육). 그리고 D교사가 주장하는 교과용도서에 대한 의견을 **교육과정 사회학적** 관점에서 논하시오(지식의 중립성, 교육 불평등).

6. E교사는 각 교과의 Big idea를 통해 학문의 구조를 토대로 교육과정을 편성해야 한다고 주장한다. 특정 교과에서 **학문의 구조**가 될 수 있는 예를 제시하시오.

Q2 다음은 교육지원청 "교육과정-수업-평가 학교현장지원단" 소속 교사들의 토론 장면이다. 사례를 읽고 문제를 중심으로 토론하시오.

A장학사: 이제 수업에 대해 생각해 보겠습니다. 현장 선생님들이 수업에서 염두에 두어야 할 가장 중요한 것은 무엇일까요?

B교사: 선생님들이 수업을 준비하면서 행동목표로서 명세적 수업목표를 반드시 생각해야 합니다. 각 수업에 따라 교육내용이 다르고 방법이 다릅니다. 그리고 수업에서 학생들에게 기대되는 목표 또한 다르겠지요. 수업목표가 명확하고 자세하게 정의되지 않는다면 수업은 체계적으로 이루어질 수 없습니다. 또한 그 목표는 외현으로 드러나는 행동목표로 진술이 되어야 학생들이 수업에 참여하여 성취하는 정도를 파악할 수 있습니다.

C교사: 저는 다른 생각을 갖고 있습니다. 학생들은 모두 다르기 때문에 학생들을 모두 정의할 수 있는 명세적 행동목표는 부적합합니다. 또한 학생들은 자신의 지식을 스스로 구성할 수 있는 능력이 있습니다. 특히, 연령대에 따라 지식 형성의 특징이 다르고, 다른 사람들과의 관계를 통해서 지식을 확장시켜 나갑니다. 학생들의 특성을 다양하게 고려한 수업이 필요하고, 현장 선생님들도 이를 염두에 두어야 합니다. 특히, 학생들이 적극적인 활동을 통해 배워나가는 문제중심학습 같은 형태의 수업이 현장에 적용되어야 합니다.

D교사: 저는 B선생님의 의견에 일부 동의하면서도 행동목표보다는 기준이 더 중요하다고 생각합니다. 행동목표는 성취기준에서 나옵니다. 성취기준은 국가교육과정에 명시되어 있고, 성취기준 하에서 학생들의 교육활동은 다양한 모습으로 설계될 수 있습니다. 다만, 기준을 벗어나서는 안되므로 현장 선생님들은 반드시 성취기준을 알고 있어야 할 것입니다.

E교사: 수업의 모습이 누구의 정의에 의해 하나로 규정지을 수 있을까 생각합니다. 교사의 수만큼 다양한 교사수준의 교육과정과 수업이 있고, 학생의 수만큼 다양한 학생중심의 교육과정과 수업이 존재하는 게 아닐까요? 교육과정 또는 수업은 그만큼 다양하게 정의내릴 수 있고, 이에 따라서 중요하게 생각해야 할 것들도 다를 것입니다.

1. B교사는 **행동목표**의 중요성에 대해 주장한다. 행동목표가 왜 수업에서 중요한지와 그 한계를 논하시오.

2. 사례의 교사들 중 **구성주의 교육과정**의 관점을 갖고 있는 교사는 누구인지 생각해보고 지지 의견을 말해 보시오.

3. D교사가 말하고 있는 기준은 왜 중요한지 **성취기준 교육과정** 관점을 토대로 논하시오.

4. E교사는 교육과정을 다양한 관점에서 정의내릴 수 있다고 주장한다. 그 까닭과 사례를 **재개념주의 교육과정** 관점을 중심으로 논하시오.

2장 미주

1 Schubert et al(2002). Curriculum Books: The First Hundred Years. Peter Lang.
2 Schubert et al(2002). 전게서. p. 438.
3 Schubert et al(2002). 전게서. p. 439.
4 김경자(2004). 학교교육과정론. 교육과학사. p. 232.
5 Brubacher, J.(1947). A History of the Problems of Education. McGRAW-HILL BOOK CO. p. 283.
6 고재희(2010). 역사적 접근의 교육과정 이해와 개발. 교육과학사. p. 119.
7 Schubert et al(2002). 전게서. p. 30.
8 Adler, M.(1984). The Paideia Program: an educational syllabus. NY: Macmillan Publishing co.
9 김경자(2004). 학교교육과정론. 교육과학사. p. 237.
10 박도순, 원효헌, 이원석(2011). 교육평가. 문음사. p. 21.
11 브리태니커 백과서전. 25권, p. 211.
12 홍성대(1990). 수학의 정석. 성지사.
13 브리태니커 백과사전. 25권, p. 211.
14 https://ko.wikipedia.org/wiki/%EB%A1%9C%EB%B2%84%ED%8A%B8_%ED%97%88%EC%B9%9C%EC%8A%A4
15 신득렬(2002). 위대한 대화. 계명대학교 출판부.
16 신득렬(2002). 전게서.
17 Adler, M.(1984). 전게서.
18 https://en.wikipedia.org/wiki/Mortimer_J._Adler#/media/File:Mortimer_Adler.jpg
19 Schubert et al(2002). 전게서. p. 249.
20 고재희(2010). 전게서. p. 127.
21 김경자(2004). 전게서. p. 244.
22 홍후조, 김대석(2009). 학교 시간운영의 효율화와 이수과목수의 적정화에 관한 연구, 교육과정연구, 2008, 26(4), 73-101.
23 https://ko.wikipedia.org/wiki/%EC%9E%A5%EC%9E%90%ED%81%AC_%EB%A3%A8%EC%86%8C
24 Boyd, W.(1964). 전게서. pp. 360-371.
25 우메네 사토루(1967). 세계교육사. 김정환, 심성보(역)(1990). 풀빛.
26 김경자(2004). 전게서. pp. 99-102; Schubert 외(2002). 전게서. pp. 42-43; Morshead. R. W.(1995). Patterns of Educational Practice: Theories of Curriculum. The Pierian Press. Michigan, USA.

27 https://ko.wikipedia.org/wiki/%EC%A1%B4_%EB%93%80%EC%9D%B4

28 Ragan, 1960; 김재춘, 부재율, 소경희, 채선희(2006). 교육과정과 교육평가. 교육과학사. p. 91에서 재인용.

29 Hopkins, 1934; 김재춘 외(2006). 전게서. p. 91에서 재인용.

30 김재춘 외(2006). 전게서. p. 100.

31 고재희(2010). 역사적 접근의 교육과정 이해와 개발. 교육과학사. p. 95.

32 Dewey, J.(1938). Experience and Education. NY: Macmillan.

33 Tanner, 1997; 김경자(2004). 전게서. pp. 279-283에서 부분 수정하였음.

34 홍후조(2011). 알기 쉬운 교육과정. 학지사. pp. 113-117에서 부분 인용 및 수정하였음.

35 Aikin, 1942: 62; 홍후조(2011). 전게서. p. 115에서 재인용.

36 Cuba, 1993: 84; 홍후조(2011). 전게서. p. 115에서 재인용.

37 고재희(2010). 전게서.

38 홍후조(2011). 전게서. p. 145.

39 홍후조(2011). 전게서. p. 146.

40 홍후조(2011). 전게서. p. 146.

41 홍후조(2011). 전게서. p. 153.

42 Karier, Clarence J.(1986). The Individual, Society, and Education: A History of American Educational Ideas. 2nd edition. University of Illinois Press. p. 232.

43 김경자(2004). 전게서. p. 297.

44 김경자(2004). 전게서. p. 126.

45 김경자(2004). 전게서. p. 129.

46 김경자(2004). 전게서. pp. 126~127.

47 박철홍 외(2013). 현대 교육학개론. 학지사. p. 131.

48 김경자(2004). 전게서. p. 306.

49 김경자(2004). 전게서. p. 302.

50 http://blog.naver.com/nemomo21?Redirect=Log&logNo=220919079040

51 박휴용(2012). 교육과정. 학지사. p. 152.

52 김경자(2004). 전게서. p. 384에서 부분 수정함.

53 김경자(2004). 전게서. p. 298.

54 김경자(2004). 전게서. p. 298.

55 헨리 지루, 안찬성 역(2013). 비판적 교육학자로서 헨리 지루 읽기. 생각나눔. 표지참조.

56 진영은(2005). 교육과정: 이론과 실제. 학지사. p. 321.

57 김경자(2004). 전게서. p. 299.

58 http://www.jeananyon.org/
59 진영은(2004). 전게서. pp. 320-331.
60 http://es.utopia.wikia.com/wiki/Michael_Young
61 진영은(2005). 전게서. pp. 315-316.
62 http://www.historylearningsite.co.uk/sociology/education-and-sociology/basil-bernstein/
63 http://www.historylearningsite.co.uk/sociology/education-and-sociology/pierre-bourdieu/
64 진영은(2005). 전게서. p. 324.
65 진영은(2005). 전게서. p. 324.
66 진영은(2005). 전게서. p. 325.
67 손준종(2006). 교육사회학. 문음사. pp.72-73.
68 진영은(2005). 전게서. p. 325.
69 진영은(2005). 전게서. p. 319.
70 http://alchetron.com/Michael-Apple-138775-W
71 김신일(2009). 교육사회학. 교육과학사. pp. 382-386.
72 진영은(2005). 전게서. p. 319.
73 박승배(2012). 교육과정학의 이해. 학지사. pp. 177-178.
74 http://what-when-how.com/child-development/jerome-s-bruner-b-1915-child-development/
75 Bruner, J.(1960), 교육의 과정. 이홍우 역(1973). 배영사. pp. 53-57.
76 Bruner, J.(1960). 전게서. pp. 54-56.
77 Bruner, J.(1960). 전게서. pp. 85-89.
78 Bruner, J.(1960). 전게서. pp. 55-57.
79 Bruner, J.(1960). 전게서. pp. 97-98.
80 Bruner, J.(1960). 전게서. pp. 74-75.
81 Bruner, J.(1960). 전게서. p. 88.
82 Bruner, J.(1960). 전게서. pp. 55-57.
83 Bruner, J.(1960). 전게서. pp. 97-98.
84 이화여자대학교 교육공학과(1996). 교육방법 및 교육공학. 교육과학사. p. 164.
85 Bruner, J.(1960). 전게서. p. 135.
86 Bruner, J.(1960). 전게서. pp. 127-132.
87 Bruner, J.(1960). 전게서. p. 134.
88 Bruner, J.(1960). 전게서. p. 120.
89 김경자(2004). 전게서. p. 169.
90 김경자(2004). 전게서. p. 169.

91 Bruner, J.(1960). 전게서. p. 135.

92 김경자(2004). 전게서. p. 169.

93 김경자(2004). 전게서. p. 168.

94 김경자(2004). 전게서. p. 311.

95 Bigge, M. L.(1976). Learning Theories for Teachers (3th ed.). New York: Harper & Row, Publishers.

96 http://www.education.com/reference/article/thorndike-edward-lee-1874-1949/

97 http://terms.naver.com/entry.nhn?docId=389677&cid=41978&categoryId=41985

98 이화여자대학교 교육공학과(1996). 전게서. p. 158.

99 http://terms.naver.com/imageDetail.nhn?docId=2098099&imageUrl=http://dbscthumb.phinf.naver.net/2906_000_1/20140612165414315_891E6RS20.jpg/z4_term84_i1.jpg?type=m4500_4500_fst&mode=simple&cid=44411&categoryId=44411

100 이차선(2003). 스키너의 조작적 조건화와 교수학습이론. 전성연(편). 교수학습의 이론적 탐색. 원미사. p. 122.

101 Thompson et al, 1992; 이화여자대학교 교육공학과(1996). 전게서. p. 145에서 재인용.

102 강현석(2005). 블룸의 목표분류학에 대한 비판과 대안 탐구. **중등교육연구**, 53호. p. 58.

103 김수천(2004). 교육과정과 교과. 교육과학사. p. 191.

104 L. Anderson, D. Krathwohl, P. Airasian, K. Cruikshank, R. Mayer, P. Pintrinch, J. Raths, M. Wittrock(2005). A taxonomy for learning, teaching, and assessment: a revision of Blooms's taxonomy of educational objectives, 강현석 외(역). 교육과정 수업 평가를 위한 새로운 분류학: Bloom 교육목표분류학의 개정, 아카데미프레스, pp. 32-33, 36, 76-78.

105 정택희(1987). 수업외 학습시간 투입의 동기요인과 효과 분석 연구. 박사학위논문. 고려대학교 대학원. pp. 1-9.; 정택희(2003). 전게서. pp. 167-169.

106 정택희(1987). 전게서. p. 2.

107 정택희(1987). 전게서. p. 10.

108 정택희(1987). 전게서. p. 11.

109 정택희(1987). 전게서. p. 13.

110 정택희(1987). 전게서. p. 31.

111 김종문 외(2011). 구성주의 교육학. 교육과학사. p. 154.

112 백영균 외(2011). 교육방법 및 교육공학. 학지사. p. 119.

113 박숙희, 염명숙(2009). 교수-학습과 교육공학. 학지사. p. 49.

114 백영균 외(2011). 전게서. p. 120.

115 백영균 외(2011). 전게서. p. 121.

116 A. Woolfolk(2007). Educational psychology, 김아영 · 백화정 · 정명숙(2007)(역). 교육심리학, 박학사, p.311.

117 http://terms.naver.com/entry.nhn?docId=389579&cid=41978&categoryId=41985

118 https://notendur.hi.is//~joner/eaps/wh_ausub.htm

119 김경옥(2003). Ausubel의 유의미 학습이론. 전성연(편). 교수학습의 이론적 탐색. 원미사. p. 215.

120 D. Ausubel.(1960). The use of advance organizers in the learning and retention of meaningful verbal learning. Journal of Educational Psychology, 51, 270.

121 D. Ausubel.(1968). The Psychology of Meaningful Verbal Learning: An Instruction to School Learning. New York: Grune & Stratton. p. 90.

122 김경옥(2003). Ausubel의 유의미 학습이론. 전성연(편). 교수학습이론의 이론적 탐색. 원미사. p. 218.

123 Ausubel, 1965; 김경옥(2003). 전게서. p. 218에서 재인용.

124 윤기옥, 정문성, 최영환, 강문봉, 노석구(2009). 수업모형. 동문사.

125 박숙희, 염명숙(2009). 전게서. p. 58.

126 김종문 외(2011). 전게서. p. 153.

127 백영균 외(2011). 전게서. p. 126.

128 http://terms.naver.com/entry.nhn?docId=389731&cid=41978&categoryId=41985

129 윤기옥 외(2009). 전게서. pp. 129-131.

130 김종문 외(2011). 전게서. pp. 44-58.

131 김종문 외(2011). 전게서. pp. 44-58.

132 https://ko.wikipedia.org/wiki/%EB%A0%88%ED%94%84_%EB%B9%84%EA%B3%A0%EC%B8%A0%ED%82%A4

133 김종문 외(2011). 전게서. p. 155.

134 Bruner, 1996: 19-20; von Glasersfeld, 1996: 6; 김종문 외, 2011: 154에서 재인용.

135 백영균 외(2011). 전게서. p. 126.

136 김종문 외(2011). 전게서. p. 160.

137 변영계, 김영환, 손미(2008). 교육방법 및 교육공학. 학지사. pp. 184-186.

138 김종문 외(2011). 전게서. p. 167.

139 김종문 외(2011). 전게서. p. 168.

140 박성익, 임철일, 이재경, 최정임(2016). 교육방법의 교육공학적 이해. 경기: 교육과학사. p. 198.

141 변영계, 김영환, 손미(2008). 교육방법 및 교육공학. 서울: 학지사. pp. 181-184. 변영계(2014). 교수 · 학습이론의 이해. 서울: 학지사. pp. 358-361.

142 Cognition and Technology Group at Vanderbilt (CTGV) (1992). The Jasper experiment: An

exploration of issues in learning and instructional design. *Educational Technology Research and Development, 40*(1), 65–80.

143 변영계(2014). 교수 · 학습이론의 이해. 서울: 학지사. p. 360.

144 변영계, 김영환, 손미(2008). 교육방법 및 교육공학. 서울: 학지사. p. 182.

145 변영계, 김영환, 손미(2008). 교육방법 및 교육공학. 서울: 학지사. p. 183.

146 강인애(1997). 왜 구성주의인가. 서울: 문음사. p. 94.

147 변영계, 김영환, 손미(2008). 전게서. p. 178.

148 Duffy, 1996; 강인애(1997). 왜 구성주의인가. 문음사. p. 222에서 재인용.

149 변영계, 김영환, 손미(2008). 전게서. p. 229를 수정함.

150 변영계, 김영환, 손미(2008). 전게서. p. 232.

151 김경자(2004). 전게서. pp. 283–284.

152 https://ko.wikipedia.org/wiki/%EC%84%9C%EB%A8%B8%ED%9E%90_%EC%8A%A4%EC%BF%A8

153 김경자(2004). 전게서. p. 290.

154 박도순, 원효헌, 이원석(2011). 교육평가. 문음사.

155 김경자(2004). 전게서. pp. 289–290.

156 김경자(2004). 전게서. p. 176.

157 김경자(2004). 전게서. pp. 387–393.

158 https://education.uw.edu/sites/default/files/styles/profile/public/cme/images/Banks-James-A-8x10-33_rs.jpg?itok=8H8D1g4S

159 장인실, 김경근(2014). 다문화교육의 개념. 장인실 외(2014). 다문화교육의 이해와 실천. 서울: 학지사. p. 81, 88.

160 장인실 외(2014). 다문화교육의 이해와 실천. 서울: 학지사. pp. 89–92. Sleeter, C. E., & Grant, C. A. (1988). *Making choices for multicultural education: Five approaches to race, class and gender*. Columbus, OH: Merrill. Banks, J. A. (1993). Approaches to multicultural curriculum reform. In J. A. Banks & C. A. Banks (Eds.), *Multicultural education: Issues and perspectives* (pp. 195–214). Boston: Allyn and Bacon. Grant, L. (1993). Race and schooling of young girls. In J. Wrigley (Ed.), *Education and gender equality* (pp. 91–114). London: Falmer Press. Johnson, D. W., & Johnson, R. T. (2002). *Multicultural education and human relations: Valuing diversity*. Boston: Allyn & Bacon. Bennett, C. I. (2010). *Comprehensive multicultural education: Theory and practice*(7th ed.). Boston: Allyn & Bacon.

161 장인실(2011). 다문화교육의 교육과정 모형. 이원희 외. 교육과정(pp.337–354). 경기 파주: 교육과학사. p. 341.

162 장인실 외(2014). 다문화교육의 이해와 실천. 서울: 학지사. pp. 220-221.

163 Banks, J. A. (2001). *Cultural diversity and education: Foundations, curriculum and teaching*(4th ed.). Boston: Allyn and Bacon.

164 Bennett, C. (2001). Genres of Research in Multicultural Education. *Review of Educational Research, 71*(2), 171-217. doi:10.3102/00346543071002171 p. 172(표), p. 175(그림)

165 Baker, G. (1983). *Planning and organizing for multicultural instruction*. MA: Addison-Wesley Publishing Company.

166 Gay, G. (1977). Curriculum for multicultural teacher education. In F. H. Klassen & D. M. Gollnick(Eds.), *Pluralism and the American Teacher: Issues and case studies*. Washington, DC: American Association for Colleges of Teacher Educations. 장인실(2008). 다문화 교육을 위한 교사 교육 교육과정 모형 탐구. 초등교육연구, 21(2), 281-305.

167 김재춘(2016). 교육과정. 경기 파주: 교육과학사. p. 337-338.

168 Bennett, C. (2010). *Comprehensive multicultural education: Theory and practice*(7th ed.). Boston: Allyn and Bacon.

169 최초의 매트릭스는 Ford, D. Y., & Harris, J. J. (1999). *Mutlitcultural gifted education*. NY: Teachers College P. 장인실 외(2014). 다문화교육의 이해와 실천. 서울: 학지사. p. 231. 참고. 개정된 매트릭스는 Ford, D. Y. (2011). *Multicultural gifted education: Rationale, models, strategies, and resources*(2nd ed.). Waco, TX: Prufrock P.

170 전은희(2014). 학교 다문화교육의 근본적 한계에 대한 비판적 검토. 교육학연구, 52(3). pp. 235-259. 조상식(2009). 비판이론의 관점에서 본 다문화 교육의 한계. 교육철학, 44. pp. 139-155.

171 박민정(2009). 역량기반 교육과정의 특징과 비판적 쟁점 분석: 내재된 가능성과 딜레마를 중심으로. 교육과정연구, 27(4), 71-94. 홍원표(2017). 역량기반 교육과정의 가능성에 대한 비판적 재검토: 이론적 · 실제적 쟁점을 중심으로. 교육과정연구, 35(1), 239-254. 한혜정, 이주연(2017). 학문중심 교육과정 및 이해중심 교육과정과의 비교를 통한 역량기반 교육과정 이해. 교육과정연구, 35(3), 203-221. 이상은(2018). 불확실성 시대의 학습의 속성에 비추어 본 역량기반 교육과정의 대안적 방향 탐색: 존재론적 접근을 중심으로. 교육과정연구 36(1), 45-69. 이상은, 소경희(2019). 미래지향적 교육과정 설계를 위한 OECD 역량교육의 틀 변화 동향 분석: 'Eduction 2030'을 중심으로. 교육과정연구, 37(1), 139-164. 등의 글을 참고함.

172 백남진, 온정덕(2017). 역량 기반 교육과정의 이해와 설계. 서울: 교육아카데미. pp. 33-36.

173 교육부(2021). 국민과 함께하는 미래형 교육과정 추진 계획(안). 교육부 보도자료(2021.4.20). OECD (2018). *The Future of Education and Skills: Education 2030*. OECD. pp. 3-4. 번역된 그림의 출처는 최상덕(2018). 외국의 프로젝트 기반 학습을 통한 핵심역량 교육 사례. 행복한 교

육, 2018(2)(서울: 교육부). p. 53.

174 박민정(2009). 역량기반 교육과정의 특징과 비판적 쟁점 분석: 내재된 가능성과 딜레마를 중심으로. 교육과정연구, 27(4), 71-94. 한혜정, 이주연(2017). 학문중심 교육과정 및 이해중심 교육과정과의 비교를 통한 역량기반 교육과정 이해. 교육과정연구, 35(3), 203-221.

CHAPTER

3

교육과정 개발 이론

3

교육과정 개발 이론

Contents

제 1 절 완전한 삶을 준비하는데 기여하는 교육: 스펜서(H. Spencer)

1. 기본 관점

스펜서는 영국 빅토리아 시대 많은 논쟁을 불러일으킨 사상가 중 한 명으로 현대적 교육과정 논의를 처음으로 시작한 것으로 평가받고 있다.[1]

학교에서 과학을 가르칠 것을 주장: 그는 라틴어나 희랍어 등 고전어를 중심으로 대학준비에 치중하였던 당시 고전적 교육과정을 비판하고, 과학을 중시하고 과학적인 방법으로 사회현상을 연구할 것을 주장하였다. 그는 당시 고전어, 고전적 교과 중심의 학교교육과정이 대학입학을 목적으로 할 뿐, 실생활에 전혀 유익하지 않음을 비판하였다. 대신 실제 삶에 기여하고, 완전한 삶(complete living)에 도움이 되는 과학을 학교에서 가르칠 것을 주장하였다.[3]

스펜서[2]

사회진화론의 관점에서 교육을 접근함: 스펜서는 다윈의 진화론에 영향을 받아 사회진화론을 주장하였다. 그에 의하면, 적자(the fittest)의 삶이 완전한 삶(completing living)이며, 이것은 5가지 활동으로 구성되며 이들은 우선순위가 있다. 우선순위의 구분기준은 생존가능성이며, 이는 곧 실용성, 기능성, 생산성과 같은 것이다. 완전한 삶을 구성하는 5가지 활동과 관련되는 교육 역시 생존가능성, 실용성, 기능성, 생산성 등을 기준으로 우선순위가 정해진다. 따라서 학교에서 실용적이고 기능적인 교과를 우선적으로 공부함으로써 사회에서 생존가능성과 생산성이 더 높아지게 된다. 실용적이고 기능적인 교과목을 공부함으로써 치열한 사회의 생존경쟁에서 살아남아 적자(the fittest)가 될 수 있으며, 이러한 적자들을 통해 사회가 진화한다고 주장하였다.*

기능적 관점에서 교육을 접근하는 입장의 효시: 교육을 실용성, 기능성, 생산성의 관점에서 접근한, 스펜서의 교육관은 이후 미국 교육에 영향을 미치어 중등교육의 7대 목표와 1920년대 보빗의 교육과정 이론 등으로 이어진다.

국가가 교육을 통제하는 것을 반대: 스펜서는 교육은 본질상 개인의 영역이므로 교육을 통제하는 국가의 시도는 해롭다고 생각하였다. 그래서 그는 국가가 교육에 관여하는 국가교육시스템 도입을 반대하였다. 이러한 그의 교육사상은 영미 교육제도에 큰 영향을 미치었다.

2. 교육목적론

교육은 개인이 사회에서 적자(the fittest)가 되도록 하는 데 기여해야 한다: 스펜서는 교육은 결국 개인의 (미래) 삶에 기여하여야 하며, 그래서 교육의 목적은 개인이 (미래) 삶을 준비하는 데 기여해야 하는 것으로 생각하였다. 여기서 (미래) 삶은 사회의 생존경쟁에서 살아남은 적자(the fittest)의 삶을 의미한다. 따라서 교육은 개인이 사회에서 적자가 되도록 하는 데 기여해야 한다.

어떤 지식이 가장 가치있는 지식인가?: 스펜서는 '어떤 지식이 가장 가치있는 지식인가?(What Knowledge Is of Most Worth?)'란 질문을 제기하였다. 이 화두를 통해 그가 탐구한 것은 '어떤 지식이 개인에게 가장 유익한 지식인가?'이며 이는 곧, '어떤 지식이 개인의 생존가능성, 생산성, 실용성, 기능성을 높이는 지식인가?'로 이어진다. 스펜서는 '어떤 지식이 가

* 스펜서의 사회진화론과 적자생존을 이해하기 위하여 다음을 참고하기 바란다.
http://home.ebs.co.kr/reViewLink.jsp?command=vod&client_id=jisike&menu_seq=1&enc_seq=1178084

장 가치있는 지식인가?'에 대한 해답으로 그것은 '과학이다'라고 말한다.[4] 그는 개인의 삶에서 생존가능성과 생산성을 높이는 과학이야말로 가장 가치가 있는 것으로 생각하였다.

완전한 삶을 구성하는 5가지 활동: 스펜서는 완전한 삶(complete living)을 구성하는 5가지 활동을 제시하였으며 각각의 5가지 활동에 기여하는 교육(교과)을 제시하였는데 다음과 같다.

① 직접적 자기보존을 위한 활동
② 재화나 용역의 획득을 통해 간접적 자기보존을 위한 활동
③ 자녀의 양육과 훈육에 관한 활동
④ 사회적, 정치적 관계를 유지하는 활동
⑤ 여가를 즐기는 활동

표 3-1 완전한 삶을 구성하는 5가지 활동과 교과

↑ 우선 순위 높음	① 직접적 자기 보존을 위한 활동: 건강에 관한 과학(자연과학) ② 간접적 자기 보존에 기여하는 활동: 재화, 용역의 획득에 관한 과학(사회과학) ③ 자녀의 양육과 훈육에 관한 활동: 생리학, 심리학 ④ 사회적 · 정치적 관계 유지에 관련된 활동: 역사, 사회학 ⑤ 여가를 즐기는 활동: 시, 음악, 미술

삶을 준비하는 데 기여하는 정도에 따라 교과(지식)의 중요성을 매김: 완전한 삶을 구성하는 5가지 활동은 우선순위가 있다. 먼저 직접적 자기보존을 위한 활동이 가장 우선적이며 여가를 즐기는 활동은 맨 나중순위이다. 이유는 직접적 자기보존에 관한 활동이 개인의 이익 특히, 생존가능성과 직결되기 때문이다. 반면 여가 등의 활동은 생존가능성과 직결되지 않는다. 따라서 학교 교육과정에서 교과 간에 우선순위가 매겨진다. 즉, 직접적 자기보존활동과 관련되는 과학(특히, 자연과학)이 가장 중요하며, 다음으로 간접적 자기보존과 관련되는 과학(특히, 사회과학)이 중요하다. 반면, 여가 활동과 관련되는 교과인 음악, 미술, 시 등은 중요성이 떨어진다. 결론적으로 스펜서는 개인의 이익 특히, **생존가능성과 생산성을 최우선적으로 고려하여 학교 교육과정의 중요성을 평가**한 것이다. 즉, 교과(지식)의 중요성을 개인의 삶을 준비하는 데 기여하는 정도에 따라 결정한 것이다.

제2절 모든 청소년을 위한 교육: 중등교육의 7대 목표

1. 모든 청소년을 위한 중등교육

10인 위원회(1892)* 보고의 보수성을 탈피하기 위해 1918년 결성된 중등교육개편위원회는 '모든 청소년(all youth)을 위한 중등교육'을 이상으로 삼고, "중등교육의 기본원리(Cardinal principle of Secondary Education)"를 선언한다. 주요내용은 중등교육은 사회의 필요와 학생의 개인적 특성, 교과 지식과 실제적 활용 가능성에 맞추어 새로운 방향을 잡아야 한다는 것이었다. 이것은 중등교육에 대한 전통적인 ① 교과의 요구와 ② 사회의 요구, 그리고 당시 점점 목소리를 내는 ③ 학습자의 요구를 통합적으로 반영한 것이다. 대학에 가는 일부 계층만을 위한 중등교육이 아닌, 모든 학생을 위한 중등교육을 슬로건으로 내세운 이상, ① 교과, ② 사회, ③ 학습자의 요구를 모두 절충적으로 반영하려는 것은 어쩔 수 없는 선택이었을 것이다. 중등교육개편위원회가 선언한 중등교육 7대 목표는 다음과 같다.[5]

표 3-2 중등교육 7대 목표

1. 건강한 사람 기르기
2. 기초학습능력 기르기
3. 가족 구성원으로서 역할 익히기
4. 직업수행능력 준비하기
5. 시민성 함양하기
6. 여가 선용하기
7. 윤리적 품성 기르기

7대 목표에서 나타나는 건강, 가족 구성원으로 역할, 여가 등은 스펜서의 완전한 삶을 구성하는 활동과 일부 중복이 된다. 이것은 스펜서의 교육론에 영향을 받은 것이라고 할 수 있다. 이러한 경향은 당시 진보주의 교육가들이 멀리는 스펜서의 교육론을 미국교육에 실질적으로 적용한 것이라고 할 수 있다.[6]

* 2장 3절 경험중심 교육과정 참조(p. 54).

제 3 절 성인생활을 효율적으로 준비하는 과정으로서 교육과정: 보빗(F. Bobbitt)

1. 기본 관점

보빗[9]

보빗은 삶에 도움되는 교육과정, 교육과정 연구의 전문화와 과학적 교육과정 개발의 선구자이다.[7] 그는 처음으로 **과학적인 방법으**로 교육과정 개발을 시도하였으며,[8] 사회적 효율성의 관점에서 성인생활을 효율적으로 준비하기 위한 **기능중심** 교육과정을 개발하려고 하였다. 이를 위해 **활동영역분석방법**을 사용하였다. 또한 그는 「교육과정(The Curriculum)」에서 교육과정이란 용어를 처음 사용한 것으로 알려져 있다.

교육은 성인생활을 효율적으로 준비하는 과정임: 보빗은 교육은 성인생활의 준비과정이며, 교육의 목적은 성인의 직업, 언어, 시민생활 등의 영역분석(활동분석)을 통해 부족한 것으로 판단되는 것을 길러주는 것이며, 그것들을 학교 교육과정에서 직접 가르칠 것을 주장하였다.[10] 이것을 위해 성인들의 직업, 시민생활, 건강활동 등의 영역에서 요구되는 여러 능력과 특성을 과학적으로 분석하는 것이 필요하며 이러한 과학적 방법을 통해 교육목적을 달성할 수 있다고 보았다.[11]

사회적 효율성을 중시: 보빗은 교육에서 사회적 효율성을 중시하였으며, 테일러(Taylor)의 과학적 관리기법에 영향을 받아 공장에서 제품을 만드는 과정과 학생을 교육하는 과정을 같은 것으로 인식하였다.[12] 따라서 **교육과정을 성인생활을 원만히 영위하도록 효율적으로 준비하는 과정**으로 간주하였다.[13] 그는 또한 교과지식의 가치를 사회적 효율성을 기준으로 평가하였다. 성인생활에 필요한 지식(기능)을 가르치는 것이 효율적이며, 성인생활에 불필요한 지식을 가르치는 것은 비효율적인 것으로 간주하였다.

2. 교육목표 및 교육과정 개발

사회적 필요를 충족시키는 교육목표: 보빗은 교육목표를 크게 강조하였다. 그는 교육과정 개발의 최우선 과제를 교육목표를 설정하는 것으로 생각하였다. 그리고 그러한 목표를 달성하는 최적의 경험과 교과를 선정해야 한다고 주장하였다.[14] 그는 교육목표는 사회적 필요를 기반으로 개발되어야 하며,[15] 구체적으로 성인의 활동분석을 통해 교육목표를 10개 영역(건강, 시민, 대인관계, 여가, 언어, 사회적 의사소통, 종교, 자녀양육, 비직업적 실제, 직업), 800개 세부목표를 제시하였다.[16]

활동영역분석을 통한 교육과정 개발: 보빗이 제시한 교육과정 개발의 5단계는 ① 성인의 삶 분석 → ② 영역분석→ ③ 목표추출 → ④ 목표선정 → ⑤ 목표달성을 위한 활동계획 수립으로 구성이 된다. 이것은 당시로서는 매우 과학적인 개발방법이었다.*

보빗과 듀이의 교육과정 개발의 차이

보빗의 성인에서 → 아동으로: 보빗의 교육과정 개발방법은 넓은 성인의 활동분석에서 출발하여 좁은 아동에게로 이르게 하는 축소 과정이다. 그는 공부 시킬 것만 찾아서 공부시키는 것이 훨씬 경제적이고 효율적인 것으로 판단하였다.

듀이의 아동에서 → 성인으로: 반면 듀이는 좁은 아동의 경험 특히, 흥미나 요구에서 출발하여 보편적인 성인의 세계(교과)로 이르게 하는 확대과정을 주장하였다.[17]

제 4 절 목표중심 교육과정 개발: 타일러(R. Tyler)

1. 기본 관점

타일러의 교육과정 논리는 20세기를 대표하는 교육과정 중심 이론이다.[18] 타일러 자신은 그의 교육과정 개발 모형을 논리(rationale)라고 말한다. 여기서 논리란 그의 이론이 교육과정 개발 모형이나 절차에 대한 지침이 아니라, 교육과정과 수업을 보는 관점, 그것을 이해하고 분석하는 틀이라는 것을 의미한다.[19]

* 보빗의 성인의 활동영역 분석법은 지금의 직무분석방법(task analysis)과 비슷하다(저자 주).

타일러[20]

합리적 논리: 보통 타일러의 논리는 합리적인 것으로 평가된다. 이유는 그의 논리가 누가 보아도 논리적이고 합리적이기 때문이다. 이러한 이유로 그의 논리는 어떤 교과나 수업수준에서도 활용될 수 있는 폭넓은 유용성을 장점으로 가진다.[21]

목표중심모형: 타일러의 논리에서 교육목표는 사전에 정해진다. 이후의 과정은 사전에 정해진 교육목표를 효과적이고 효율적으로 달성하기 위한 하나의 수단에 지나지 않는다. 즉, 교육내용선정, 교육내용조직, 실행, 교육평가가 앞에서 제시된 교육목표를 달성하기 위한 일련의 도구인 것이다. 그래서 타일러의 논리는 목표중심모형으로 불린다. 이홍우는 타일러의 논리를 목표모형으로 비판하였다.[22]

평가중심모형: 타일러는 교육과정 이수 후, 교육목표달성 여부를 평가를 통해 확인할 것을 요구한다. 교육과정의 효과성을 평가를 통해 확인하는 것이다. 이러한 이유로 그의 논리는 평가중심모형으로 불린다.

2. 교육과정 개발의 4가지 질문

타일러는 교육과정과 수업을 하나의 과정으로 보았으며, 교육과정을 교과내용뿐만 아니라 교육목적, 교육내용, 교육방법, 학습활동까지 포함하는 경험으로 파악하고 있다.[23] 그는 아래의 네 가지 질문을 중심으로 교육과정 개발 논리를 차례로 설명하였다.

① 학교가 달성해야 할 교육목적은 무엇인가?

② 그러한 교육목적을 달성하기 위하여 제공되어야 할 교육경험은 무엇인가?

③ 이들 교육경험을 효과적으로 조직하는 방법은 무엇인가?

④ 교육목적이 달성되었는지, 아닌지를 어떻게 판단할 수 있는가?

이러한 과정에서 ① 목표설정, → ② 경험선정, → ③ 경험조직, → ④ 교육평가의 개발 절차가 자연스럽게 도출이 되었다. 그러나 타일러는 교육과정 개발 절차가 위의 순서를 따라가야 한다고 주장한 것은 아니다. 단지 교육과정 개발에서 핵심 요소가 무엇이며 이들은 어떤 관계를 갖는지를 보여주려 한 것이었다.[24]

가. 목표 설정: 학교가 달성해야 할 교육목표는 무엇인가?

타일러는 교육목표를 설정할 때, 먼저 ① 학습자에 대한 연구, ② 사회에서의 실제 삶에 대한 연구, ③ 교과 전문가들의 교과내용 제안을 검토하여 잠정적인 목표를 선정한 후, ④ 교육철학 및 ⑤ 학습심리학을 통해 중요하고 일관성 있는 목표를 설정할 것을 주장하였다.

그림 3-1 타일러의 교육목표 설정 과정

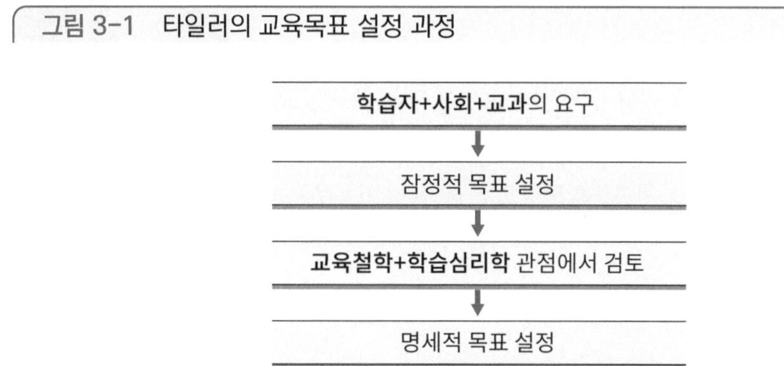

교육철학과 학습심리학의 관점에서 검토: 교육철학과 학습심리학의 관점에서 검토한다는 것은 다음을 의미한다. 먼저, 교육철학의 관점에서 검토하는 것은 교육목표들의 철학적 가치를 검토한다는 것을 의미한다. 이상적 삶과 사회, 물질적 가치와 정신적 가치, 사회적응과 사회개혁, 일반교육(general education)과 전문교육(special education), 민주주의 등에 관한 철학적 가치 판단이 여기서 요구된다. 다음으로 교육철학을 통해 필요하다고 선정된 교육목표도 학습심리학의 관점에서 재검토되어야 한다. 이것은 해당 목표가 학습 가능한 것인가?(학습가능성), 목표 달성에 요구되는 최적의 학습 조건은 무엇인가? 적합한 교육방법은 무엇인가? 등을 검토하는 것을 포함한다.

목표 진술: 타일러는 학습목표를 학습내용과 행동(행위동사)으로 진술하고 교육목표 **이원분류표**로 체계화할 것을 제안하였다.[25] 교육목표는 **영역**, **학습내용**, **행동**을 **상세히 진술**하여야 평가의 준거가 될 수 있다. 예를 들어 학습목표를 다음과 같이 진술하는 것이다.

학생이 문학작품(영역)을 읽고 진술되지 않은 암묵적 가정(내용)을 찾아낼 수 있다(행동).

학습목표를 '학생이 ~할 수 있다'는 형식의 행위동사로 진술하면, 교육평가 단계에서 목표달성 여부를 분명하게 확인하는 데 도움이 된다. 또한 행위동사 중심의 분명한 목표 진술은 학습경험선정, 학습경험조직, 실행 등의 이후의 과정에서 명확한 방향을 제시하는 기능을 한다. 타일러의 이러한 교육목표관은 블룸(B. Bloom)의 목표분류학으로 이어졌다.

나. 경험 선정: 그러한 교육목표를 달성하기 위하여 제공되어야 할 교육경험은 무엇인가?

교육목표 설정 후 해당 목표를 달성하기 위한 적절한 교육경험이 제공되어야 한다. 그가 제시한 교육경험 선정의 일반적 원칙은 다음과 같다.[26]

① 기회의 원칙: 교육목표를 달성할 기회가 보장되도록 경험 선정(교육목표 달성에 도움이 되는 경험 선정)

② 만족의 원칙: 학생의 흥미 · 필요와 합치되도록 경험 선정

③ 학습가능성의 원칙: 학습자의 발달단계에 맞는 경험 선정

④ 일목표 다경험의 원칙: 다양한 학습경험으로 교육목표를 달성할 수 있도록 경험 선정

⑤ 일경험 다성과의 원칙: 하나의 경험을 통하여 여러 성과를 거둘 수 있도록 또는 여러 목표가 동시에 달성되도록 경험 선정

다. 경험 조직: 이들 교육경험을 효과적으로 조직하는 방법은 무엇인가? 효과적인 수업을 위해 학습경험을 어떻게 조직할까?

타일러는 학습경험의 조직 원칙으로 계속성, 계열성, 통합성을 제시하였다.

종적 계속성(continuity): 동일 내용이나 영역을 수준을 높여가며 반복함으로써 학생이 해당 부분을 이해할 수 있도록 조직하는 것이다.

예를 들어, 생물에서 우리 몸에 대하여 초등학교 5-6학년에서 '우리 몸의 구조와 기능'을, 중학교 2학년에서 '소화, 순환, 호흡, 배설'을 반복하여 배우도록 내용을 조직하는 것이다. 초등학교 3-4학년에서 '식물의 생활'을, 5-6학년에서 '식물의 구조와 기능'을, 그리고 중학교 1학년에서 '광합성'을 반복하여 배우도록 내용을 조직한다. 역사에서 초등학교 5-6학년에서 조선사회의 새로운 움직임을 배우고, 중학교에서 조선의 성립과 발전을 반복하여

배우도록 내용을 조직하는 것이다.*

종적 계열성(sequence, 위계성): 학습내용을 학년이 올라갈수록 폭과 깊이가 확대 · 심화되게 조직하는 것이다. 이때 학습자의 발달수준과 교과의 내용수준을 고려한다. 예를 들어 생물에서 우리 몸에 대하여 초등학교 5-6학년에서 '우리 몸의 구조와 기능'을 배우고, 중학교 2학년에서 수준을 높이고 깊이를 심화하여 '소화, 순환, 호흡, 배설'을 배우도록 내용을 조직한다. 역사에서 초등학교 5-6학년에서 조선사회의 새로운 움직임을 배우고, 중학교에서 폭과 깊이를 확대 및 심화하여 조선 건국과 통치 체제의 정비, 민족문화의 발달, 사림 세력의 성장을 배우도록 내용을 조직하는 것이다. 역사에서 초등학교는 왕조사 중심으로, 중학교는 정치사 중심으로, 고교는 문화사 중심으로 학습내용을 조직한다.

횡적 통합성(integration): 서로 관련되는 학습내용 혹은 지식들을 유기적으로 통합하는 것이다. 지식의 맥락화 및 통합교육과 관련되며 최근 유행하는 스팀(STEAM) 학습과도 관련이 깊다.

그림 3-2 경험조직원리

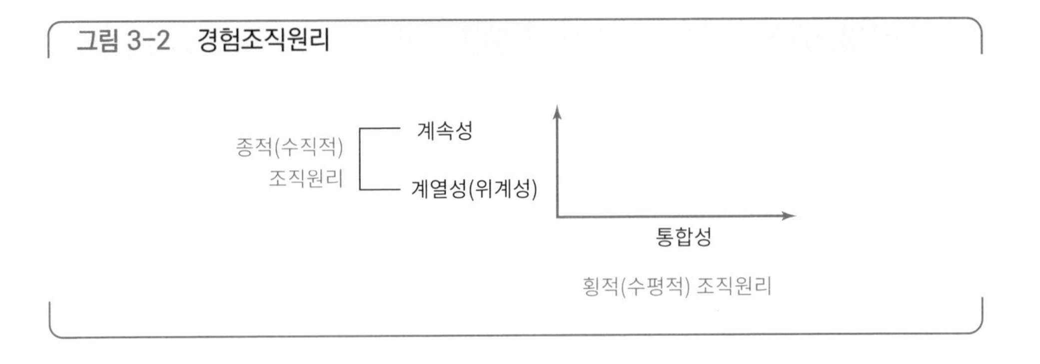

라. 목표달성 여부 평가: 교육목적이 달성되었는지, 아닌지를 어떻게 판단할 수 있는가?

이 단계에서는 의도한 교육목표가 달성이 되었는가? 실행된 교육과정이 의도한 결과 산출에 기여하였는가? 만약 목표가 달성되지 못하였다면 그 원인은 무엇인가? 등을 확인한다.

구체적으로 학생에 대한 평가와 교육과정에 대한 평가를 한다. 즉, 학생에 대한 평가로 학생이 성취한 학습결과를 확인하고, 교육과정에 대한 평가로 그러한 성취결과를 초래한 교육과정의 장, 단점을 분석한다. 후자는 교육과정의 효과성을 확인하는 과정이다. 이를 통해 해당 교육과정을 계속 유지할 것인가, 개선할 것인가를 판단한다. 따라서 평가는 궁극적으로 교

* 2015 개정교육과정 과학과 및 사회과 교육과정 참고.

육과정의 효과성 확인 및 피드백 목적으로 수행된다. 한편, 타일러는 평가의 방법으로 전통적인 지필평가 외에도 관찰, 면접, 포트폴리오 평가 등 다양한 방법을 활용할 것을 주장하였다.

3. 타일러의 교육과정 개발 논리에 대한 평가

처방적, 연역적, 직선적 모형: 타일러의 논리는 교육과정 개발자들이 따라야 할 절차를 제시한다는 점에서 **처방적**이며, 목표가 먼저 제시된다는 점에서 **연역적**이며, 목표에서 평가로 순차적으로 진행된다는 점에서 **직선적** 모형이다.

교과, 학습자, 사회에 대한 균형된 관점: 타일러의 논리는 교과, 학습자, 사회에 대한 균형된 관점을 지니고 있다.[27] 하지만 타일러의 논리를 비판하는 사람들은 그의 논리가 정치적, 사회적, 경제적 조건보다 교육과정과 교수학습의 합리성만을 지나치게 강조하였다고 비판한다. 교육과정 현상을 이해하려면 정치적, 사회적, 경제적 조건에 대한 설명이 필요하다는 것이다.[28] 그러나 분명한 것은 타일러의 논리는 교육과정 개발과 관련된 여러 쟁점을 잘 중재하고 있다는 것이다. 그의 논리는 특정 관점에 치우치지 않았으며, 절충주의자처럼 현실에 영합하지도 않았다. 그의 논리는 어떤 관점도 수용할 수 있는 명쾌한 구조를 가지고 있다.[29]

합리적, 논리적 모형: 타일러의 논리는 합리적인 것으로 평가된다. 그래서 어떤 교과나 수업수준에서도 활용될 수 있는 폭넓은 유용성을 지닌다.[30]

평가영역의 확대: 타일러는 당시 지배적인 평가방법인 지필평가 이외에 포트폴리오 평가 같은 다양한 방법을 활용할 것을 주장하여 평가의 영역을 확대시킨 것으로 평가된다.

4. 타일러의 교육과정 개발 논리에 대한 비판

가치중립적이다: 클리바드는 타일러의 논리가 가치중립적인 태도를 취하고 사실과 가치를 혼동하고 있다고 비판한다.[31] 파이너 역시 타일러의 교육과정 논리가 개량주의적, 행동주의적, 몰역사적 태도를 갖고 있다고 비판한다.[32]

당위성, 규범성 측면에서 목표가 어떤 내용이나 활동을 포함해야 한다는 언급을 하지 않음: 타일러는 목표설정의 과정, 목표진술의 방법에 대해서만 언급을 하고 있다. 그러나 무엇이 혹은 어떤 내용과 활동이 교육목표로 필요하고, 왜 그것이 다른 목표보다 우선적으로 선정되어야 하는지 그 이유를 언급하지 않고 있다.[33] 같은 맥락에서 바람직한 삶과 교육과정의 관계에 대한 언급이 없다. 바람직한 삶은 어떤 것이며 그러한 삶과 교과, 교육과정은 어떤 관계를 가지는지에 대한 언급을 하지 않고 있다.[34] 단지 교육과정개발의 형식, 절차, 원칙, 방법만 언급하였다. 결국, 무엇(what)에 대한 언급을 회피하고 어떻게(how)에 대해서만 제시하고 있는 것이다.

기계적이고 절차적인 모형: 타일러의 논리는 어떻게 교육과정을 개발할 것인가를 주로 염두하고 있다. 타일러의 논리는 요소 간의 상호의존성이 부족하다. 만약 교육과정 개발자가 교육과정의 구성요소 간의 상호의존성을 고려하지 못한다면 개발은 기계적 과정이 될 수밖에 없다.[35] 이러한 이유 때문에 타일러의 논리는 절차적 모형으로 평가받는다. 그러나 이에 대하여 타일러 자신은 사람들이 그의 논리를 고정된 절차로 잘못 해석할 것을 예상하고, 그의 논리가 네 가지 다양한 상황에 따라 유연하고 변화가능한 것이라고 분명하게 밝히고 있다.[36]

목표를 우위에 두어 내용을 목표 달성을 위한 수단으로 전락시킴: 타일러 논리에서 교육목표 설정 이후의 단계는 앞 단계에서 제시된 교육목표를 효과적으로 달성하기 위한 수단에 지나지 않는다. 즉, 교육목표달성을 위한 하나의 도구로 전락한 것이다.[37] 이러한 이유로 그의 모형은 **목표모형**으로 비판받는다.[38] 이것은 해당 교육목표가 왜 중요한지, 왜 그것을 가르쳐야 하는지 답을 추구하지 않고, 교육내용을 목표를 달성하기 위하여 수단화한 것에 대한 비판이다.

수업 중에 발생하는 부수적, 확산적 목표를 간과함: 타일러의 논리는 교육목표를 미리 선정하여 수업 중에 발생하는 부수적, 확산적 목표의 중요성을 간과하고 있다.[39] 사전에 설정된 교육목표의 달성만 추구한다면, 사전에 설정되지 않았지만 실행 과정에서 드러나는 중요한 경험을 간과하기 쉽다. 이러한 이유로 아이즈너는 **잠재적 교육과정**의 중요성을 지적하였으며, 사전 목표설정의 한계를 극복하기 위하여 **사후적 목표설정**(expressive outcomes)을 주장하였다.*

학습목표를 행위동사로 진술하는 것이 제한적임: 수학, 과학, 언어, 체육 등의 교과는 학습목표를 행위동사로 진술하기 쉽다. 그러나 음악, 미술, 윤리, 문학 등은 학습목표를 행위동사로 진술하는 것이 상대적으로 제한적이다. 억지로 학습목표를 행동으로 진술할 수 있으나 이럴 경우 학습목표가 왜곡이 될 것이다.

---

* 본서 3장 9절 아이즈너에서 자세히 설명함(p. 197).

교육과정이 교육평가에 종속되기도 함: 타일러는 교육과정 이수 후, 반드시 목표달성 여부를 평가를 통해 확인할 것을 요구한다. 이러한 이유로 그의 모형은 평가중심모형으로 불린다. 그러나 교육평가의 강조는 때로 교육과정이 평가에 종속되는 결과를 초래하기도 한다. 우리나라 고교 교육이 수능시험에 종속되어 교육과정이 파행적으로 운영되는 것이 그 예이다.

실제 교육과정 개발의 과정은 비선형적이기도 함: 타일러 논리는 절차적 모형으로 평가받으며 4가지 단계의 순서가 고정적인 것으로 보인다. 하지만, 현장에서 실제 교육과정 개발은 절차적이지 않으며 각 단계의 구분이 명확하지 않은 경우가 많다. 이것을 잘 설명하는 모형이 워커의 숙의 모형이다.

제 5 절 교사가 만드는 교육과정 개발: 타바(H. Taba)

1. 기본 관점

타바[40]

타바는 교사가 만드는, 수업 및 실천 지향적인 교육과정 개발을 주장하였다. 그녀는 우리나라의 국가수준 교육과정처럼 외부의 권위자가 교육과정을 개발하기보다, 현장의 교사가 만들어야 한다고 생각하였다. 또한 교사가 일반적인 교육과정을 개발하는 것이 아니라, 수업에 즉각 활용되는 단원을 만든 것부터 시작해야 한다고 주장하였다.[41] 교사가 실천지향적인 교육과정을 개발하면 교육과정(curriculum)과 수업(instruction)이 하나의 과정이 된다.* 반면 외부에서 교과 전문가가 교육과정과 교과서를 개발하고 교사는 단지 실천만을 한다면 교육과정과 수업이 분리가 된다. 이 경우 교사는 외부에서 정해진 교육목표, 핵심주제를 벗어날 수 없으므로, 교사는 단지 교육과정을 전달(혹은 실천)하는 역할에 한정될 수밖에 없다. 이것을 두고 애플은 교사가 교육과정을 단지 실행하는 역할에 한정될 때, 교사의 전문성은 서서히 녹슬게 되고 그리하여 시간이 지남에 따라 교사는 타인의 아이디어를 단순히 전달하고 실행하는 단순노동자로 또는 수업의 관리자로

* 타일러 역시 교육과정과 수업을 하나의 과정으로 인식하였다.

전락하게 된다고 비판하였다.*

2. 교육과정 개발 절차: 5단계, 귀납적 방식

타바는 교육과정 개발에 있어 일반적 설계에서 시작하여 구체적인 부분으로 나아가는 전통적인 연역적 방식과 달리, 구체적인 단원 설계에서 시작하여 일반적 설계로 이어지는 **귀납적 방식**을 취하였다. 타바는 개발 모형을 그림으로 제시하지 않았지만 내용을 종합하면 다음과 같다.[42]

그림 3-3 타바의 교육과정 개발 절차

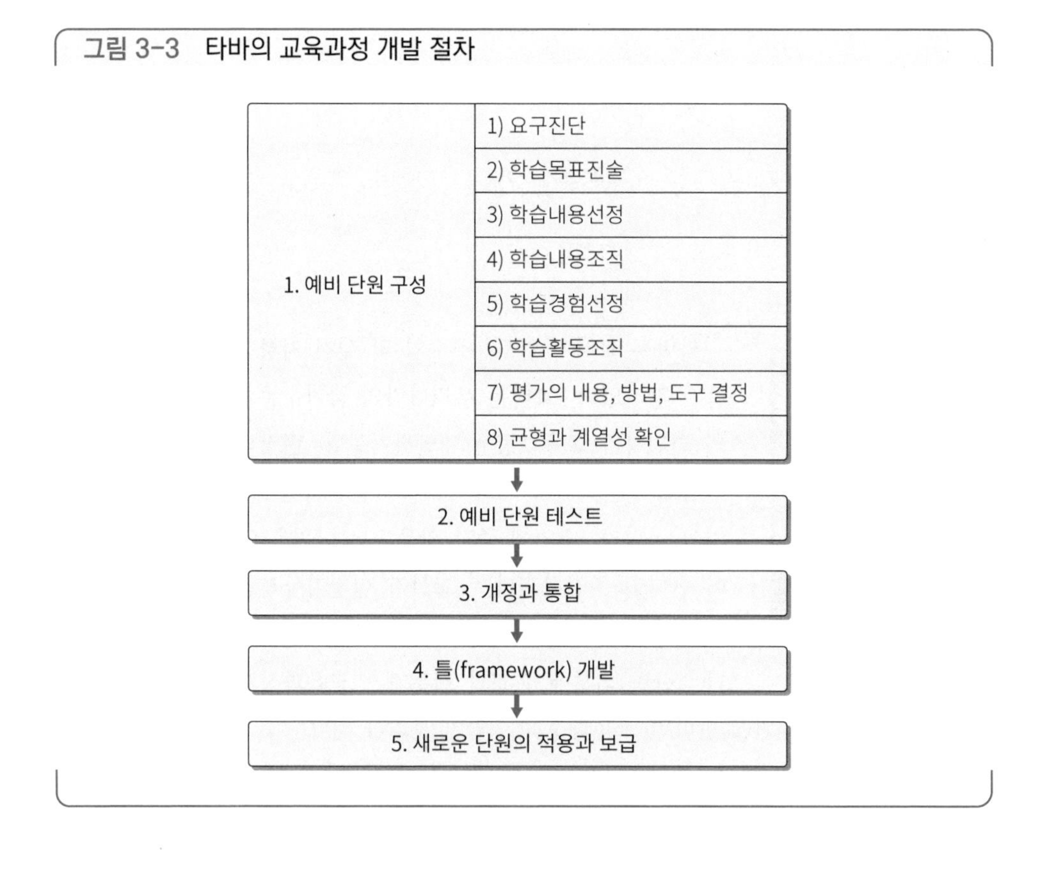

* 본서 2장 5절 교육과정 사회학의 애플에서 자세히 설명함(p. 81).

가. 예비단원 구성

학년수준 또는 교과 영역을 대표하는 예비단원을 구성한다.

요구진단: 교사는 학생들의 요구, 학업성취수준, 선수학습정도, 동기유발정도, 기타 학생의 특성 등을 파악한다.

학습목표 진술: 학습목표를 구체적으로 진술한다.

학습내용 선정: 학습목표 달성을 위한 내용(교과문제와 주제, 지식)을 정한다. 학습목표는 내용선정의 기준이 될 뿐만 아니라 선정된 내용의 타당성과 중요성을 가늠하는 기준이 된다.

학습내용 조직: 내용을 어느 수준, 어느 계열로 할 것인지를 정한다. 이때 학생의 발달수준, 학업성취도, 선수학습정도 등을 고려하여 내용의 적절한 위치를 조직한다.

학습경험 선정: 타바는 교육내용 혹은 지식과 학습경험을 구별하고 있다.[43] 이 단계에서 교사는 학생이 내용을 학습하는데 필요한 학습활동, 학습방법, 전략을 정한다. 학생은 선정된 학습경험을 통해 내용을 학습하게 된다.

학습활동 조직: 내용을 학습하는데 필요한 활동의 상황, 순서, 조건 등을 조직한다. 물론 학생들의 특성을 고려하여 조직한다.

평가의 내용, 방법, 도구를 결정: 목표달성 여부를 확인하기 위하여 적절한 평가의 내용, 방법, 도구를 결정한다.

균형과 계열성 확인: 단원을 구성하는 요소들 사이의 일관성과 계열성, 학습경험의 적절한 흐름 등을 점검한다.

나. 예비단원 테스트

교육과정 개발의 궁극적 목적은 다른 학급, 다른 학교, 다른 교과에도 적용될 수 있는 교육과정을 만든 것이다.[44] 따라서 이 단계에서는 해당 예비 단원의 타당성, 교육적 적합성을 검증하고 학습에 필요한 능력을 확인한다.

다. 개정과 통합

테스트한 예비단원을 수정하여 모든 유형의 학급에 맞는 보편적인 단원을 개발한다. 앞의 예비단원은 이 단계에서 학생의 요구, 능력, 가용자원, 교수방법 등에 맞추어 수정된다. 이를 통해 예비단원은 모든 유형의 학급에 맞는 보편적인 단원으로 개발된다. 이때 개발된 단원이 실제 실행될 때 어느 정도의 자율성을 가지고 수정되어도 되는지 그 한계를 제시할 필요도 있다.

라. 틀(framework) 개발

여러 개의 단원을 개발한 후, 단원의 범위와 계열의 적절성을 확인한다. 이 단계에서는 개발된 여러 단원의 범위의 적절성, 단원 간 계열성을 확인한다.

마. 새로운 단원의 적용과 보급

새로운 단원을 현장에 적용 및 보급하고 필요한 교사 연수를 제공한다.

3. 타바의 교육과정 개발 모형에 대한 평가

타바의 모형은 교사가 단원을 설계하는데 유용한 모형이다. 또한 그녀의 모형은 스승인 타일러의 논리처럼 논리적이고 계열적이어서 교육과정 개발에 유용하다. 그러나 여전히 체제적으로 접근하고 있으며 개발을 할 때 따라야 할 절차 중심으로 제시하고 있고 처방적이다. 전체적으로 목표 중심, 학습경험 중시, 과학적 방법 등 보빗과 타일러의 관점을 크게 벗어나지 않고 있다.[45]

제 6 절 실제적 · 절충적 교육과정 개발: 슈왑(J. Schwab)

1. 기본 관점

슈왑은 교육과정 연구자들이 그동안 실제 현장의 문제를 간과하여 교육과정 분야가 위기에 처하였다고 비판하였다. 교육과정 연구와 개발은 실천적인 분야인데, 기존의 일반화된 이론에 기반하여 처방하는 이론적 접근방식이 가진 단순성, 획일성, 탈맥락성 등의 한계로 교육과정 분야가 빈사상태에 처하였다고 비판하였다.[46] 교육과정 분야의 문제는 이론적 문제가 아니고 특정 상황에서 발생하는 실제적 문제이며, 그것은 상황에 따라 다양하며 복잡하며 비구조화된 문제이다. 따라서 교육과정 문제는 교육과정 연구자 혹은 개발자의 선택과 실천에 관한 문제이다. 이것은 문제가 발생한 특수 상황을 고려하여 적절한 것을 선택하고 실천하는 것이 요구된다는 의미이다.

2. 절충적 접근 기술을 통한 교육과정 개발

슈왑은 교육과정 문제를 해결하는 데 있어 기존의 이론적 접근 방식의 대안으로 **숙의의 방식**이 필요하다고 주장하였다.* 슈왑은 숙의가 토론과 동일시 되는 것에 주의하라고 주장하였다. 지금 우리 상황(예: 학급)에 맞는 교육과정이 무엇이고 그것을 개발하기 위해서는 무엇이 필요한가?와 같이 문제를 해결하기 위해서 해당 특수상황 혹은 맥락을 고려하여 숙의(deliberation)를 하는 것이다. 슈왑은 숙의의 방식으로 1) **실천적**(the practical), 2) **준실천적**(the quasi-practical), 3) **절충적**(the eclectic) **접근**을 제시하였다.

1) **실천적 접근**은 지식이나 이론보다 선택과 실천(action)에 관심을 갖고 정당화 가능성이 높은 방법을 찾는 접근을 의미한다.

2) 교육과정 개발자가 어떠한 상황에서 개발한 교육과정을 실천(the practical)이라고 한다면, 비슷한 상황에서 교육과정을 개발할 경우 이 실천은 준실천(quasi-practical)으로 이론(모형)의 역할을 한다. 이러한 접근을 준실천적 접근이라고 한다.[47]

3) **절충적 접근**에서 현장의 문제는 복잡하고 체계적이지 않기 때문에 여러 이론이 개입된다. 따라서 문제의 본질에 초점을 맞추는 기술(arts)이 요구 된다.[48] 절충적 접근 기술(arts)은 세 가지가 있다. ① 이론을 현장의 복잡하고 비구조화된 문제에 그대로 대응(match)시키는 것이다. 그러면 양자가 잘 대응되지 않고 그래서 이론의 한계를 파악하게 된다. ② 그래서 두 번째 절충기술로서 상황에 맞게 이론을 짜깁기(combine)하는 것이다. 그러나 이것 역시 복잡한 상황에 처한 문제와 잘 대응되는 이론을 찾기 어렵다. ③ 그래서 세 번째 절충기술로서 **특수한 상황 속의 문제에 맞게 새로운 해결책을 만들어 내는 것이다.**[49]

슈왑에 의하면 숙의는 두 단계로 이루어진다. 첫째 단계는 개발자들이 학생이나 학습환경 등의 요인들에 관심을 두고, 교육에 대한 자신의 가치관과 포부를 발견하여, 동료들의 견해를 수용하여 자신의 견해를 고쳐가면서 현안 문제를 해결하는 데 도움이 되는 동료관계를 형성하는 단계이다. 둘째 단계는 학문적 지식이 교육내용의 자격이 있는지를 교사, 수업환경, 학생 등 여러 입장에서 검토하고, 이러한 과정을 통해서 선택된 교

* 숙의는 영어의 'deliberation'을 번역한 말로 풀이하면 '주의 깊게 생각함.', '주의 깊게 생각하여 결정함.' 등의 의미를 지니며, 주로 집단 차원에서 이루어진다. [출처: 김대현(2020). 교육과정의 이해 2판. 서울: 학지사. p.90.]

육내용의 후보들을 그것들이 실현하고자 하는 의도와 구현하려고 하는 가치 등에 비추어 결정을 내리는 과정이다.[50]

슈왑은 교육과정 개발에서 학교 교육자의 역할을 강조하며 교육과정 개발 집단에 반드시 참여해야 할 사람으로 4~6명의 교사 대표, 교장, 한 명의 교육위원, 한두 명의 학생 대표를 제안하고, 학자 및 교과전문가를 추가할 수 있다고 하였다.[51]

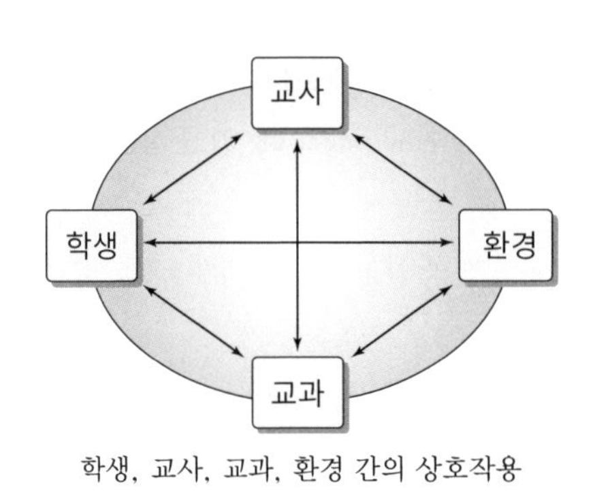

학생, 교사, 교과, 환경 간의 상호작용

교육과정 문제는 그것이 처한 학교상황, 학급상황, 교사 및 학생 상황이 너무 다양하므로 특수한 상황에 맞는 교육과정을 개발하는 것이 필요하다. 그래서 교육과정 개발자의 **숙의**가 요구되는 것이다. 학교와 학급의 특수한 상황에 맞는 교육과정을 개발하기 위해서는 교육과정의 핵심 구성요소인[52] 학생, 교사, 교과, 환경 간의 상호작용 과정을 깊이 숙의해야 한다. 또한 학교와 학급의 실제 문화를 고려하여 교육과정이 개발되어야 할 것이다.

3. 슈왑의 교육과정 개발 논리에 대한 평가

교육과정의 패러다임이 개발에서 이해로 넘어가는 과도기 관점: 20세기 교육과정의 패러다임은 보빗, 타일러와 같이 체계에 기반한 **개발**의 패러다임에서 → 슈왑, 워커와 같이 현장의 특수성을 고려한 **실제적** 교육과정 개발을 거쳐 → 파이너 이후 개인의 다양성을 **이해**하는 패러다임으로 이어진다. 또한 교육과정의 연구가 전문가 중심의 교육과정 연구 및 개발에서 현장교사 중심의 개발로 전환되는 계기가 되었다.

제 7 절 자연주의적 교육과정 개발(숙의모형): 워커(D. Walker)

1. 기본 관점

워커[53]

보통 타일러의 이론은 합리적 논리(혹은 모형)로 불린다. 이유는 그의 이론이 누가 보아도 논리적이고 합리적이기 때문이다. 하지만 타일러의 이론이 합리적인 근본 이유는 타일러가 교육과정 개발에 참여하는 사람들을 모두 합리적으로 사고할 것으로 가정하였기 때문일 것이다. 목표설정, 내용선정 등 개발의 각 단계에서 서로 의견불일치, 갈등 등이 존재하더라도 기준과 원칙에 따라 합리적으로 사고를 하기 때문에 합의가 잘 되고 그래서 각 단계에서 다음 단계로 잘 넘어가게 되는 것이다. 이러한 이유로 그의 이론에서 4가지 단계는 순서가 고정적인 것으로 보인다.

하지만, 현실의 교육과정 개발과정은 그렇지 않다. 교육과정 개발에 참여하는 사람들은 합리적으로 사고를 하지 않는 경우가 많다. 개발의 각 단계에서 서로 의견불일치, 갈등이 존재하는 경우, 양보와 타협이 잘 되지 않고, 자신의 이익을 위해 **정치적 행위**를 하기도 한다. 이럴 경우 각 단계에서 다음 단계로 진행되지 않게 되고 **특정 단계에** 머물게 된다. 하지만 교육과정 개발은 제한된 시간으로 진행해야 되고 그래서 한 단계가 명확히 마무리 되지 않은 상태에서 다음 단계로 넘어가게 된다. 그래서 **각 단계는 구분이 명확하지 않고** 각 단계의 **순서는 유동적일** 수 있다. 이것을 잘 보여주는 모형이 워커의 숙의 모형이다.

타일러의 이론은 선형적이고 절차적이다. 그러나 실제 현장의 교육과정 개발 과정은 그렇지 않다. 즉, 반드시 교육목표를 먼저 정하지 않을 수 있고, 제시된 절차를 준수하지 않기도 한다. 이것은 타일러 이론의 분명한 한계이다. 따라서 워커는 교육과정을 개발할 때 이론이나 논리를 따르기보다 교육과정 문제가 처한 특수하고 다양한 상황을 충분히 **숙의**할 것을 주문한다. 워커의 모형은 현장에서 이루어지는 **자연스러운** 교육과정 개발과정을 염두에 둔 것이다.

2. 개발과정

가. 토대(platform)

토대의 과정은 다양한 개념, 이론, 가치관, 이미지, 절차 등이 혼재한다. 토대의 과정은 교육과정 개발에 참가하는 사람들이 강령(참가자의 믿음, 가치관, 선호)을 표방하는 단계이다. 참가자들은 이미 새로운 교육과정에 대하여 각자의 생각과 대안을 가지고 교육과정 개발에 임하며 동시에 다른 참가자의 강령이 무엇인지 검토하고 토론하면서 적절한 강령을 지지하는 자료를 구한다. 이 단계에서 교육과정 개발 참여자들은 다양한 정보, 생각, 아이디어 등을 자유롭게 제시하고, 합의를 이끄는 공감대가 형성된다. 워커가 토대라는 용어를 사용하는 이유는 첫 단계가 숙의의 기준과 방향을 결정하는 발판이 되기 때문이다.[54]

나. 숙의(deliberation)

숙의의 과정은 앞 단계의 강령이 행동차원의 정책으로 전환되는 과정이다. 즉, 강령을 토대로 현실적인 대안을 찾는 단계이다. 이 단계에서는 자료(정보)를 확인하고 대안을 상의하고 예상결과를 가늠한다. 또한 교육과정 개발의 목적을 달성하기 위한 적절한 방법을 찾는다. 숙의의 과정은 이전 단계에서 제시된 자료(정보)를 탐색하고, 대안을 도출하고 도출된 대안들을 검토하여 좋은 대안에 관하여 합의를 하는 과정이다. 워커는 숙의 단계에서 다음의 다섯 가지를 고려할 것을 제안하였다. 첫째, 교육과정 개발을 위한 목적과 수단에는 어떤 것이 필요한지 고려한다. 둘째, 대안들을 마련하고 이전의 여건이 어떠하였는지 고려한다. 셋째, 대안으로부터 야기된 결과를 검토한다. 넷째, 대안에 필요한 비용과 이 대안들의 결과 간의 비중은 어떠한지 고려한다. 다섯째, 최선의 대안이 무엇인지 선정한다.[55]

숙의의 과정은 때로 **합의가 안 되기도** 하나 그래도 개발과정은 중단되지 않고 계속 진행이 된다. 숙의의 과정은 기탄없는 토론이 기대되나 혼돈스럽고, **대립적, 논쟁적**이다. 또한 숙의의 과정은 참가자들이 **정치적 혹은 관료적 압력** 등에 의해 통제되는 경우도 많다. 숙의는 행정적, 관료적, 효율적 결정을 위한 것이 아니라, 교육적, 윤리적이며 사회적 가치가 높은 결정 과정이어야 한다. 그래서 더욱 숙의 과정에서 참가자들 간의 대화를 통한 타협과 조정이 요구된다.

다. 설계(design)

설계는 교육과정의 구체적 내용, 즉 구체적 프로그램을 만드는 단계이다. 즉, 숙의한 것들을 구체화시키는 단계이다. 설계 단계는 교육과정 개발에 따른 교과의 선정, 수업방법이나 자료의 확정, 행정적인 지원과 절차 등을 구체적으로 계획하는 단계이다.[56] 하지만 설계의 과정 중에도 일정에 쫓기지만 여전히 숙의가 계속되는 경우가 많은 것이 현장에서 일어나는 교육과정 개발의 모습이다. 또한 여러 회의를 거치면서도 걸러지지 않은, 개인적 선호나 특정 집단의 정치적 측면이 여전히 설계에 반영되기도 한다.

3. 워커의 교육과정 개발 모형에 대한 평가

워커의 모형에서 각 단계는 **비선형적**이며 명확히 구분되지 않는다. 워커의 모형은 교육과정 개발에서 참가자들이 서로 다른 입장이나 가치관에서 출발하는 현실을 직시하고 있으며, 교육과정 개발 과정에서 현장의 특수한 맥락을 고려할 것을 주장한다. 그래서 그의 모형은 **현장의 다양한 특수성을 반영한 융통적**인 모형이다.

워커는 개발의 과정에서 참가자들 간의 **대화를 통한 타협과 조정**을 강조한다. 개발의 과정은 때로 합의가 안 되고 그래서 중단되기도 한다. 숙의의 과정에서 참가자들 간의 자유로운 토론이 기대되나 그것은 혼돈스럽고, 대립적, 논쟁적이다. 또한 정치적 혹은 관료적 압력 등에 의해 통제되기도 한다. 이러한 장애들을 넘고 목적을 달성하기 위해서는 참가자들 간의 대화를 통한 타협과 조정이 필요하다.

타일러의 이론에는 참가자들 간에 합의가 안 되는 경우에 대한 언급이 없어 현실적이지 못하다. 그러나 워커모형은 **합의가 안 되어도** 개발의 과정이 진행될 수 있음을 보여준다. 학교수준 교육과정 개발의 과정이 예산과 시간의 한계에 부딪히기도 하지만, 교사들은 교육과정에 대한 신념과 가치체계를 바탕에 두고 다양한 정보와 교육과정 정책을 참고하여 다른 교사들과 협의, 대립, 조정의 과정을 거치면서 교육과정을 개발한다는 면에서 워커의 모형은 학교 현장에 대한 적용 가능성이 크다.[57]

워커 모형의 한계는 다음과 같다. 워커의 모형은 여전히 개발의 과정을 **체계적, 단계적**으로 접근하고 있다. 또한 계획에만 초점을 두고 **설계 이후의 상황에 대한 언급이 없다.** 워커의 모형의 다른 한계는 참가자들이 논의할 시간이 많지 않아 충분한 숙의를 할 수 없는 경우, 자신의 입장이나 강령을 잘 드러내지 않는 경우 등을 잘 설명하지 못하고 있다.

제 8 절 종합적 교육과정 개발: 올리바(P. F. Oliva)

1. 모형설명

올리바[58]

총 12단계로 구성된 개발모형이며, 교육과정 개발모형 안에 수업설계의 과정이 포함되는 것이 특징이다. 즉, 교육과정과 수업 설계를 하나의 모형 안에 포함하였다. 또한 평가 결과를 교육과정 및 수업 목적에 반영하는 환류선이 존재한다. 구체적 내용은 다음과 같다.

표 3-3 올리바의 교육과정 개발단계

구분	단계
계획	• 1단계(교육목적 진술): 교육목적과 그것의 철학적이고 심리학적인 원칙을 진술한다. 교육목적은 사회의 요구와 학생의 요구를 반영하여 작성된 신념이다. 이것은 타일러 모형의 체와 유사하다. • 2단계(요구 명세화): 사회의 요구, 학생의 요구, 교과의 요구를 분석하고 명세화한다. 1단계에서 일반적 수준에서 학생과 사회의 요구를 분석하였다면, 2단계에서는 우리 지역과 우리 학교 학생들의 요구를 분석한다. • 3~4단계(교육목적과 목표 명세화): 1~2단계에서 진술된 교육목적, 신념, 요구에 기초하여 교육목적과 교육목표를 진술한다. 사례를 통하여 교육목적과 교육목표 사이에서 명확한 차이를 도출한다.
운영	• 5단계(교육과정 조직 및 실행): 교육과정을 조직하고 그것의 구조를 만든다. 이후 교육과정을 실행한다.
계획	• 6~7단계(수업목표 명세화): 교육목적과 목표를 달성하기 위한 구체적 수업목표를 명세화한다. • 8단계(전략선정): 수업전략, 수업모형, 학습활동, 교수학습방법을 선정한다. • 9A단계(평가방법의 예비선정): 학생의 성취도를 평가할 방법을 예비선정한다.
운영	• 10단계(전략 실행): 수업활동을 실행한다.
계획	• 9B단계(평가방법 최종선정): 수업 후 학생의 성취도와 교수의 효과성을 평가하는 방법을 최종선정한다.
운영	• 11단계(수업평가): 수업을 평가하고 수업 구성요소를 수정한다. • 12단계(교육과정평가): 수업평가를 토대로 교육과정(혹은 프로그램)을 평가한다. 여기서는 학생, 교사를 평가하는 것이 아니라 프로그램을 평가한다.

그림 3-4 올리바의 교육과정 개발모형[59]

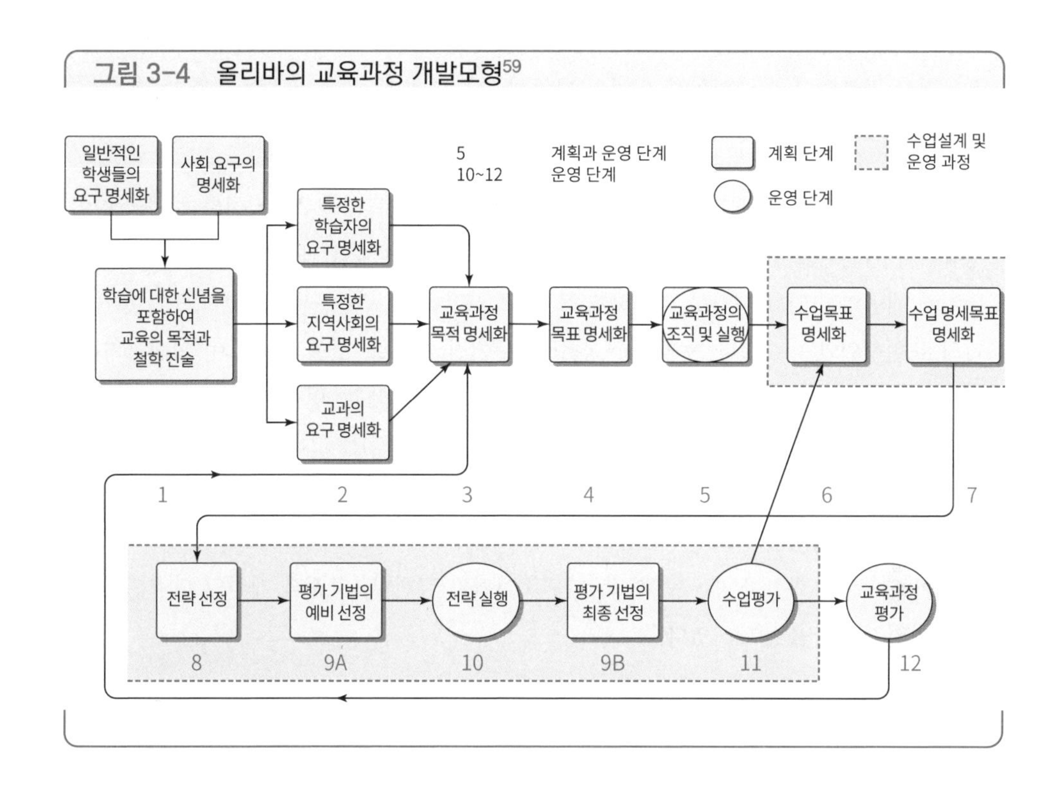

제 9 절 다양성에 기반한 예술적 교육과정: 아이즈너(E. Eisner)

1. 기본 관점

아이즈너[60]

아이즈너는 교육과정을 미학적 관점에서 재개념화하였다.*

다양한 의미를 추구하는 교육과정: 예술가에게 "의미의 추구"는 (나에게) 주어진 것을 있는 그대로 받아들이는 것(혹은 보는 것)이 아니라 스스로 다양하게 해석하며 만들어 가는 것이다. 마찬가지로 학생이 주어진 것(지식, 현상)을 있는 그대로 받아들이는 것이 아닌, 스스로 다양하게 해석하며 의미를 추구하는 것이 필요하

* 아이즈너는 예술의 중요성을 주장하고, 교육과정과 수업에 대한 심미적 인식에 관심을 기울였다. 그는 자신의 접근방식을 예술적 접근이라고 하였다. 또한 수업을 '예술'이라고 주장한다.[61]

다. 따라서 학생이 다양한 의미를 추구하고 이것을 다양한 형식으로 표상하도록 하는 교육과정이 필요하다. 즉, 다양한 의미를 다양한 표상형식을 통해 추구하고 이 과정에서 "어떤 깨우침"이 일어나도록 하는 교육과정이 필요하다.

다양한 생각을 다양하게 표현하는 예술적 과정으로서 교육과정: 교육과정이란 개인의 다양한 생각이나 가치관을 표현하도록 하는 수단이며 이것은 예술적인 과정이다. 즉, 교육과정 개발이란 개인의 다양한 생각을 다양하게 표현하도록 하는 수단을 만드는 것이고 이것은 예술가의 표현행위와 비슷하다. 예술가는 현상을 주어진 그대로, 남들과 똑같이 인식하거나 표현하지 않는다. 예술가는 현상을 나름대로 다양하게 인식하고, 인식한 것을 다양한 형식으로 표현하려고 한다. 마찬가지로 학생이 주어진 것(지식, 현상)을 그대로, 남들과 똑같이 인식하거나 표현하는 것이 아닌, 각자 다양하게 인식하고 인식한 것을 다양한 형식으로 표현하도록 하는 교육과정이 필요하다.

아이즈너는 사회적 실재(즉, 개인)는 다원적이라고 말한다. 그래서 개인의 다양성을 훼손하는 획일적 처방을 반대하였다.

2. 교육과정 개발[62]

가. 목표 설정

행동목표의 한계: 아이즈너가 제기한 행동목표의 한계는 다음과 같다.[63]

첫째, 수업은 복잡하고 역동적이어서 예측하지 않는 결과가 많이 나타난다. 그러므로 수업 후 나타날 모든 것을 수업 전에 미리 행동목표로 진술하는 것은 불가능하다.

둘째, 교과목이나 내용에 따라 행동목표로 진술하는 것이 어렵거나 바람직하지 않은 것이 있다. 언어, 수학, 과학 등의 과목은 행동목표 진술이 가능하나 예술교과목은 행동목표 진술이 어렵고 바람직하지도 않다.

셋째, '기준을 적용하는 것'과 '판단하는 것'은 다른 것이다. 행동목표를 주장하는 사람들은 행동목표가 평가의 기준을 제공한다고 말한다. 그러나 호기심, 창조성, 독창성 등의 능력이 수업 후 길러졌는지 아닌지는 '기준을 적용하여' 평가할 수 있는 것이 아니고 교사가 질적으로 '판단하는 것'이다.

넷째, 수업 전에 미리 목표를 진술하는 것은 자연스럽지 못하다. 현장에서는 교육활동을 먼저 적용해 본 후, 그 결과를 토대로 교육목표를 정하는 경우가 많다. 우리는 흔히 무엇을 배울 때 행동목표를 정해 놓고 직선적으로 배우지 않는다. 목표가 없는 경우나 목표가 무엇인지 모르고 학습하기도 한다.

문제해결목표: 아이즈너는 행동목표의 한계를 보완하기 위하여 '문제해결목표'와 '드러나는 결과'를 제시하였다. 문제해결목표란 문제와 문제해결에 필요한 조건만 가지고, 해당 조건을 충족시키면서 문제를 해결하는 것을 말한다.[64] 예를 들어, '1만원으로 먹고 싶은 과자 5종 고르기'가 해당된다. 이것은 문제해결책이 다양하므로 정답이 없는 해결책을 학생으로 하여금 발견하도록 유도할 때 사용된다. 문제해결목표는 지적 융통성과 고등정신능력을 기르는데 유익하다.

드러나는 결과: 학생의 다양한 생각을 행동목표로 집약하여 표현하면, 다양한 생각을 구현하는 교육활동이 제한될 수 있다. 행동목표로 진술되지 않는 것도 있으므로, 반드시 사전에 목표를 설정할 필요가 없다. 이 경우 행동목표에 대한 보완으로 수업 중 혹은 수업 후 드러나는 결과를(expressive outcomes) 사전목표에 없다고 무시하지 않고, 인식하고 반영하는 것이 필요하다.

드러나는(혹은 표현된) 결과는 교수학습활동 중 또는 후에 드러난 (교육적으로 유익한) 결과를 말한다.[65] 우리는 사전목표가 없이 활동을 먼저 하는 경우가 많다. 그래도 그 활동의 과정 중에 혹은 활동 후에 유익한 것을 얻거나 느낄 수 있다.

아이즈너는 다음과 같이 말한다.[66]

"예술가는 자신이 찾고 있는 것이 무엇인지 모르면서 찾아 헤매다가 그것을 찾고 나서야 비로소 본인이 찾던 것이 무엇인지 알게 된다."

"화가는 마음속에 이미지를 갖고 그림을 그리기 시작하지 않는다. 단지 자기 앞에 놓인 재료들을 가지고 그림을 그리기 시작한다. 이미지란 그 결과이다."

교수학습활동 중이나 후에 드러나는 결과들이 단지 사전 목표목록에 없다는 이유로, 그것이 교육적으로 유익함에도 불구하고, 무시되거나 제외되는 것은 바람직하지 않을 것이다. 따라서 수업 중이나 후에 나타나는 결과가 비록 그것이 사전행동목표로 진술되지 않았더라도 교육적으로 가치가 있다면, 고려하는 것이 필요하다.

표 3-4 다양한 유형의 교육목표

	교육목표	교육내용	설명	평가방식
사전 설정	행동목표	행동주의적 활동	행동목표를 부정하지 않음	양적, 질적 평가
	문제해결을 위한 목표	문제해결을 위한 활동	지적 융통성, 고등정신 능력을 길러줌	교육적 감식안을 사용한 질적평가
사후 설정	드러나는 결과 (expressive outcomes)	드러나는 활동 (expressive activities)	다양한 경험을 유도함	

나. 내용선정

내용선정의 기준은 해당 내용이 목표달성에 유용한가의 여부와 해당 내용이 학생들에게 유의미한가의 여부이다. 특히 아이즈너는 내용선정 시 **영 교육과정**도 고려할 필요가 있다고 주장하였다. 영 교육과정은 아이즈너가 사용한 개념으로, 그것은 교육적 가치가 있음에도 불구하고 학교에서 의도적 또는 비의도적으로 가르치지 않는 것이다. 아이즈너는 그의 저서 '교육적 상상력'에서 영 교육과정의 중요성을 다음과 같이 기술했다.

'만약 우리가 학교의 프로그램이 가져오는 결과나, 그런 결과를 가져오도록 하는 데 있어서 교육과정의 역할에 대하여 관심을 갖는다면, 학교의 정규 교육과정이나 잠재적 교육과정에 대해서만 고려할 것이 아니라 학교가 가르치지 않는 것에 대하여도 고려를 할 필요가 있다.'[67]

다. 내용조직

여러 교과목이나 내용들을 꿰뚫는 통합적 내용조직(cross-curricula)이 필요하다. 이유는 학생들이 삶에서 부딪치는 문제는 분과된 교과목 형태로 나타나지 않기 때문이다. 여러 교과목과 내용들이 얽힌, 복잡한 문제들을 다루는 데는 여러 지식이 요구되고 그래서 여러 교과목을 꿰뚫는 판단력이 필요하다. 따라서 학교 교육과정은 통합적으로 조직되어야 한다.

라. 학습사태 개발

학생이 목표와 내용을 충분히 이해할 수 있는, 적합한 학습사태를 개발한다. 학습사태는 목표와 적절한 문제 및 학습활동으로 구성된 학습상황을 말한다. 같은 학습내용이더라도 다른 학습사태로 만들 수 있다. 학습사태를 개발할 때, 교사의 **예술적 상상력**이 필요하다. 이것은 학습목표와 내용을 학생들이 이해할 수 있는 적절한 문제와 활동으로 만들어 내는 능력을 의미한다.

의도한 학습결과(즉, 학습목표) 외에도 다양한 형태의 학습결과가 나타날 수 있도록 학습사태를 개발할 필요가 있다. 특히, 아이즈너는 **비선형적 접근법**을 강조하였는데 이것은 학생이 자신의 관심과 흥미에 따라 내용을 달리 선택하는 것이다.

마. 다양한 제시양식 개발

아이즈너는 사물을 대하는 양식과 사물을 표현하는 양식에 주목하였다.[68] 지식이나 현상을 이해하고 표현하는 형태는 다양하다. 음악, 미술, 몸짓, 조각, 영화 등 글과 말 외에 다양한 형태의 표현양식이 있다. 현상을 잘 이해하기 위해서는 그것을 잘 설명하는 형태의 표현양식을 접해야 한다. 오직 글과 말로는 이것을 표현하기에는 제한적이다.

그러나 학교교육은 오로지 문자와 말로 지배당하고 있다. 글이나 말 외에 다양한 표현양식이 있는데, 학교는 오직 글과 말로써 현상을 이해하고 그것을 표현할 것을 학생들에게 강요한다. 이것은 인간의 다양성을 무시하고 다양한 표현 기회를 차단하는 것이다. 따라서 교사는 제시양식을 개발할 때, 교사의 예술적 상상력을 동원하여 문자와 말 중심의 제시양식 특히, 텍스트화된 교과서 외에도 다양한 표현양식을 개발하려고 노력해야 할 것이다.

바. 교육적 감식안에 기반을 둔 교육비평

아이즈너는 새로운 형태의 교육평가로 교사의 교육적 감식안에 기반한 교육비평을 주장하였다. 이것을 **참평가**라고 한다. 아이즈너(1979)는 타일러(R. Tyler)의 목표지향적 평가(objectives oriented evaluation)와 행동주의(behaviorism) 학습관이 개인의 질적인(qualitative) 측면을 고려하지 못하여 다양성을 저해한다고 비판하였다. 대안으로 그는 교육적 감식안에 기반을 둔 교육비평을 주장하였다.

교육적 감식안과 교육비평: 예술평론가는 예술작품을 주관적이고 질적(qualitative)으로 평가한다. 예술비평가들이 예술작품을 감상하고 비평하듯이, 교육평가에서 교사가 학생을 평가할 것을 아이즈너는 제안하였다. 이것은 해당 분야의 전문가들이 즐겨 사용하는 방법을 교육평가에 적용하는 것이다. 이때 교

와인을 감별하는 소믈리에[69]

사는 예술적 감식안과 비슷한 **교육적 감식안**(educational connoisseurship)**을 토대로 교육비평**(educational criticism)을 하는데 이것은 마치 와인감정가가 와인의 맛과 질을 판단하는 것과 비슷하다. 교육적 감식안은 복잡한 교육 상황을 파악하는 능력과 그러한 복잡성을 세련되게 개념화하는 능력을 말한다. 교육평가는 일종의 예술 활동인 것이다.

평가자의 전문성: 교육비평에서 평가도구는 곧 평가자이다. 이것은 자료수집, 분석, 판단은 주로 평가자의 내면에서 이루어지는 것을 의미한다. 따라서 평가자의 **전문성이 평가의 타당성을 확보**해 주는 가장 중요한 요소이다.

교육비평의 절차는 다음과 같다. ① 실제 사상(事狀)에 대하여 감상한다. 평가자는 직관을 토대로 평가하고자 하는 교육적 사상 또는 실제의 모습을 보고, 느끼고, 생각한대로 담담하게 음미하고 감식한다. ② 기술적(記述的, descriptive)인 측면의 비평을 한다. 교육적 사상을 관찰·감상해서 얻은 특징과 질을 상세하게 기술한다. ③ 해석적인 측면의 비평을 한다. 기술한 특징과 질에 대한 교육적 의미와 가치를 자세하게 논리적으로 풀어서 설명한다. ④ 평가적인 측면의 비평을 한다. 기술하고 해석한 교육적 의미와 가치를 질적으로 판단한다. ⑤ 결론의 도출과 제언을 한다. 교육실제(實際)를 정확하게 이해하고 개선하는 데 필요한 결론을 도출한다.

3. 참평가의 조건

한편 아이즈너는 어떤 평가가 **참평가**(authentic assessment)가 되기 위한 조건을 다음과 같이 주장하였다.[70]

① 학생들이 알고 있는 것, 할 수 있는 것을 평가하기 위한 평가과제는 학교 교육과정에만 국한되지 말고, **학교 밖의 실생활에서 접할 수 있는 문제도 포함**한다.

② 문제해결 결과뿐만 아니라 해결**과정도 같이 평가**한다. 해결과정을 알면 학생이 어떠한 사고의 과정을 통해 결과에 이르게 되었는가를 알 수 있다. 이것은 교사의 교수학습방법 피드백과 학습지도에 중요한 참고자료가 된다.

③ 평가과제는 그 과제를 만든 **지적공동체의 가치를 반영**해야 한다. 이것은 평가과제가 해당 교과목에서 역사적으로 어떤 의미를 가지는가?, 평가과제는 해당 교과목에서 어떤 지위와 의미를 가지는가?, 평가과제를 통해 해당 교과목의 전체 모습을 알 수 있는가?를 의미한다. 지적 공동체의 가치를 반영한 과제는 학생들로 하여금 의미 없는 단편적 지식을 배우는 것을 넘어, 해당 지적 공동체의 활동을 이해하고 학습의 즐거움을 맛보게 한다.

④ 개인별 평가뿐만 아니라 **집단평가**를 병행한다.

⑤ 해결책 혹은 **정답이 다양한** 평가과제를 사용하는 것이 필요하다. 문제가 오직 하나의 정답만을 요구하면, 학생들은 이 세상의 모든 문제는 소위 하나의 정답만 갖는다는 생각을 은연중에 하게 된다.* 결과적으로 학생들은 사회문제를 만나면, 내가 해결책을 스스로 만들어 내기보다, 이 세상 어딘가에 정답이 존재한다고 생각하고 그것을 찾으려고 할 뿐이다. 따라서 다양한 정답을 허용하는 평가과제를 통해, 학생으로 하여금 '아 해결책은 이미 정해진 것이 아니고, 내가 만들어 낼 수 있구나' 하는 사고를 하게 한다.

⑥ 평가과제는 교육과정에서 배운 것을 그대로 확인하는 과제가 아닌, **새로운 상황에 응용**할 수 있는 과제이어야 한다. 설령 내용타당도가 낮더라도 배운 것을 새로운 문제상황에 응용, 적용하도록 하는 과제가 필요하다.

⑦ 평가과제는 단편적 사실과 함께 **전체적 맥락을 같이 이해**하는 데 도움이 되어야 한다. 조각가는 조각하려는 전체 모습을 그린 후, 대충 윤곽을 만들고 이어서 눈, 코, 귀 같은 단편적 부분을 만든다. 프로그램개발자도 프로그램의 전체 모습을 그린 후 구체적인 부분을 개발한다. 따라서 학교교육도 부분과 전체를 동시에 파악하는 능력을 기르는 것이 중요하다.

⑧ **다양한 제시형태를 허용하는 평가과제**를 사용한다. 배운 것을 표현하는 제시형태로 다양한 제시형태를 허용하는 평가과제가 필요하다. 즉, 각자 잘 하는 방법을 통해 배운 것을 표현하는 것을 허용하는 평가과제가 필요하다. 국어시간에 배운 것을 시로, 소설로, 혹은 논설문으로 표현할 수 있다. 지리산 국토탐험 후 느낀 점을 시로, 사진으로, 그림으로, 수필로, 영화나 춤 등 다양한 제시형태로 표현할 수 있다. 따라서 각자 잘하는 혹은 하고 싶은 제시형태를 사용하여 평가과제를 수행하는 것이 필요하다.

4. 아이즈너 교육과정 이론에 대한 평가

아이즈너의 교육과정 이론에서 교육과정 개발과정은 어떠한 단계에서도 수행될 수 있는 계속적, 순환적(혹은 반복적, open-ended) 과정이다. 이유는 개발과정은 개발자가 자신의 교육적 감식안에 기반한 선택의 과정이기 때문이다. 반면, 타일러의 교육과정 개발논리는 설정된 교육목표를 달성하는 데 공헌할 때만 교육과정이 가치를 가진다는 논리하에 교육과정 개발과정을 선형적, 고정적 과정으로 간주하였다.

* 잠재적 교육과정이다.

제10절 이해중심 교육과정 개발(understanding by design): 백워드 교육과정 설계모형

1. 개요

위긴스[71]

이해중심 교육과정은 위긴스, 맥타이(G. Wiggins & J. McTighe)가 주창하였으며 **영속한 이해**(enduring understanding)를 교육목표로 삼을 것을 주장하였다. 그들은 타일러의 목표중심 모형을 근간으로 삼고 브루너의 지식의 구조이론에서 핵심 아이디어나 개념인 구조를 영속적으로 이해할 것을 주장하였다.

2. 교육과정 개발의 3단계

백워드 디자인은 최종 결과를 염두하면서 교육과정과 수업 디자인(개발)을 시작하고 최종 결과를 향해서 개발을 하는 접근방식을 취한다.[72]

이해중심 교육과정 개발은 3단계로 구성이 된다.

맥타이[73]

① 기대되는 학습결과 설정: 학습목표를 설정하는 단계로 교사는 학생이 수업(혹은 교육의 과정)이 끝났을 때, '무엇을 알고 이해해야 하는가?'를 질문하고 그것을 목표로 설정한다.

② 수용할 수 있는 평가증거(기준, standard) 결정: 평가기준을 설정하는 단계로 교사는 학습목표(기대되는 학습결과)가 성취되었음을 어떻게 알 수 있는가?를 질문한다. 이 단계에서 교사는 평가자의 입장에서 학생의 목표 성취 여부를 수용할 수 있는 기준을 설정한다.

③ 학습경험과 수업설계: 기대되는 학습결과를 효과적으로 수행하고 성취하기 위한 학습경험과 교수방법을 어떻게 설계할 것인가? 이를 위하여 위긴스와 맥타이는 WHERETO 방법을 제안하였다.

그림 3-5 이해중심 교육과정 개발의 3단계[74]

1. 기대하는 학습결과(학습목표) 설정하기
⟶ Big idea ⓐ를 영속적으로 이해하기 ⓑ
ⓐ Big idea = 핵심지식 ⓚ + 핵심스킬 ⓢ
ⓑ 영속적 이해: 이해의 6가지 측면

2. 수행 가능한 평가 증거 결정하기
⟶ 평가기준과 평가방법 정하기
① 평가기준 결정 = 성취수준 결정
② 평가방법 결정: 수행과제와 그 밖의 다른 증거 결정

3. 학습경험과 수업 설계하기
⟶ WHERETO 요소를 고려하여 학습경험과 수업 설계하기

<UbD: 백워드 설계의 단계>

1단계: 기대되는 학습결과 설정하기

가. Big idea를 영속적으로 이해한다

1단계에서 교사가 가지는 질문은 '수업(혹은 교육과정)이 끝난 후 학생에게 기대되는 학습결과가 무엇인가?'이다. 이 질문은 2가지 요소로 구성이 된다. 즉, '수업이 끝난 후 학생은 무엇을 알고(ⓐ) 그것을 어떻게 이해해야(ⓑ) 하는가?'이다. 질문에 대한 해답은 '수업이 끝난 후 학생은 Big idea(ⓐ)를 영속적으로 이해(ⓑ)할 수 있다'이다.

ⓐ Big idea는 무엇인가?

Big idea는 교육과정, 수업, 평가의 방향(초점)의 기능을 하는 핵심개념이나 원칙, 이론, 절차이다. Big idea는 중요하고 영속적이며 특정단원의 범위(영역)를 넘어선다. Big idea는 이해의 기반이 되는 것이며 그것은 서로 단절된 지식을 연결시키는 기능을 하는 유의미한 패턴으로 이해될 수 있다.[75]

Big idea는 핵심지식(Ⓚ)과 할 수 있는 스킬(Ⓢ)로 구성이 된다

Big idea = **핵심지식**(Ⓚ) + **핵심스킬**(Ⓢ).

Big idea는 넓은 개념일 필요가 없다. 또한 그것은 기초적 개념(basic idea)과 다른 것이다. 예를 들어, 환경시스템(ecosystem)이 기초적 개념이라면 자연선택(natural selection)은 Big idea이다.[76] Big idea는 교과학습에서 유기적 관련성(coherent connections)의 중심이며, 핵심개념으로서 관련 지식을 보다 쉽게 이해하고 적용할 수 있게 한다.

Big idea의 정의적 특성은 다음과 같다.[77]

- 넓고 추상적이다.
- 한두 단어로 기술이 가능하다.
- 적용범위가 넓다.
- 시대를 초월하여 영원하다.
- 공통의 속성을 지닌 다양한 문제로 기술이 가능하다.

앞서 기술된 Big idea의 개념과 특성을 분석하면 이것이 브루너의 '**학문의 구조**'와 비슷한 개념임을 알 수 있다.[78] 우리나라는 교과교육과정에서 Big idea를 제시하지 않기 때문에, 국가수준의 성취기준을 분석하여 목표 풀기(unpacking)를 통해 big idea와 본질적 질문(Ⓠ), 수행과제(Ⓣ)를 도출해야 한다.[79]

한편, 학습내용은 우선순위가 있으며 그것의 중요도는 Big idea(혹은 영속적 이해)가 가장 우선이며 다음으로 중요한 지식, 기능과 개념이고 마지막으로 알아둘 필요가 있는 정보와 사실이다. 즉, 학습내용의 우선순위는 Big idea > 중요한 지식, 기능, 개념 > 알아둘 필요가 있는 정보 순이다.

그림 3-6 학습내용의 우선순위[80]

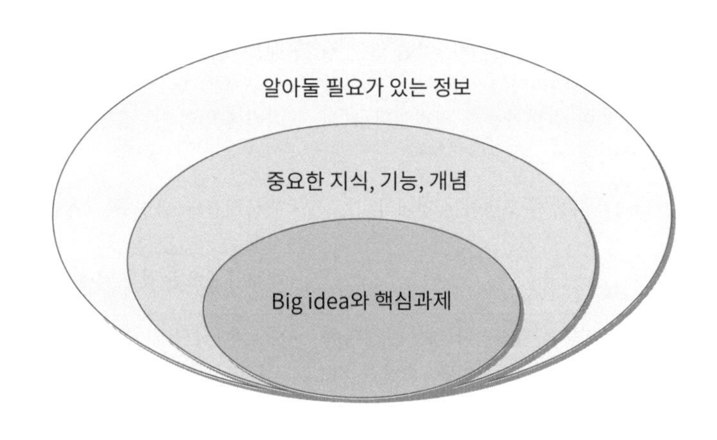

ⓑ 영속적 이해(enduring understanding)란 무엇인가?

시간이 지난 후 사소한 것은 잊어버렸지만 여전히 남아있는 큰 개념(big idea) 또는 중요한 것(핵심개념)에 대한 이해를 의미한다.[81] 여기서 이해(understanding)란 무엇인가? 이해는 다중적인 측면을 지닌다. 즉, 이해란 큰 개념을 6가지 측면의 다중적 이해(multi understanding)를 통해 다양한 상황과 맥락에서 사용 할 수 있는 능력을 의미하며 이는 곧 통찰(insight)을 의미한다. 이해의 6가지 측면은 다음과 같다.

그림 3-7 이해의 6가지 측면

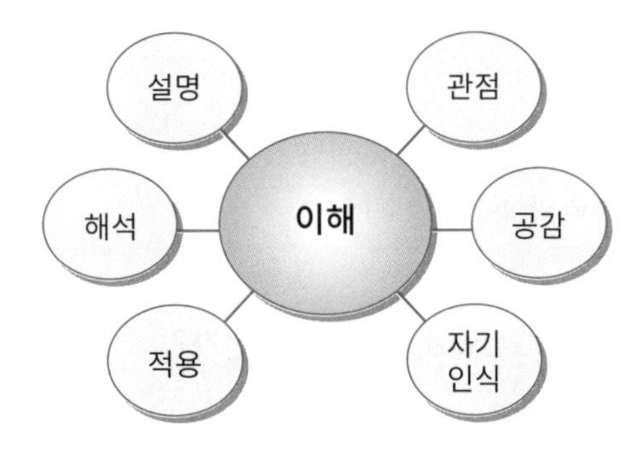

표 3-5 이해의 6가지 측면[82]

이해의 측면	정의	필요한 질문이나 과제
설명	무엇이 어떻게 작용하는지, 어떤 일이 왜 일어났는지, 아이디어가 더 넓은 맥락에 어떻게 맞아 들어가는지 말하거나 보여주는 것이다.	• 배운 것을 설명하시오. • 친구에게 핵심주제를 설명하시오. • 여러분의 입장을 증거로 갖고 정당화하시오.
해석	Big idea를 새롭게 조명하는 것이다.	• 핵심개념과 관련되는 개인적 경험을 제시하시오. • 이것이 중요한 것은 언제이며 왜 그런가요?
적용	새로운 문제를 해결하거나 새로운 상황에 Big idea를 적용하는 것이다. 적용은 Big idea를 새로운 상황이나 실제적 맥락에서 응용하는 능력을 말한다.	• 새로운 상황에 배운 것을 응용하여 문제를 해결하시오.
새로운 관점	Big idea를 다른 관점에서 논리적으로 검토하고 비평함으로써 객관성을 보여주는 것이다. 새로운 관점은 비판적이고 통찰력있는 시각으로 문제를 검토하는 능력을 말한다.	• 주제에 대하여 다른 관점에서 설명하고 비평하시오. • 의심스러운 가정을 밝히고 배운 것에 대한 결론을 내시오. • 새로운 관점으로 자료나 텍스트를 해석하시오.
공감	친구의 관점이나 입장이 이상하다고 생각하거나, 믿기 어려워하거나, 속상해하거나, 비논리적이라고 생각하는 것을 찾아 설명하고 그것의 가치를 존중하는 것이다. 공감은 타인의 감정과 생각을 수용하는 능력을 말한다.	• 친구는 이것을 어떻게 느끼는가? 친구의 관점을 수용할 수 있는가? • 여러분이 그 친구의 입장이라면 어떻게 느끼는가?
자기인식	개인적으로 갖고 있는 잘못된 편견이나 행동패턴을 밝히거나, 아이디어 이해에 부정적 영향을 미치는 오류를 설명하고 자신의 학습방식을 반성하는 것이다.	• 나의 어떤 편견이 문제해결에 방해되는가? • 나의 어떤 관점이 주제를 이해하는데 부정적 영향을 미치는가?

나. 본질적 질문(Essential Questions, Ⓠ)은 무엇인가?

big idea를 영속적으로 이해하게 하는데 유익한 질문은 무엇인가? 즉, 학습자로 하여금 big idea를 탐구하여 영속적으로 이해하도록 하고, 그것의 전이를 유발시키는 질문은 무엇인가? 학습자의 흥미를 유발하고, 학습내용에 포함된 핵심 개념, 주제, 이론, 문제, 이슈 등을 탐구하여, big idea에 대한 깊은 이해를 유발하는데 유익한 질문은 무엇인가? 바로 본질적 질문이다.[83]

본질적 질문은 목표가 아니다. 그래서 혹자는 본질적 질문을 제기하는 것이 학습자로 하여금 기대되는 결과를 파악하는 것과 관련이 없다고 이의를 제기할 수 있다. 하지만 이것은 잘못된 생각이다. 본질적 질문은 big idea를 오히려 강조하고 그것에 대한 깊은 이해에 도움이 된다.

많은 본질적 질문은 자주 재발하는 문제이고 최종해결책이 없는 것이므로 본질적 질문에 단순히 답한다기보다 질문을 진지하게 추구한다는 것이 더 적절한 표현이다. 따라서 본질적 질문을 탐구하여 토의, 반성적 사고, 문제해결, 연구, 논쟁 등을 통하여 big idea에 대한 깊은 이해를 갖게 하는 것이 중요하다.[84] 교수자는 1단계에서 big idea를 선정할 때 본질적 질문도 같이 고민해야 한다.

본질적 질문의 4가지 유형: '본질적 질문'에는 다르지만 서로 겹치는 4가지 유형이 있다.

① 본질적 질문은 우리 모두의 삶의 과정에서 자주 발생하는 중요한 문제를 말한다.
② 본질적 질문은 교과의 핵심 아이디어와 관련된 질문을 말한다.
③ 본질적 질문은 핵심내용을 배우는데 필요한 질문을 말한다.
④ 본질적 질문은 다양한 학생들을 참여시키는—즉, 그들의 관심을 끌게 하는—질문을 말한다.[85]

포괄적 질문과 구체적 질문: 본질적 질문은 포괄적 질문과 구체적 질문으로 구성이 된다. 먼저, **포괄적 질문**(overarching essential questions)은 일반적이고 전이를 촉진시키는 질문으로서 단원의 특정한 내용을 묻지 않는다. 그것은 특정 단원이나 과목을 가로지는 big idea를 묻는 질문이다. **구체적 질문**(topical essential questions)은 특정 단원의 내용에 국한하며 특정 단원의 특정 내용과 관련된 것을 구체적으로 묻는 질문이다. 특정 단원에 국한하여 특정한 내용에 대한 이해를 유발한다.[86]

2단계: 수용 가능한 평가 증거 결정(평가기준과 평가방법 결정)

목표(기대되는 결과)가 성취되었는지를 어떻게 알 수 있는가? 목표가 성취되었음을 어떤 증거를 통해 증명할 것인가? 이 질문이 2단계에서 교수자가 가지는 질문이다. 기존의 타일러 모형과 달리 이해중심 교육과정은 교육과정 운영 전에 평가자의 입장에서 평가기준을 미리 정한다. 그래서 **백워드 디자인**(설계)인 것이다.

2단계에서 목표달성 여부를 확인하는, 타당한 평가 증거를 설정하는 것은 구체적으로 **수행과제**(Performance Tasks, Ⓣ)와 그 밖의 **다른 증거**(Other Evidence, OE)들을 설정하는 것이다.

수행과제 개발과 관련하여 교수자가 가지는 질문은 다음과 같다. 기대되는 결과를 달성하였음을 어떤 수행과제를 통해 증명할 것인가? 기대되는 결과를 달성하였음을 확인하기 위해 과제수행을 할 때, 어떤 준거로 평가할 것인가?

다른 증거 개발과 관련하여 교수자가 가지는 질문은 다음과 같다. 기대되는 결과를 달성하였음을 보여주는 퀴즈, 시험, 학문적 단서, 관찰, 숙제, 저널 등 다른 증거는 무엇인가? 학습자는 자신의 학습(결과)을 어떻게 반성하고 자기 평가할 것인가?

학습내용에 따른 평가방법: 평가방법(A)은 학습내용의 종류(B)에 따라 달라질 필요가 있다. 효과적인 평가를 위해서 내용의 종류(B)와 목표를 달성하였음을 증명하는 증거(평가방법, A)가 매치될 필요가 있다. 만약 학습목표가 기본적인 사실이나 스킬을 아는 것이라면, 전통적인 지필형 검사나 퀴즈가 평가방법으로 적절하고 충분하다. 그러나 학습목표가 내용에 대한 깊은 이해라면, 목표가 달성되었는지를 판단하기 위해서보다 복잡한 수행과제가 평가방법으로 요구된다. [그림 3-8]은 평가방법(A)과 교육내용의 우선순위(B)와의 일반적 관계를 나타낸 것이다.[87]

그림 3-8 교육내용의 우선순위(B)와 평가방법(A)[88]

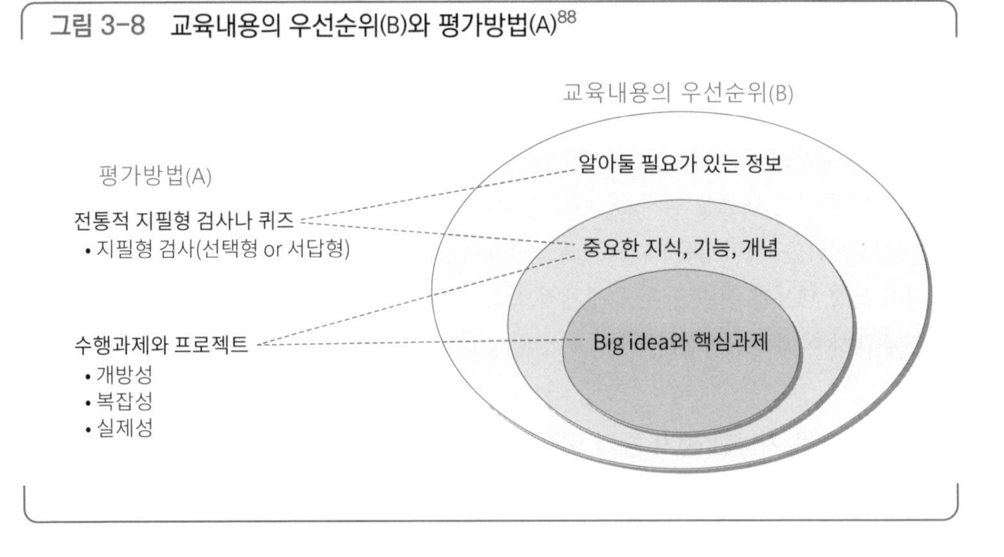

수행평가 과제를 개발할 때, GRASPS를 고려할 것을 위긴스와 맥타이는 제안한다. GRASPS는 목표(Goal), 역할(Role), 청중(Audience), 상황(Situation), 수행(Performance), 기준(Standards)을 말한다. 즉, 수행과제는 학습자가 어떤 **목표(G)**를 가지고 구체적인 대상 혹은 **관중(A)**을 고려하면서, 특정 **상황(S)**에서 특정 **역할(R)**을 맡아서 **기준(S)**에 따라 **수행(P)**을 하는 형식으로 개발된다.[89]

표 3-6 GRASPS 요소에 따른 사회과 수행과제 개발의 예

GRASPS 요소	수행과제 개발의 예
목표(Goal)	외국 방문객들이 우리 지역의 역사적, 지리적, 경제적 특징을 이해할 수 있도록 가이드할 수 있다.
역할(Role)	당신은 지역 관광개발과 인턴이다.
청중(Audience)	영어가 모국어인 외국인 관광객을 대상으로 한다.
상황(Situation)	관광객들이 우리 지역을 관광하는데 여행일정을 세우도록 요구받았다. 관광객들이 우리 지역의 중요한 역사적, 지리적, 경제적 특징을 잘 이해하도록 여행일정을 작성한다.
수행(Performance, Product)	여행안내서와 예산계획서, 여행 일정을 작성한다. 각각의 장소가 선정된 이유와 방문객들이 우리 지역의 중요한 역사적, 지리적, 경제적 특징을 이해하도록 어떻게 가이드할 것인가를 기술한다.
기준(Standards and criteria for success)	여행계획서에는 지역의 중요한 역사적, 지리적, 경제적 특징, 특정 지역을 선정한 이유와 관련 소요경비가 포함되어야 한다.

3단계: 학습 경험과 수업 설계하기

기대하는 결과를 효과적으로 성취하기 위해서는 어떤 학습경험과 수업이 필요하고 그것을 어떻게 설계할 것인가? 이 질문에 대한 답으로 위긴스와 맥타이는 WHERETO 요소를 고려하여 학습 경험과 수업을 설계할 것을 제안한다. 'WHERETO' 요소는 목표를 안내하고(W), 주의 집중시키며(H), 탐구하도록 준비시키고(E), 반성적 사고의 기회를 제공하며(R), 학습결과의 의미를 평가하도록 하고(E), 학습의 특성을 고려하여 학습을 개별화하고(T), 지속적인 참여를 하도록 교육과정과 수업을 설계해야 한다(O)는 것을 의미한다. 다음의 표는 학습계획을 설계할 때 고려해야 할 WHERETO 요소와 그 의미를 나타낸다.

표 3-7 WHERETO 요소와 그 의미

요소	의미
W(where and what)	단원이 **어디로**(Where) 향하며 기대되는 결과가 **무엇인지를**(What) 학생이 이해하도록 학습경험과 수업을 설계할 것
H(hook and hold)	모든 학생의 동기를 **유발하고**(Hook) 흥미를 계속 **유지**(Hold)하도록 하는 학습경험과 수업을 설계할 것
E(explore and equip)	학생을 (수업에) **준비시키고**(Equip) 학생이 주요 아이디어를 **경험하고**(Experience) 주요 이슈를 **탐구하도록**(Explore) 하는 학습경험과 수업을 설계할 것
R(rethink, reflect, revise)	학생이 기대되는 결과(목표, 이해)와 자신의 실제 학습결과를 비교 및 **반성하고**(Rethink) **수정하기**(Revise) 위한 기회를 제공하는 학습경험과 수업을 설계할 것
E(evaluate)	학생이 자신의 학습결과와 그것의 의미를 **평가**(Evaluate)할 수 있도록 학습경험과 수업을 설계할 것
T(tailor)	학생의 서로 다른 요구와 흥미, 능력에 **맞추어**(Tailored) 학습경험과 수업을 설계할 것
O(organize)	효과적인 학습과 처음부터 일관된 학습 참여가 극대화되도록 학습경험과 수업을 **조직할**(Organized) 것

3. 설계 템플릿

위긴스와 맥타이는 백워드 설계에 근거하여 실제 단원을 개발할 때 활용할 수 있는 설계 템플릿을 구안하여 제시하였다. 백워드 설계의 1, 2, 3단계의 핵심질문, 구체적 질문, 주안점들이 템플릿에 잘 구현이 되어있다.

표 3-8 백워드 설계를 위한 템플릿[90]

1단계: 기대되는 학습결과 파악(Desired Results): 무엇을 알고 이해해야 하는가? → Big Idea를 영속적으로 이해한다.

설정된 목표(Ⓖ): 어떤 목표(예, 성취기준, 코스나 프로그램 목표, 학습성과)를 기대하는가?

성취기준 예)
- *학생은 영양섭취와 다이어트 식사에 관한 핵심개념(big idea)을 이해할 수 있다.*

✓ *학생은 영양섭취에 관한 이해를 적절한 다이어트 식사 계획을 세우는데 사용할 수 있다.*
✓ *학생은 자신의 식사패턴과 그 식사패턴을 개선하는 방식을 이해할 수 있다.*

이해(Understandings, Ⓤ): 무엇을 이해를 해야 하는가?
→ big idea를 이해함

학습자는 다음을 이해할 것이다.
- big idea는 무엇인가?
- big idea와 관련하여 어떤 것을 구체적으로 이해해야 하는가?
- 예상되는 오개념은 무엇인가?

예) 학생은 다음을 이해할 것이다.
- *균형잡힌 다이어트식은 신체 및 정신 건강에 유익하다.*
- *USDA 음식 피라미드는 영양에 관한 적절한 기준을 제공한다.*
- *다이어트식은 개인의 나이, 몸무게, 건강상태 등에 따라 다양하다.*
- *건강한 삶을 위해서는 개인이 영양 정보에 따라 적절하게 행동할 필요가 있다.*

본질적 질문(Essential Questions, Ⓠ): 어떤 본질적 질문을 해야 하는가?
Big idea를 영속적으로 이해하는데 유익한 질문은 무엇인가?
- 어떤 도발적 질문이 학생으로 하여금 탐구와 이해, 학습의 전이를 유발시키는가?

예)
- *건강한 식습관은 무엇인가?*
- *나는 건강한 식습관을 갖고 있는가? 어떻게 그것을 알 수 있는가?*
- *나에게는 건강한 다이어트식이 남에게는 건강하지 못한 다이어트식이 될 수 있는가?*

이 단원을 학습 후, 획득할 핵심지식과 기능은 무엇인가?
핵심(혹은 중요한) 지식과 기능은 수행과제를 해결하는데 필수조건이다. 핵심지식과 기능은 다음의 세 가지가 있다.
① 기대되는 결과의 구성요소와 관련되는 것,
② 목표에 진술된 지식 및 기능과 관련되는 것,
③ 2단계에서 확인되는 복잡한 평가과제를 수행하는데 필요한 지식 및 기술과 관련되는 것

핵심지식: 학습자는 다음을 알 것이다(know knowldege, Ⓚ)
- 이 단원 학습 후, 획득할 핵심지식은 무엇인가?
- 핵심지식을 습득하여 무엇을 할 수 있는가?

예) 학생은 다음을 알 수 있다.
- *핵심 용어: 단백질, 지방, 칼로리, 탄수화물...*
- *음식의 종류와 영양적 가치*
- *USDA 음식 피라미드 기준*
- *영양 결핍이 초래하는 건강 문제들*

핵심기능: 학습자는 다음을 할 수 있을 것이다(do skills, Ⓢ)
- 이 단원 학습 후, 획득할 핵심기능은 무엇인가?
- 핵심기능을 습득하여 무엇을 할 수 있는가?

예) 학생은 다음을 할 수 있다.
- *식품 라벨지에 기재된 영양정보를 읽고 해석할 수 있다.*
- *영양적 가치 관점에서 다이어트식을 분석할 수 있다.*

2단계: 수용 가능한 평가증거 결정하기(Assessment Evidence):
– 목표가 성취되었는지를 어떻게 알 수 있는가?
– 목표가 성취되었음을 어떤 수행과제 혹은 증거를 통해 증명할 것인가

수행과제(Performance Tasks, Ⓣ):

- 기대되는 이해(결과)를 달성하였음을 어떤 수행과제를 통해 증명할 것인가?
- 기대되는 결과를 달성하였음을 확인하기 위해 과제수행을 할 때, 어떤 준거로 평가할 것인가?

예) 어린 아이들에게 좋은 영양섭취의 중요성을 설명하는 브로셔 만들기: 수행과제를 통해 건강하지 못한 식습관을 고치는데 유익한 생각을 어린 아이들에게 제공할 수 있다.
……

다른 증거(Other Evidence, OE)*:

- 기대되는 결과를 달성하였음을 보여주는 다른 증거는 무엇인가?(퀴즈, 시험, 학문적 단서, 관찰, 숙제, 저널)
- 자신의 학습(결과)을 어떻게 반성하고 자기 평가할 것인가?

예)
- 퀴즈: USDA 음식 피라미드
- 단서(prompt): 건강하지 못한 영양섭취의 결과로 나타나는 건강문제 2가지 기술하기
- 수행능력 점검(skill check): 식품 라벨에서 영양 정보를 해석하기

3단계: 학습 경험과 수업설계하기(Plan Learning experiences)

학습경험(Learning Activities, Ⓛ)과 수업설계: 학생들이 바라는 결과를 성취하도록 하는 학습경험과 수업은 무엇인가? 어떻게 그것을 설계할 것인가? → WHERETO 방법

- W=단원이 어디로(Where) 향하며 기대되는 결과가 무엇인지를(What) 학생이 이해하기 위해서 학습경험과 수업을 어떻게 설계할 것인가?
- H=모든 학생의 동기를 유발하고(Hook) 흥미를 유지하기(Hold) 위해서는 학습경험과 수업을 어떻게 설계할 것인가?
- E(E1)=학생을 (수업에) 준비시키고(Equip) 학생이 주요 아이디어를 경험하고(Experience) 주요 이슈를 탐구하도록(Explore) 하기 위해서 학습경험과 수업을 어떻게 설계할 것인가?
- R=학생이 자신의 기대되는 결과(목표, 이해)와 학습결과를 반성하고(Rethink) 수정하기(Revise) 위한 기회를 제공하기 위해서 학습경험과 수업을 어떻게 설계할 것인가?
- E(E2)=학생이 자신의 학습결과와 그것의 의미를 평가하기(Evaluate) 위해서 학습경험과 수업을 어떻게 설계할 것인가?
- T=학생의 서로 다른 요구와 흥미, 능력에 맞추기(Tailored) 위해서 학습경험과 수업을 어떻게 설계할 것인가?
- O=효과적인 학습과 처음부터 일관된 학습 참여를 극대화하기 위해서 학습경험과 수업을 어떻게 조직할(Organized) 것인가?

* 혹은 핵심과제(core task)로도 불린다.

4. 특징 및 의의

- 의도된 결과(목표)를 명확히 하는 것(1단계)에서 출발하여 목표 달성의 증거를 설정하고(2단계) 효율적인 교육과정과 수업설계로(3단계) 나아가는 3단계의 진행과정이 체계적이며 일관적이다.
- 교사로 하여금 단순한 교육내용의 전달자가 아닌, 교육과정과 수업 설계자로서의 역할을 수행할 것을 요구한다.
- 2단계에서 학습목표가 달성되었음을 어떤 증거를 통해 확인할 것인가를 질문으로 제기하면서 평가기능을 강조하고 있다. 전통적 목표중심모형과 달리 목표설정과 동시에 평가를 고려하는 일원적이고 통합적인 모형이다.

생각해 볼 문제

1. 스펜서

오늘날 학교교육의 현실, 교육에 대한 자신의 관점, 4차 산업혁명, 미래교육 등 여러 가지를 고려하여 스펜서의 질문 '어떤 지식이 가장 가치가 있는가?'에 대한 자신의 의견을 구체적 이유와 근거를 들어 주장하시오.

2. 타일러

- 타일러의 논리를 비판하고 대안(혹은 발전방안)을 제시하시오(구체적 이유와 근거 제시).
- 타일러의 5가지 내용선정 원리 중 중요하다고 생각하는 것은 무엇인가? 그 이유와 근거는 무엇인가? 이들 5가지 외에 더 고려할 내용선정 원리는 무엇인가?

3. 아이즈너

- 아이즈너 **예술적 교육과정** 개발 이론에 기반하여 특정 교과목의 한 단원을 설계하시오(1차시 분량 교수학습지도안 작성).
- 아이즈너의 **교육적 감식안**에 의한 교육비평이론에 기반하여 학생평가 방법을 제시하시오.
- 내가 경험하고 좋았던 **참평가** 장면: 내가 경험한 후 좋았거나 깊은 인상을 받은 평가 장면 1개를 구체적으로 기술하시오.

4. 이해중심교육과정

- 특정 교과목의 한 단원을 **백워드 설계모형**에 기반하여 수업설계하시오(1차시 분량 교수학습지도안 작성).

임용기출문제

Q1 다음을 읽고, 2015 개정 교육과정에서 강조하는 교수 · 학습의 중점 사항 3가지를 제시하시오(단, 협동학습은 제외)(2017 초등).

A교사: 이번 2015 개정 교육과정에서는 특별히 교수 · 학습의 질 개선을 강조하는 것 같더군요.

B교사: 네, 교과의 **핵심 개념을 중심으로 학습 내용을 구조화**하는 데 교육과정 구성에 중점을 둔 것도 그것 때문이라 생각해요.

A교사: 진도를 나가야 한다는 부담감에 단편적 지식의 암기에 치중하거나, 학생의 수준을 고려하지 않은 채 교과서 내용을 단원 순서에 따라 기계적으로 가르치는 것을 지양해야 할 것 같아요. **교과 울타리에 갇힌 수업 관행도 개선**해야 하고요.

■ 풀이 Tip

2. 교수 · 학습

가. 학교는 교과목별 성취기준에 따라 다음과 같은 사항에 중점을 두고 교수 · 학습이 이루어지도록 한다.

1) 교과의 학습은 단편적 지식의 암기를 지양하고 핵심 개념과 일반화된 지식의 심층적 이해에 중점을 둔다.
2) 각 교과의 핵심 개념과 일반화된 지식 및 기능이 학생의 발달 단계에 따라 그 폭과 깊이를 심화할 수 있도록 수업을 체계적으로 설계한다.
3) 학생의 융합적 사고를 기를 수 있도록 교과 내, 교과 간 내용 연계성을 고려하여 지도한다.
4) 실험, 관찰, 조사, 실측, 수집, 노작, 견학 등의 직접 체험 활동이 충분히 이루어지도록 한다.
5) 개별 학습 활동과 함께 소집단 공동 학습 활동을 통하여 협력적으로 문제를 해결하는 협동학습 경험을 충분히 제공한다.

6) 학생이 능동적으로 수업에 참여하고 자신의 생각을 표현하는 기회를 가질 수 있도록 토의 · 토론 학습을 활성화한다.

7) 학생에게 학습 내용을 실제적 맥락 속에서 적용하고 활용할 수 있는 기회를 충분히 제공한다.

8) 학생이 스스로 자신의 학습 과정과 학습 전략을 점검하고 개선하며 자기주도적으로 학습할 수 있도록 지도한다.

*출처: 2015 국가교육과정 총론 중

Q2 아래에서 A교사가 ① ○○에게 길러주어야 할 핵심 역량을 2015 개정 교육과정 총론에 근거하여 2가지 제시하고, ② 각각의 역량을 기르기 위해 어떻게 지도해야 하는지를 ○○의 특성과 관련지어 1가지씩 논하시오(2019 초등).

A교사: 우리 반 ○○가 평소에는 학교 생활에 큰 어려움이 없는 듯한데, 발표할 때 긴장하고 떨어요. 평소 실력을 발휘하지 못해 너무 속상하다고 합니다. 그래서 저는 ○○를 정말 도와주고 싶어요.

B교사: 저런, ○○ 입장에서는 정말 속상할 것 같아요. 우선 ○○이 감정부터 공감해 줘야겠어요.

A교사: 네, 그래야겠어요. ○○는 발표 시간에 자기 생각과 감정을 제대로 표현하지 못해요. <u>남의 말을 경청하지 못하고, 남의 의견을 존중하지 않아요</u>. 또 한 가지는 ○○가 <u>자신감도 떨어지고, 선생님과 친구들에게 자꾸 의존하고 자기가 주도적으로 하지 않아요.</u>

Q3 '2015 개정 교육과정의 실질적 구현 방안'이라는 주제로 ① B교사가 채택하고자 하는 원리 1가지와 그 외 ② 내용조직의 원리 2가지(연계성 제외)를 제시하시오(2017 중등).

B교사: 교사는 내용 조직의 원리를 제대로 파악할 필요가 있습니다. 저는 몇 개의 교과를 결합해 교육과정을 편성 · 운영해 보려고 합니다. 각 교과의 내용이 구획화되지 않도록 교과 교사들 간 협력을 강화하고자 합니다. 이러한 시도는 교육과정 설계에서 교과 간의 단순한 연계성 이상을 의미합니다.

Q4 A중학교 학생들의 학업특성 조사 결과에 관한 두 교사의 대화 중 A교사가 제안하는 ① 워커(D. F. Walker)의 교육과정 개발 모형의 명칭과 이 모형을 교육과정 개발에 적용하는 이유 3가지를 논하시오.
그리고 A교사가 언급하는 ② PBL(문제중심학습)에서 학습자의 역할 2가지와 PBL에 적합한 문제의 특성과 그 특성이 주는 학습효과 1가지를 논하시오(2018 중등).

A교사: 우리 학교 학생의 학업 특성을 보면 학습흥미와 수업참여 수준이 전반적으로 낮아요. 그리고 학업성취, 학습흥미, 수업참여의 개인차가 크다는 것이 눈에 띄네요.

B교사: 학생의 개인별 특성이 그만큼 다양하다는 것을 의미하겠죠. 우리 학교 교육과정도 이를 반영해야 하지 않을까요?

A교사: 그렇습니다. 그런데 교육과정을 개발하는 과정에서 학생의 개인별 특성을 중시하는 의견과 교과를 중시하는 의견 간에 차이가 있습니다. 이를 조율하기 위해서는 시간이 걸리겠지만 적절한 논쟁을 거쳐 합의에 이르는 심사숙고의 과정이 필요합니다.

B교사: 네, 그렇다면 학생의 다양한 특성을 반영하기 위한 수업 방법으로 어떤 것이 있을까요?

A교사: 우리 학교 학생에게는 학습흥미와 수업참여를 높이는 수업이 필요할 것 같아요. 제가 지난번 연구수업에서 문제를 활용한 수업을 했는데, 수업 중에 학생들이 무엇을 해야 하는지 모르는 것 같았어요. 게다가 제가 문제를 잘 구성하지 못했는지 별로 흥미를 보이지 않더라고요. 문제를 활용하는 수업에서는 학생의 역할을 안내하고 좋은 문제를 개발하는 것이 중요하다는 것을 알게 되었어요.

Q5 다음과 관련하여 ① 타일러(R. Tyler)의 학습경험 선정 원리 중 기회의 원리로 첫째 물음을 설명하고, 만족의 원리로 둘째 물음을 설명하시오.
② 잭슨(P. Jackson)의 잠재적 교육과정의 개념을 쓰고 그 개념에 근거하여 교사가 말하는 '생각하지 못했던 결과'의 예를 제시하시오(2019 중등).

모둠활동에 적극적으로 참여하지 못한 학생들이 몇 명 있었지. 이 학생들은 제대로 된 학습경험을 갖지 못한 것은 아닐까? 자신의 학습경험에 대하여 어떻게 느꼈을까?

어쨌든 모둠활동에 관해서는 좀 더 깊이 고민해 봐야겠어. 생각하지 못했던 결과가 이 학생들에게 나타날 수도 있고…….

Q6 다음의 교사가 말한 ① **'영 교육과정'**이 교육내용 선정에 주는 시사점 1가지, ② 교사가 말한 교육내용 조직방식의 명칭과 ③ 이 조직방식이 토의식 수업에서 가지는 장점과 단점 각각 1가지를 제시하시오(2020 중등).

- 교육과정 분야에서는 교육내용의 선정과 조직방식에 대한 교사의 전문성이 강화될 필요가 있음
- 교육내용 선정과 관련해서는 '영 교육과정'에 관심을 가지는 것이 도움이 됨
- 교육내용 조직과 관련해서는 생활에 필요한 문제를 토의의 중심부에 놓고 여러 교과를 주변부에 결합하는 방식을 활용할 필요가 있음

사례 문제

Q1 다음은 A학교에서 12월에 다음 학년도의 학교교육과정 편성 및 운영을 논의하기 위한 워크숍 현장이다. 다음에서 교사들이 논의하고 있는 내용을 읽고 문제에 답하시오.

교육과정부장: 오늘 워크숍은 내년 학교교육과정 편성을 위해 다양한 학교의 문제들을 논의하고자 마련했습니다. 우선 내년도 학교교육목표를 정한 다음 교육목표를 실현하기 위한 교육내용을 선정하고 조직하는 시간을 갖겠습니다. 그리고 이를 실행 후 교육과정의 실현 정도를 가늠해 볼 교육과정 평가 기준안을 논의하겠습니다. 좋은 의견을 제시해 주세요.

A교사: 학교교육목표를 결정하기 위해 우선 2015 개정 국가교육과정의 목표, 교장선생님의 교육철학을 들어보고, 선생님들이 생각하는 우리 학교에 적합한 목표, 우리 학교의 장단점 등을 브레인스토밍 해보는 시간을 가졌으면 좋겠습니다. 그렇게 나온 여러 가지 의견들을 종합하여 우리 학교의 현실과 대비하여 적합한 교육목표를 정한다면 실제적인 교육목표가 정해질 것입니다. 내년 학교교육과정 운영을 위해서 여러 선생님들이 의견을 제시해 주시기 바랍니다.

중략

교육과정부장: 지금부터는 동료장학 수업공개시 수업평가표를 어떻게 구성하는 것이 좋을지 의견을 말씀해주세요.

B교사: 작년처럼 교사의 확산적 발문 횟수 기록, 학생들의 수업 참여도 등 측정도구를 그대로 활용하였으면 좋겠습니다.

C교사: 교사의 전문성이라는 것은 양적으로만 측정할 수 없습니다. 수업이라는 것이 예술적 활동입니다. 따라서 수업을 참관하시는 선생님들의 다양한 전문성이 그대로 드러날 수 있도록 참관록의 내용을 기술(descriptive)식으로 구성하면 좋겠습니다. 또한 학생들을 평가하는 평가 도구들도 최근의 과정중심평가 경향에 맞추어 학생들이 수업에서 참여하는 과정에서 드러나는 다양한 모습들을 기술하는 방식으로 구성될 필요가 있습니다.

교육과정부장: 수업참관록에 대한 논의인데요. 학생평가에 대한 말씀도 함께 나왔습니다. 자유롭게 말씀해주세요.

D교사: 평가 방식과 결과 표현 방식도 중요하지만, 평가를 설계하는 시기도 중요합니다.

평소 시험과 관련된 계획을 학기말에 해왔는데요. 내년 평가는 미리 준비했으면 좋겠습니다. 평가도구인 성취기준과 성취수준 및 문항지 등을 미리 설계해서 수업 과정 중에 평가가 될 수 있도록 해야 평가의 효과가 나타날 것입니다.

1. 위의 사례에서 교육과정부장은 학교교육과정 편성을 위한 워크숍을 어떤 절차에 의해 진행하고 있는지 Tyler의 **교육과정 개발이론**을 토대로 설명하시오(목표중심 교육과정 개발). 그리고 교육과정부장은 이 절차를 어떻게 더 세분화하여 적용할 수 있을지 생각해 보시오(타바, 올리바의 모형 등).

2. A교사가 학교교육목표 설정을 위해 제시하는 방법을 Walker의 **숙의모형**에 빗대어 논하시오(토대, 숙의, 설계).

3. C교사는 동료장학 수업공개시 수업참관록 구성과 학생평가에 대해 의견을 제시하고 있다. 이를 Eisner의 **이론**으로 논하시오(교육적 감식안, 참평가 등).

4. D교사의 의견을 이해중심 교육과정 개발(**백워드 교육과정 설계**)과 관련하여 설명하시오.

3장 미주

1 홍후조(2011). 알기 쉬운 교육과정. 학지사. p. 95.
2 http://terms.naver.com/entry.nhn?docId=389411&cid=41978&categoryId=41985
3 김경자(2004). 학교교육과정론. 교육과학사. p. 103; 홍후조(2011). 전게서. p. 95.
4 Spencer, H.(1887). Education: Intellectual, Moral, and Physical. NY: D. Appleton and Company. p. 93.
5 홍후조(2011). 전게서. p. 102.
6 홍후조(2011). 전게서. p. 102.
7 김수천(2004). 교육과정과 교과. 교육과학사. p. 84.
8 홍후조(2011). 전게서. p. 105.
9 https://talkcurriculum.wordpress.com/2014/09/27/bobbitt-f-2013-scientific-method-in-curriculum-making-in-d-j-flinders-s-j-thornton-eds-curriculum-studies-reader-4th-ed-pp-11-18-new-york-ny-routledgefalmer/
10 김수천(2004). 전게서. p. 86.
11 김수천(2004). 전게서. p. 85.
12 김경자(2004). 전게서. p. 120.
13 김경자(2004). 전게서. pp. 105-106, p. 119.
14 김수천(2004). 전게서. p. 86.
15 김경자(2004). 전게서. p. 121.
16 김수천(2004). 전게서. p. 87; 김경자(2004). 전게서. p. 122.
17 홍후조(2011). 전게서. p. 107.
18 Tanner & Tanner, 1980; 김수천(2004). 전게서. p. 95에서 재인용.
19 Tyler, 1949; 김수천(2004). 전게서. p. 95에서 재인용.
20 http://adulteducationcontributors.pbworks.com/w/page/42349102/25%20Ralph%20Tyler
21 김경자(2004). 전게서. pp. 155-158; 홍후조(2011). 전게서. p. 167.
22 이홍우(2010). 증보 교육과정탐구(3판). 박영사.
23 김수천(2004). 전게서. p. 102.
24 Tyler, R. W.(1971). Basic principles of curriculum and instruction. Chicago: The University of Chicago Press.
25 Tyler, R. W.(1971). 전게서.
26 Tyler, R. W.(1971). 전게서.
27 김경자(2004). 전게서. p. 158.

28 Schubert et al.(2002). 교육과정 100년. 강익수 외(역). 학지사. p. 122.
29 Schubert et al.(2002). 전게서. p. 122.
30 김경자(2004). 전게서. p. 155; 홍후조(2011). 전게서. p. 167.
31 Kliebard, H. M., 1970; 김수천(2004). 전게서. p. 102에서 재인용.
32 Pinar, W., 1978; 김수천(2004). 전게서. p. 103에서 재인용.
33 홍후조(2011). 전게서. p. 167.
34 김수천(2004). 전게서. p. 103.
35 Oliva, P. F.(2009). Developing the Curriculum(7th ed.). 강현석 외(역). 최신 교육과정 개발론. 학지사. p. 197.
36 Schubert et al.(2002). 전게서. p. 122.
37 홍후조(2011). 전게서. p. 168.
38 이홍우(2010). 증보 교육과정탐구(3판). 박영사.
39 홍후조(2011). 전게서. p. 167.
40 https://alchetron.com/Hilda-Taba-1330840-W.
41 Oliva, P. F.(2009). 전게서. p. 198.
42 Oliva, P. F.(2009). 전게서. pp. 199-200.
43 김수천(2004). 전게서. p. 106.
44 Oliva, P. F.(2009). 전게서. p. 200.
45 김수천(2004). 전게서. p. 106.
46 Schwab, J.(1970). "The practical: A language for curriculum". NEA. ERIC. ED 038332.
47 이주영, 정광순(2021). 교사가 교육과정을 개발하는 과정에서 발휘하는 실제기예 탐색-Schwab의 the practical을 중심으로. 학습자중심교과교육연구, 21(14), 335-351. p. 337.
48 김수천(2004). 전게서. p. 111.
49 Schubert, W. H.(1986). Curriculum: Perspective, Paradigm, and Possibility. 연세대 교육과정연구회(역). 교육과정이론. 양서원. p. 195.
50 김영천 편저(2012). 교육과정 이론화. 경기도 파주: 아카데미프레스. p. 170.
51 김영천 편저(2012). 교육과정 이론화. 경기도 파주: 아카데미프레스. p. 171.
52 Schubert, W. H.(1986). 전게서. p. 195.
53 https://ed.stanford.edu/faculty/decker
54 권낙원, 김민환, 한승록, 추광재(2011). 교사를 위한 교육과정론. 경기도 고양: 공동체. pp. 279-280.
55 권낙원, 김민환, 한승록, 추광재(2011). 교사를 위한 교육과정론. 경기도 고양: 공동체. pp. 280-281.

56 권낙원, 김민환, 한승록, 추광재(2011). 교사를 위한 교육과정론. 경기도 고양: 공동체. p.281.
57 김대현(2020). 교육과정의 이해(2판). 서울: 학지사. p. 96.
58 http://obits.dignitymemorial.com/dignity-memorial/obituary.aspx?n=Elio-Oliva&lc=7208&pid=167956734&mid=5734966
59 Oliva. P. F.(2009). 전게서. p. 205.
60 http://infed.org/mobi/elliot-w-eisner-connoisseurship-criticism-and-the-art-of-education/
61 김승호, 김은정, 박일수(2019). 교육과정과 수업. 창지사. p. 111.
62 김경자(2004). 전게서. pp. 374-379.
63 박승배(2012). 교육과정학의 이해. 학지사. pp. 191-192.
64 박승배(2012). 전게서. p. 193.
65 박승배(2012). 전게서. p. 194.
66 Eisner, 1979: 154; 김승호, 김은정, 박일수(2019). 교육과정과 수업. 창지사. p. 111에서 재인용.
67 Eisner. E. W.(1979). 교육적 상상력. 이해명 역(1983). 단국대학교 출판부. p. 124.
68 김경자(2004). 전게서. p. 377.
69 https://www.gettyimagesbank.com
70 박승배(2012). 전게서. pp. 196-199.
71 http://www.shakespeareteacher.com/blog/archives/category/data
72 Wiggins, G. & McTighe, J.(2005). Understanding by Design(2nd ed.). Pearson Education Inc. p. 338.
73 http://jaymctighe.com/
74 Wiggins, G. & McTighe, J. (2005). Understanding by Design(2nd ed.). Pearson Education Inc. p. 18.
75 Wiggins, G. & McTighe, J. (2005). 전게서. p. 338.
76 Wiggins, G. & McTighe, J. (2005). 전게서. p. 67.
77 Wiggins, G. & McTighe, J. (2005). 전게서. p. 69.
78 Wiggins, G. & McTighe, J. (2005). 전게서. p. 64.
79 Wiggins, G. & McTighe, J. (2005). 전게서. p. 71.
80 Wiggins, G. & McTighe, J. (2005). 전게서. p. 68.
81 Wiggins, G. & McTighe, J. (2005). 전게서. p. 342.
82 Wiggins, G. & McTighe, J. (2005). 전게서. p. 71; Isecke, H.(2011). Backwards Planning. 강현석, 이지은, 정수경(역). 백워드 설계와 수업전문성. 학지사. p. 43.
83 Wiggins, G. & McTighe, J. (2005). 전게서. pp. 105-106.
84 Wiggins, G. & McTighe, J. (2005). 전게서. p. 58.
85 Wiggins, G. & McTighe, J. (2005). 전게서. pp. 108-109.
86 Wiggins, G. & McTighe, J. (2005). 전게서. pp. 113-115.

87 Wiggins, G. & McTighe, J. (2005). 전게서. p. 170.
88 Wiggins, G. & McTighe, J. (2005). 전게서. p. 170.
89 Wiggins, G. & McTighe, J. (2005). 전게서. pp. 157-159.
90 Wiggins, G. & McTighe, J. (2005). 전게서. p. 30.

CHAPTER

4

우리나라 교육과정의 이해

4

우리나라 교육과정의 이해

Contents

제 1 절 우리나라 교육과정 개발의 특징

국가수준 교육과정 개발의 특징: 우리나라 국가수준 교육과정 개발체제는 중앙정부 주도형이다. 즉, 중앙정부가 중심이 되어서 교육과정 개발 및 운영을 주도하여 왔다. 국가수준 교육과정 개발의 특징은 다음과 같다. 첫째, 연구·개발·보급형(RDD Model)이다. 둘째, 전국적·공통적 교육과정(Common Curriculum)을 지향하며 이를 통해 학생의 거주지 이동에 관계없이 교육의 계속성을 보장하고자 한다. 셋째, 교사 배제형(Teacher-Proof Curriculum)이다. 넷째, 교육과정 개발의 일반적 원리와 절차를 중시한다. 다섯째, 교육의 책무성 강화를 통하여 국가 경쟁력을 높이고자 한다.

그러나 중앙정부 주도의 국가수준 교육과정 체제는 문서상의 계획된 교육과정(총론 및 교과교육과정 문서)과 학교에서 실제로 전개된 교육과정이 일치되지 않는 등의 문제가 발생하고 있다. 그럼에도 불구하고 **국가수준 교육과정 체제를 채택하는 이유는** 다음과 같다. 첫째, 교육의 통일성을 정하기 위함이다. 둘째, 교육의 기회균등을 확보하기 위함이다. 셋째, 국가 전체의 교육수준을 일정하게 유지하기 위함이다. 넷째, 정치적·종교적으로 교육의 중립성을 확보하기 위함이다. 다섯째, 교육의 책무성 강화를 통하여 국가 경쟁력을 높이기 위함이다. 여섯째, 학교급별 교육내용의 계통성과 일관성을 유지하기 위함이다.

지역 및 학교중심 교육과정 개발: 중앙정부 중심의 국가수준 교육과정 개발과 대비되는 것이 지역 및 학교중심 교육과정 개발이다. 특히 학교중심 교육과정 개발을 단위학교 교육과정개발(School-based Curriculum Development)이라고 한다. 학교 교육과정이란 '국가 수준의 교육과정 기준과 시도의 교육과정 편성운영 지침을 근거로 하여 지역의 특수성과 학교의 실정에 맞게 학교별로 마련한 의도적인 계획'이다. 우리나라는 제6차 교육과정부터 교육과정 권한이 지역과 학교로 분권화되기 시작하였으며, 제7차 교육과정 이후부터는 선택교육과정을 중심으로 더욱 확대되었다.

지역 및 학교중심 교육과정 개발의 특징은 다음과 같다. 첫째, 지역과 학교의 특수한 상황에 맞추어 교육과정을 개발하고 실천할 수 있어 교육과정 적용의 실효성이 증대된다. 둘째, 학생의 흥미, 요구 등을 충분히 고려하여 교육과정을 개발할 수 있고 그래서 동기유발 효과와 이로 인한 학습참여가능성이 높다. 셋째, 개발된 교육과정을 신속하고 유연하게 수정할 수 있다. 넷째, 교사들이 교육과정 개발에 참여함으로써 주인의식을 가지게 되고 그래서 교사의 교육과정에 대한 책무성이 높아지게 된다. 다섯째, 교사의 교육과정에 대한 자율성과 전문성을 신장시킨다. 여섯째, 지역, 학교, 학생의 다양한 요구를 반영하여 교육과정을 개발함으로써 교육과정의 다양성이 증대된다.

지역 및 학교중심 교육과정 개발의 문제점: 하지만 지역 및 학교중심 교육과정 개발도 다음과 같은 문제점을 지닌다. 첫째, 교육의 지역간, 학교간 격차가 심화될 수 있으며 이로 인한 교육의 불평등을 초래하고 지역간, 학교간 위화감을 초래할 수 있다. 둘째, 공통의 합의된(혹은 통일된) 교육과정 부재(不在)는 여러 사회적 문제를 야기하고 이로 인하여 국가발전을 저해할 수 있다.

제2절 우리나라 국가수준 교육과정 개정*

1. 교수요목기(1946~1954)**

미군정치하에서 만들어진 교육과정이다. 이 시기는 우리나라 교육과정의 기초를 마련한 기간으로 볼 수 있다. 교수요목(教授要目)은 교과의 지도 내용을 상세하게 기술한 문서를 말하는데, 당시 교육과정 문서는 각 교과의 지도내용을 상세히 표시하고 기초능력을 배양하는 데 주력하였으며, 교과 분과주의를 선택하여 체계적인 지도와 지력을 기르는데 중점을 두었다. 또한 우리나라 교육이념인 홍익인간의 정신에 입각한 애국애족교육을 강조하였으며 일제의 잔재를 없애고자 각별한 노력을 기울였다(1949 교육법 공포). 한편, 특별활동이라는 명칭을 사용하지 않았다. 교과외활동을 학교 정규시간 이외의 학습으로 규정하여 정규교육과정에 포함시키지 않았다.

2. 제1차 교육과정기(1954~1963)

제1차 교육과정은 '교과과정 시기' 또는 '교과중심 교육과정'이라 부르며, 교육과정을 '각 학교의 교과목 및 기타 교육활동의 편제'로 정의하였다. 특별활동을 공식적 교육과정에 포함시키어 교육과정은 교과와 특별활동의 2대 편제로 구성이 되었다. 특별활동을 '교육목적 및 목표를 달성하기 위하여 필요한 교과 이외의 기타교육'으로 정의하였다. 특별활동은 다음의 것에 해당되는 것으로 정하였다.

- 집회, 기타 민주적 조직하에 운영되는 학생활동에 관한 것,
- 학생 개인의 능력에 의한 개별 성장에 관한 것,
- 직업준비 및 이용후생에 관한 것,
- 학생의 취미에 관한 것,

* 우리나라의 국가 교육과정은 광복 후부터 본격적으로 논의되었다. 국가 교육과정은 시기에 따라 ① 광복 후 임시 교육과정기, ② 국가 교육과정 행정모형기, ③ 국가 교육과정 연구개발기로 구분할 수 있다. ① 임시 교육과정기는 미군정청 학무국의 통제를 받던 시기로 '임시(긴급) 조치기'와 '교수요목기'로 세분된다. ② 국가 교육과정 행정모형기는 제1차 교육과정부터 제3차 교육과정기이다. 이 시기의 국가 교육과정은 교육부(당시 문교부)의 편수관 주도로 개정했기 때문에 '행정모형기'로도 불린다. ③ 국가 교육과정 연구개발기는 제4차 교육과정부터 현재까지이다. 전문가의 연구 · 개발 과정을 거쳐 교육과정이 개정되었기 때문에 '연구 · 개발 모형기'라고도 불린다. 이 시기는 '주기적 연구개발기'(제4차~제7차 교육과정)와 '수시 연구개발기'(2007 개정 ~ 2022 개정 교육과정)로 세분된다.

** 교수요목기 이전에 '임시(긴급) 조치기'가 있었다. 광복 직후 휴교 상태였던 학교를 개교하기 위한 응급조치로 1945년 9월 17일 미군정청 일반명령 제4호인 '신조선인의 조선인을 위한 교육' 방침을 발표했다.

반공교육, 도의교육(도덕교과에 해당), 실업교육을 강조하였다. 특히, 도의교육은 전 교과 및 기타 교육활동 전반에 걸쳐서 운영하며 각 학년별 총 수업시수의 범위 내에서 연 35시간 이상을 지정하였다. 그러나 실제로 입시준비로 국어, 영어, 수학에 많은 시간을 할애하여 운영하였다.[1]

3. 제2차 교육과정기(1963~1973)

제2차 교육과정은 '생활중심 교육과정' 또는 '경험중심 교육과정'이라고 부르며, 교육과정을 '학생들이 학교의 지도하에 경험하는 모든 학습의 총화'로 정의하였다. 교육과정의 방향으로 자주성, 생산성, 유용성을 강조하였다. 교육과정이 교과활동, 반공도덕, 특별활동의 세 영역으로 구성되었다. 특별활동은 경험중심 교육사조의 영향을 받았다. 구체적으로 특별활동에서 개인취미 향상, 생활태도와 적성 신장, 직업 능력 배양, 자치활동에 참여, 자주적 및 민주적 생활태도 배양 등을 목표로 삼은 것은 경험중심 교육사조의 영향을 받은 것이라고 할 수 있다. 1차 교육과정과 달리 인문계 고등학교와 실업계 고등학교로 나누어 별개의 교육과정을 개발하였다. 이로 인하여 고등학교 교육과정이 인문계와 직업계로 분리되는 계기가 되었다. 고등학교 교육과정을 시간제에서 단위제로 변경하여 단위제가 처음 도입되었다.

4. 제3차 교육과정기(1973~1981)

제3차 교육과정은 처음으로 교육과정심의회에서 시안을 확정하고 2년간의 실험평가를 거쳐 확정되었다. 1968년 선포된 국민교육헌장의 이념과 1960년대 미국 교육계를 주도한 학문중심 교육과정 이론에 바탕을 두고 이루어졌다. 그 결과, 지식의 구조, 기본개념과 원리 중시, 발견학습 및 탐구학습를 강조하였으며 나선형 교육의 조직형태를 취하였다. 교육과정 편제면에서는 반공·도덕영역이 없어지고 도덕과가 신설되면서 교과활동과 특별활동의 2개의 편제로 되었다. 또한 민족주체의식 확립을 위하여 국사가 교과로서 독립되었다. 특별활동은 2차에 비해 시수가 축소되었다.

5. 제4차 교육과정기(1981~1987)

제4차 교육과정은 인간중심 교육사조를 추구하였다. 3차 교육과정의 문제점을 보완하고 5공화국의 개혁 조치와 급변하는 정치 사회적 요구를 반영하고자 개정되었다. 한국교육개발원에서 기초연구개발을 주도하였다. 3차에 비해 국민교육헌장의 색체를 삭제하였다.

교과 시간은 교과 간의 연관성과 학생의 발달 단계를 고려하여, 1-2학년은 교과 간의 통합을, 3학년 이상은 분과를 원칙으로 배당하였다. 국민학교에 통합교과서(바른생활, 슬기로운 생활, 즐거운 생활)가 처음으로 도입되었다. 하지만 교과 통합은 되지 않아서 도덕, 국어, 사회 교과군, 산수 및 자연 교과군, 음악, 미술, 체육 교과군으로 시수를 배정하였다. 고교에서 전인교육을 위한 자유선택 과목설정(0-8시간)을 허용하였으나 유명무실하게 운영되었다. 특별활동은 어린이회 활동, 클럽 활동, 학교 행사의 세 영역으로 편성하였다. 특별활동은 3학년 이상부터 실시하였다.

6. 제5차 교육과정기(1987~1992)

제5차 교육과정 개정의 방침은 교육과정의 적정화 · 내실화 · 지역화에 두고, 개정의 전략으로 지속성, 점진성, 효율성을 제시하였다. 중앙집권적 교육과정 체제를 지방화하기 위하여 교육과정의 지역화를 강조하였다. 주요 특징은 다음과 같다.

초등 1-2학년이 통합교과 체제로 바뀌었다. 기존의 교과서만 통합되어 있던 것을 교과도 통합이 되었다. 학교생활 적응을 위하여 1학년에 '우리들은 1학년'이 신설되어서 3월 한 달 동안에 운영되었다. 초등학교 3-4학년 사회과에 지역단원(우리 고장)이 신설되었다. 읽기, 쓰기, 셈하기 등 기초학습능력을 배양하기 위하여 국어와 산수는 초등 1-2학년에서 독립적으로 운영하였다(분과). 또한 같은 목적으로 중학교 수학 및 과학 시수가 증대되었다. 초등에서 1교과 다교과서 체제를 도입하였다. 국어 교과서를 말하기 · 듣기, 읽기, 쓰기의 세 책으로 나누어 편찬하고, 시간을 각각 별도로 배정하였다. 산수 역시 산수와 산수익힘책으로 분책하였다. 초등학교 1-2학년에도 특별활동 시간을 배정하는 등 특별활동을 강화하였다.

7. 제6차 교육과정기(1992~1997)

교육과정 결정의 분권화의 일환으로 시 · 도 교육청과 학교의 자율 재량권을 확대하였다. 그 결과, 교육부(국가수준의 기준), 시 · 도 및 지역교육청(교육과정 지침 및 장학자료), 학교(학교수준의 교육과정)로 개발의 층위가 마련되었고, 이것은 7차에도 유지되었다. 교육과정 다양화의 일환으로 필수과목을 축소하는 한편, 선택과목을 확대하였다. 재량시간이 3-6학년에 걸쳐 연 34시간으로 처음 도입되었다. 그러나 1995년 개정 교육과정에서는 초등 영어가 3-6학년에 연 68시간 도입되면서, 3-6학년 학교 재량시간은 0~34시간으로 변경되었다. 학교 재량시간은 제7차 교육과정에서 재량활동으로 변경되어, 초등학교 1학년에서 고등학교 1학년까지로 적용 범위가 확대되었다. 국사가 사회교과로 통합되어서 사회과 내용체계는 인간과 환경(지리), 사회와 문화(국사, 세계사), 공동생활(공민)으로 구성이 되었다. 그러나 국사 교과서는 별도로 발행되었다. 초등학교 산수가 수학으로 명칭이 변경되었다.

8. 제7차 교육과정기

그림 4-1 제7차 교육과정의 구성

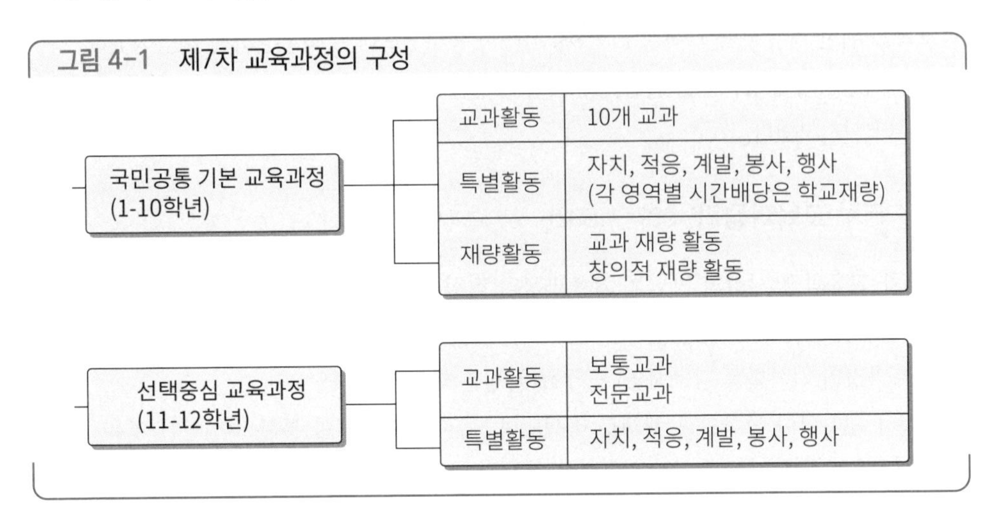

제7차교육과정은 21세기 세계화·정보화 사회를 살아갈 학생들에게 학습에 대한 자기 주도학습능력을 기르고, 창의력과 정보처리능력을 배양하는 것을 목표로 하였다. 개정의 주요 특징은 다음과 같다. 첫째, 교육과정의 편제가 국민공통 기본 교육과정과 선택중심 교육과정으로 이원화되었다. 둘째, 수준별 교육과정이 도입되었다. 구체적으로 수준별 수업이 국민공통 기본 교육과정에 도입이 되었다.

셋째, 이전 6차 교육과정의 재량시간이 재량활동으로 변경 및 신설되고 확대되었다. 재량활동은 국민공통 기본 교육과정에만 속하는 것으로 그것은 다시 교과 재량활동과 창의적 재량활동으로 구분이 되었다. 교과 재량활동은 중고등학교의 선택과목 학습과 국민공통기본교과의 심화보충학습 목적으로 사용하는 것으로 한정되었다. 창의적 재량활동은 학교의 독특한 교육적 필요, 학생의 요구 등에 따른 범교과학습과 자기주도학습을 위하여 사용하였다.

넷째, 교육과정 결정의 분권화가 6차 교육과정에 이어서 계속되어 시·도 교육청과 학교의 자율 재량권을 확대하였다. 다섯째, 교과별 학습량과 수준의 적정화를 도모하였다. 최저 필수학습요소를 중심으로 교과별 학습내용을 정선하고, 이수 교과목 수의 축소와 범위 및 수준의 적정화를 도모하였다. 여섯째, 질 관리 중심의 교육과정 평가체제 도입을 시도하였다. 구체적으로 교과별 교육목표의 성취기준(standards)을 설정하고, 주기적인 학력평가 및 학교 교육과정 운영 평가를 시도하였다. 이것은 미국의 기준운동(The standard movements)의 영향을 받은 것으로 볼 수 있다.

9. 2007 개정 교육과정

2007 개정 교육과정부터는 그동안의 전면적 개정에서 부분 수시 개정 체계로 변경되었다. 개정의 주요내용은 다음과 같다.

첫째, 주5일 수업제 시행에 대비하여 연간 총수업시수를 감축하였다. 초등학교 3~6학년, 중학교 1~3학년, 고교 1학년은 학교자율 혹은 재량시간 감축을 통하여 연 34시간을 감축하였다.* 고교 2~3학년은 학교자율로 교과4단위를 감축운영하였다.

둘째, 교과 집중이수제를 도입하였다. 구체적으로 중학교 및 고등학교에서 교과목의 학기 또는 학년 단위 집중이수가 가능하도록 하였다.**

셋째, 국가 및 사회적 요구사항을 반영하여 과학 및 역사교육을 강화하였다. 과학교육 강화의 일환으로 고 1학년 과학과 수업시수를 연 34시간 확대하였다. 역사교육 강화의 일환으로 '사회' 교과 내에서 중등 '역사' 과목(국사+세계사)이 독립되었다. 또한 고 1학년 역사 수업시수를 연 34시간 확대하였다. 고등학교 사회교과 선택과목으로 '동아시아사'를 신설하였다.

넷째, 고등학교 선택중심 교육과정을 개선하였다. 고교 선택교육과정에서는 교과 132단위와 특별활동 8단위를 합하여 총 140단위를 이수하도록 하였으며, 선택과목의 신설 및 개설을 교육감 승인사항으로 허용하였다. 보통교과에서 교련이 제외되었다. 선택과목군을 조정하였는데, 체육교육 강화를 목적으로 기존 예체능 과목군에서 체육을 독립시켰다. 학교의 실정에 따라 선택과목을 2~4단위까지 증감 운영 가능하나, 4단위 과목은 증배 운영만 가능하다.*** 전문계 고교(실업고 및 특수목적고)는 총 교과 이수단위의 10% 범위 내에서 증배 운영 가능하나, 다만 특수목적고는 전문교과에 한하여 증배가 가능하도록 하였다(즉, 특수목적고에서 보통교과를 증배 운영하는 것은 허용되지 않는다).

기타사항으로 국어교과서가 국정에서 검정으로 전환되었다. 국어, 사회, 수학, 과학, 영어의 수준별 수업을 권장하였다. 계기교육, 시 · 도 교육청의 학업성취도 평가, 교육과정 편성 · 운영 평가 등이 가능하도록 하였다. 범교과학습주제가 16개항에서 35개항으로 확대되었다.

10. 2009 개정 교육과정

2009 개정 교육과정은 인간상에서 배려와 나눔을 강조하였다.

* 연 34시간은 주당1시간을 의미한다.
** 2009개정 교육과정에서는 교과 집중이수제가 의무사항으로 강화되었다(학기당 이수과목수를 8과목 내로 제한).
*** 2009개정 교육과정에서는 5단위를 기준으로 ±1단위 증감운영 가능하도록 하였다.

- 교육과정기간과 의무교육기간 일치: 교육과정기간을 개편하여 초등 1학년~중학교 3학년까지를 공통교육과정으로, 고교 1~3학년까지를 선택교육과정으로 하였다. 이로써 공통교육과정기간과 의무교육과정기간이 일치하게 되었다.*
- 학년군 신설: 교육과정의 경직성을 탈피하고, 학년 간 연계를 통한 교육과정의 유연성을 부여하기 위하여 학년군을 신설하였다. 학년군 내에서 교과의 이수시기와 수업시수는 학교가 자율적으로 결정하도록 하였다.
- 교육과정 운영의 자율권 확대: 초등 및 중학교가 학교의 특성, 학생, 교사 학부모의 요구 및 필요에 따라 자율적으로 교과(군)별 20% 범위 내에서 시수를 증감하여 운영하는 것을 가능하도록 하였다.**
- 의무적 집중이수제 운영: 학기당 이수과목 축소를 통한 학습부담 적정화를 위해 학기당 개설과목수를 8과목 이하로 제한하였다. 그러나 체육, 예술(음악/미술) 교과목은 8개 이내에서 제외하여 편성할 수 있도록 하였다. 집중이수제는 초등학교는 권장사항이며, 중고등학교는 의무사항이었다.***
- 예술교과군 도입: 예술교과군을 도입하여 음악과 미술을 중심으로 운영하도록 하였다. 이로써 연극, 영화, 디자인 같은 음악이나 미술 외의 예술 교과들이 학교 교육과정으로 들어올 수 있는 여지가 만들어졌다.
- 창의적 체험활동 신설: 재량활동과 특별활동을 통합하여 창의적 체험활동을 신설하였으며, 자율, 동아리, 봉사, 진로활동으로 구성되었다.****
- 초등학교 주요 개정사항: '우리들은 1학년'이 폐지되고 창의적 체험활동을 활용하도록 하였다. 돌봄활동이 신설되었다.
- 중학교 주요 개정사항: 선택과목으로 보건, 진로와 직업 등이 새롭게 도입되었다. 학생들의 건강한 심신 발달을 위해 '학교스포츠클럽 활동'을 '창의적 체험활동'의 '동아리활동'으로 편성·운영하였다.
- 고등학교 주요 개정사항: 보통교과를 기본과목과 일반과목, 심화과목으로 구분하였다. 보통교과 일반과목의 기본이수단위는 5단위이며, 1단위 내에서 증감 운영 가능하였다. 사회(역사/도덕 포함) 교과(군)에서 '한국사'는 필수로 이수하도록 하였다.

* 2007개정 교육과정까지는 공통교육과정기간과 의무교육기간이 미스매치하였다. 즉, 의무교육기간은 중학교 3학년까지이나 국민공통기본교육과정은 고교 1학년까지로 하였다.

** 단, 체육, 예술(음악/미술) 교과목은 기준수업시수를 감축하여 편성할 수 없다(중학교).

*** 집중이수제는 2007 개정 교육과정에서 도입되었다.

**** 6차에서 재량시간 신설, 7차에서 재량활동 신설, 2009 개정에서 창의적 체험활동을 신설하였다.

• 진로집중과정 운영: 학생의 요구 및 흥미, 적성 등을 고려하여 진로를 적절히 안내할 수 있는 진로집중과정을 편성 · 운영한다. '학교자율과정'에서 진로집중과정과 관련된 과목의 심화학습이 이루어질 수 있도록 편성 · 운영한다. 특히, 과학, 수학, 사회, 영어, 예술, 체육 등 영역별 중점학교를 운영할 수 있으며 학교자율과정의 50% 이상을 관련 교과목으로 편성가능하도록 하였다.

11. 2015 개정 교육과정

1) 추구하는 인간상 및 인재상: 4가지 인간상(자주적인 사람, 창의적인 사람, 더불어 사는 사람, 교양 있는 사람)을 통해 '바른 인성을 갖춘 창의융합형 인재상'을 제시했다.

2) 6대 핵심역량 도입: 자기관리 역량, 지식정보처리 역량, 창의적 사고 역량, 심미적 감성 역량, 의사소통 역량, 공동체 역량을 핵심역량으로 선정하였다.

3) 고교 문이과 통합 교육과정: 모든 학생들이 공통적으로 배우는 공통과목을 신설하였다. 국어, 수학, 영어, 사회, 과학은 공통과목(8단위)을 신설하되, 사회와 과학은 통합사회와 통합과학으로 편성하였다.

4) 인문, 사회, 과학기술 기초소양 함양을 위한 교육 강화: 기초소양 함양을 위한 고교 공통과목(국어, 수학, 영어, 한국사, 통합사회, 통합과학, 과학탐구실험)을 도입하였다.

① 인문학적 소양 함양 강화: 교과에서 인문 소양 함양이 가능하도록 교과교육과정 내용을 재구조화하고 과목을 신설하였다(연극 및 한자교육 활성화, 교과별 인문학 요소 강화).

② 사회적 소양 함양: 사회현상의 특징, 발생원인, 해결 방안, 사회적 갈등 해결 방안 등 사회현상에 대한 통합적인 접근과 이해가 가능하도록 대주제(Big Idea)* 중심의 고교 '통합사회' 과목을 신설하였다.

③ 과학기술 소양 함양: 과학기술 소양이란 자연, 인간, 사회와 문명에 대한 과학적 지식을 바탕으로 개인 및 사회적 문제들을 합리적이고 과학적으로 판단하고 해결할 수 있는 능력을 의미한다. 2015 교육과정에서는 과학기술 소양을 기르기 위해 과학과 교육과정을 대주제** 중심으로 재구조화하여 융합 · 복합적 사고력을 추구하였다.

5) 소프트웨어(SW) 교육 강화: 컴퓨팅 사고력(computational thinking) 함양을 위해 소프트

* 인간 · 사회 · 세계를 바라보는 시각, 행복한 삶의 의미, 자연환경과 인간의 삶의 관계, 정의와 사회 불평등, 시장 경제와 인간의 삶, 세계화와 인간 생활, 국제 분쟁과 평화, 미래와 지속 가능한 삶 등.

** 에너지와 환경, 신소재와 광물자원, 우주, 태양계와 지구, 생명의 진화, 인류의 건강과 과학기술 등.

웨어 교육 활성화를 강조했다.

6) 안전교육 강화: 초 1~2학년에 수업시수를 증배하고 「안전생활」 교과를 신설했다. 초 3~고 3학년의 관련 교과에 「안전」 단원을 신설하였다. 초 · 중 · 고등학교에 심폐소생술(CPR) 교육을 강화하고, 성교육, 식품안전 교육 등 생활에서 필요한 안전교육을 위해 체육, 기술 · 가정, 과학, 보건 등 관련 교과에 안전 단원을 신설하고, 창의적 체험활동에서 체험 중심의 안전교육을 도입했다.

7) 중학교 자유학기제 운영: 한 학기 동안 시험부담에서 벗어나 진로탐색 활동 등 다양한 체험 활동을 강화하고 수업방식을 토론 · 실험 · 실습 · 프로젝트 수행 등 학생 참여 중심으로 개선하도록 교육과정을 자율화하는 제도를 운영하였다.

- 기본방향: 자유학기 기간 중에는 지필평가(중간 · 기말평가)를 실시하지 않고 해당 학기에 배당된 교과 시간의 일부를 자유학기 취지에 맞는 다양한 탐구 및 체험 활동을 하거나 창의적 체험활동과 연계하여 운영할 수 있다. 집중적인 진로 수업이나 체험을 실시하면서 학교 교육과정의 자율성을 대폭 확대한다. 학생의 학습 진전을 확인하고 학생지도에 활용할 수 있는 형성평가, 자기성찰 평가 등과 같은 적절한 평가 방안을 마련하여 시행한다.
- 학교별 교육과정 편성 · 운영 방안: 학생의 흥미와 수요에 기반한 참여 · 활동형 프로그램을 운영하고, 다양한 교수학습 방법의 혁신을 통해 학교교육과정 운영의 자율성을 확대한다.
- 기대효과: 적성에 맞는 자기 계발 및 인성 함양, 행복한 학교생활 향상, 공교육의 정상화 및 신뢰회복

8) 기타 개정 사항: 교과의 특성을 고려한 학년군제를 유연화했고, 학교의 여건, 학교급 및 교과목별 특성을 고려하여 집중이수제를 탄력적으로 운영할 수 있게 했으며, 한국사를 사회 탐구 교과(군)에서 분리하여 별도로 편성하였다. 기초영역 교과(국 · 수 · 영) 이수가 교과 총 이수단위의 50%를 초과할 수 없도록 한 2009 개정 교육과정의 비중 적정화는 유지하였다.

12. 2022 개정 교육과정

1) 교육과정 구성의 중점

- 미래 사회의 불확실성에 능동적으로 대응할 수 있는 능력과 자신의 삶과 학습을 스스로 이끌어가는 주도성 함양
- 서로 존중하고 배려하며 협력하는 공동체 의식 함양

- 모든 학생이 언어, 수리, 디지털 기초소양을 갖출 수 있도록 하여 학습 지속
- 학습자 맞춤형 교육과정 체제 구축
- 교과 교육에서 깊이 있는 학습을 통해 역량 함양
- 다양한 학생 참여형 수업 활성화, 문제 해결 및 사고의 과정을 중시하는 평가를 통한 학습의 질 개선
- 교육 주체들 간의 협조 체제를 구축하여 학습자 특성과 학교 여건에 적합한 학습이 이루어지도록 함

2) 총론 공통사항

① 추구하는 인간상: 자기주도적인 사람, 창의적인 사람, 교양있는 사람, 더불어 사는 사람

② 핵심역량: 자기관리 역량, 지식정보처리 역량, 창의적 사고 역량, 심리적 감성 역량, 협력적 소통 역량(2015 개정교육과정의 의사소통 역량을 대체함), 공동체 역량

③ 미래사회 및 환경 변화에 대응하는 교육내용 강화

- 여러 교과를 학습하는 데 기반이 되는 언어, 수리, 디지털 소양 등을 기초소양으로 강조하고 총론 및 교과 교육과정에 반영
- (초 · 중 · 고 공통) 모든 교과교육을 통한 디지털 기초소양 함양 기반을 마련하고 정보교육과정과 연계하여 AI 등 신기술 분야 기초 · 심화 학습 내실화
- (초, 중) 학교는 지역과 연계하거나 다양하고 특색 있는 교육과정 운영을 위해 학교자율시간을 편성, 운영
- (고) 고등학교에 정보 교과 신설하고 다양한 선택과목 신설

④ 분권화를 바탕으로 한 학교교육과정 자율성 확대

- 국가 교육과정, 지역 교육과정, 학교 교육과정 간 주체별 역할 구분: 지역 연계 교육과정 개발 · 운영, 학교 자율시간 도입 및 교사의 교육과정 자율권 확대
- 지역 특성에 맞는 다양한 수업 혁신이 학교 현장에서 이루어질 수 있도록 단위학교 교육과정 편성 · 운영의 자율권을 확대하는 근거를 총론에 마련

⑤ 학교급 전환시기의 진로 연계교육 강화

- 학교급 간 교과 내용 연계와 진로 설계, 학습 방법 및 생활 적응 등을 지원하기 위한 진로연계학기 신설: 상급학교 진학하기 전(초6, 중3, 고3) 2학기 중 일부 기간을 활용하여 진로연계학기 운영

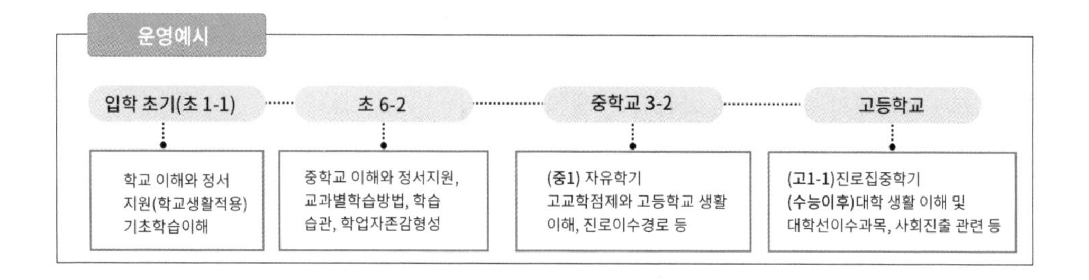

⑥ 창의적체험활동 개선

• 자율 · 자치 활동, 동아리 활동, 진로 활동 3개 영역으로 재구조화

※ 봉사활동은 동아리 및 진로활동으로 통합

⑦ 범교과 학습 주제 개선

• 범교과 학습 주제는 교과와 창의적 체험활동 등 교육 활동 전반에 걸쳐 통합적으로 다루도록 하고, 지역사회 및 가정과 연계하여 지도한다.

3) 초등학교 개정 주요사항

① 입학초기 적응활동 개선 초등학교는 1학년 입학초기 적응활동과 창의적체험활동 중복을 개선하고, 국어시간을 활용하여 한글 해득 교육을 강화

• 초등 1~2학년 한글 익힘 학습 지원을 위한 맞춤형 교육, 놀이와 연계한 한글 익힘 학습 강조

② 신체활동 강화 즐거운 생활 교과 중심으로 실외 놀이 및 신체활동 강화(144시간)

4) 중학교 개정 주요사항

① 자유학기제 편성 • 운영 개선

• 시기: 중학교 과정 중 한 학기를 자유학기로 운영

• 영역: 학생 참여 중심의 주제선택 활동과 진로 탐색 활동 운영

• 운영: 학생 참여형 수업을 강화하고, 학습의 과정을 중시하는 다양한 평가 방법을 활용하되, 일제식 지필 평가는 지양함

② 학교스포츠클럽 활동 개선

• 동아리 활동으로 매 학기 운영하되, 의무 편성 시간 적정화

– 매 학년별 34시간 운영(102시간)

5) 고등학교 개정 주요사항

① 고교학점제 기반 맞춤형 교육과정 구현

- 고등학교 학사 운영 체제의 변화: 수업량 적정화(1학점 수업량 50분 기준 16회로 전환) 및 총 이수학점을 204단위에서 192학점으로 적정화
- 여분의 수업량을 활용하여 미니과목 개설, 다양한 진로 연계 프로젝트 활동 시간 등으로 운영
- 고교 교과(군)별 필수이수 학점: 국어, 수학, 영어, 사회 8학점, 한국사 6학점, 과학 10학점
- 교과목 재구조화: 공통과목 및 자기 주도적 진로 · 학업 설계를 위한 다양한 선택과목 구성 ⇒ 공통과목 유지, 일반선택과목 적정화를 통한 다양한 탐구 중심의 진로 및 융합 선택과목 실질적 선택권 확보
- 융합선택과목 신설

② 학생의 진로와 적성을 고려한 학습기회 확대

- 특수목적고등학교: 전문교과 Ⅰ에서 보통교과로 재구조화하여 일반고에서도 선택 가능
- 학교단위 과목개설이 어려운 소인수 과목의 경우 온 · 오프라인 공동교육과정 운영

③ 직업계고 교육과정 개선

- 전문교과 Ⅱ를 전문교과로 재구성
- 신산업기술의 생성 및 기술 고도화에 대비하여 인력양성 유형 및 새로운 직무 생성 등을 고려한 교과(군) 재구조화 및 미래 직무 변화를 반영한 교육내용과 위계적 학습계통 체계화 등을 고려하여 과목군 재구조화
- 학교에서 직업 세계로의 이행에 필요한 직업 생활의 공통 기본소양 함양을 위해 전문공통 과목 세분화

※ 노동인권과 산업안전보건, 디지털 정보 기술 등 과목 신설

④ 고교학점제에 부합하는 성장중심 평가체제 구축

- 고교학점제 본격 시행과 함께 성취평가제 적용 범위 확대('25.~)
- (미이수도입) 과목 이수기준 충족 시 학점 취득, 미이수자 발생 시 보충 이수 지원

6) 교과 교육과정 개발 방향

① 교과 교육과정 개정의 방향 제시

- 깊이 있는 학습, 교과 간 연계와 통합, 삶과 연계한 학습, 학습과정에 대한 성찰을 강화한 역량 함양 교과 교육과정 개발
- 소수의 핵심 아이디어를 중심으로 학습 내용 엄선 및 교과 내 영역 간 내용 연계성 강화
- 교과 고유의 사고와 탐구를 명료화하여 '깊이 있는 학습' 지원
- 교과 목표, 내용체계, 성취기준, 교수 · 학습, 평가의 일관성 강화
- 학생의 의미 있는 학습 경험을 위한 교육과정 자율화의 토대 마련

② 교수 · 학습 및 평가 개선 방향 제시

- '깊이 있는 학습, 교과 간 연계와 통합, 삶과 연계한 학습, 학습과정에 대한 성찰'이라는 네 가지 지향점을 구현하는 방안으로 개선
- 교과 목표(역량) 달성을 위한 교수 · 학습의 강조점 및 빅데이터 · AI를 활용한 학생 맞춤형 수업 제시
- 창의력, 비판적 사고력 등 미래역량 함양을 위한 평가, 원격수업에서의 평가 및 다양한 학습자를 위한 평가 등 평가의 원칙과 중점 제시

③ 현장 교사 참여

- 교과 교육과정 개발을 위해 현장 교원 50% 이상 참여 등 총론과 교과교육과정의 연계성 강화

7) 디지털 기반 교수 • 학습 혁신

- 획일적인 교실 수업에서 벗어나 온 · 오프라인 연계가 자유로운 교수 · 학습 및 평가 모형(학교 내, 학교 간 수업 등) 개발 적용
- 원격수업 등 교실 수업 개방성 증대와 첨단 디지털 인프라를 활용한 다양한 교육방식의 현장 안착을 위한 교육과정 개선 및 지원
  - 최적화한 교육과정 편성과 운영이 가능하도록 총론과 교과교육과정 근거 마련 및 맞춤형 원격수업 활성화
- 다양한 원격 교수 · 학습 및 평가 모델 구안, 원격수업에 대한 교원의 역량 강화 지원

초 · 중학교 시간 배당 기준

1) 초등학교

구분		1~2학년	3~4학년	5~6학년
교과(군)	국어	국어 482 수학 256 바른 생활 144 슬기로운 생활 224 즐거운 생활 400	408	408
	사회/도덕		272	272
	수학		272	272
	과학/실과		204	340
	체육		204	204
	예술(음악/미술)		272	272
	영어		136	204
창의적 체험활동		238	204	204
학년(군)별 총 수업 시간 수		1,744	1,972	2,176

2) 중학교

구분		1~3학년
교과(군)	국어	442
	사회(역사 포함)/도덕	510
	수학	374
	과학/기술 · 가정/정보	680
	체육	272
	예술(음악/미술)	272
	영어	340
	선택	170
창의적 체험활동		306
총 수업 시간 수		3,366

※ 정보 과목은 34시간을 기준으로 하되, 학교 및 학생의 필요에 따라 학교자율시간 등을 활용하여 68시간 이상 편성 · 운영할 수 있다.

고등학교 시간 배당 기준

일반 고등학교(자율 고등학교 포함)와 특수 목적 고등학교(산업수요 맞춤형 고등학교 제외)

2015 개정교육과정			
교과 영역	교과(군)	공통과목(단위)	필수이수 단위
기초	국어	국어(8)	10
	수학	수학(8)	10
	영어	영어(8)	10
	한국사	한국사(6)	6
탐구	사회(역사/도덕 포함)	통합사회(8)	10
	과학	통합과학(8) 과학 탐구 실험(2)	12
체육 예술	체육		10
	예술(음악/미술)		10
생활 교양	기술・가정/제2외국어/한문/교양		16
소계			94
자율편성 단위			86
창의적 체험활동			24(408시간)
총 이수 단위			204

2022 개정교육과정		
교과(군)	공통과목(학점)	필수이수 학점
국어	공통국어(8)	8
수학	공통수학(8)	8
영어	공통영어(8)	8
사회(역사/도덕 포함)	한국사(6)	6
	통합사회(8)	8
과학	통합과학(8) 과학 탐구실험 (2)	10
체육		10
예술(음악/미술)		10
기술・가정/정보/제2외국어/한문/교양		16
소계		84
자율이수학점		90
창의적 체험활동		18(288시간)
충 이수학점		192

※ 학기 단위로 과목 편성하되, 기본이수학점은 4학점으로 운영 단, 과학탐구실험은 2학점으로 운영

고등학교 교과목 구성

보통교과(향후 논의를 통해 과목명 등 조정 가능)

교과(군)	공통과목	선택과목		
		일반 선택	진로 선택	융합 선택
국어	공통국어 1, 2	화법과 언어, 독서와 작문, 문학	주제 탐구 독서 문학과 영상, 직무 의사소통	독서 토론과 글쓰기, 매체 의사소통, 언어생활 탐구
수학	공통수학 1, 2 (기본수학 1, 2)	대수, 미적분 Ⅰ, 확률과 통계	미적분 Ⅱ, 기하, 경제 수학, 인공지능 수학, 직무 수학	수학과 문화, 실용 통계 수학과제 탐구
영어	공통영어 1, 2 (기본영어 1, 2)	영어 Ⅰ, 영어 Ⅱ, 영어 독해와 작문	영미 문학 읽기, 영어 발표와 토론, 직무 영어	실생활 영어 회화, 미디어 영어, 세계 문화와 영어
			심화 영어, 심화 영어 독해와 작문	
사회(역사/도덕 포함)	한국사 1, 2	세계시민과 지리 세계사 사회와 문화 현대사회와 윤리	한국지리 탐구, 도시의 미래 탐구, 동아시아 역사 기행, 정치, 경제, 법과 사회, 윤리와 사상, 인문학과 윤리	여행지리, 역사로 탐구하는 현대 세계, 사회문제 탐구, 금융과 경제 생활, 윤리문제 탐구
	통합사회 1, 2		국제 관계의 이해	기후 변화와 지속가능한 세계
과학	통합과학 1, 2 과학탐구실험 1, 2	물리학, 화학, 지구과학, 생명과학	역학과 에너지, 전자기와 양자, 물질과 에너지, 화학반응의 세계 세포와 물질대사, 생물의 유전, 지구시스템과학, 행성우주과학	과학의 역사와 문화 기후 변화와 환경상태 융합과학 탐구
체육		체육 1, 체육 2	운동과 건강, 스포츠 문화, 스포츠 과학	스포츠 생활 1, 스포츠 생활 2
예술		음악, 미술, 연극	음악 연주와 창작, 음악 감상과 비평, 미술 창작, 미술 감상과 비평	음악과 미디어 미술과 매체
기술 가정/ 정보		기술 · 가정	로봇과 공학세계 생활과학 탐구	창의 공학 설계, 지식 재산 일반, 생애 설계와 자립 (미니)아동발달과 부모
		정보	인공지능 기초, 데이터 과학	소프트웨어와 생활
제2외국어/한문		독일어 일본어 프랑스어 러시아어 스페인어 아랍어 중국어 베트남어	독일어 회화, 프랑스어 회화, 스페인어 회화, 중국어 회화, 러시아어 회화, 아랍어 회화, 베트남어 회화	
			심화 독일어, 심화 프랑스어, 심화 스페인어, 심화 중국어, 심화 일본어, 심화 러시아어, 심화 아랍어, 심화 베트남어	독일어권 문화, 프랑스어권 문화, 스페인어권 문화, 중국 문화, 일본 문화, 러시아 문화, 아랍 문화, 베트남 문화
		한문	한문 고전 읽기	언어생활과 한자
교양		진로와 직업, 생태와 환경	인간과 철학, 삶과 종교 논리와 사고, 인간과 심리 교육의 이해, 보건	인간과 경제활동 논술

※ 음영이 있는 과목은 2015 개정 교육과정 전문 교과 I 의 외국어계열과 국제계열 과목을 보통교과로 재구조화한 과목임.

제 3 절 우리나라 교육과정의 주요 이슈

1. 학교 교육과정 운영의 이해: 교육과정 재구성과 실행

가. 기본 관점

학교 교육과정 운영은 교육과정 총론과 각론을 학교와 교실에서 실행하는 전체적인 과정을 의미한다. 교육과정의 전체 방향을 제시한 총론은 국가, 지역, 학교 차원의 운영에 적용되며, 상대적으로 각론은 교실 차원의 수업운영에 적용된다. 교육과정 사용자는 교육과정 개발자가 의도 혹은 계획한 내용을 실행한다. 개발자와 운영자의 일치 정도에 따라, 교육과정 운영을 **교육과정 이행**과 **교육과정 실행**으로 구분하기도 한다.* 학교 교육과정 운영은 개발한 교육과정 내용을 '있는 그대로' 실행하는 **적용**(adoption), 조정, 수정, 보완 등의 방법으로 재구성하는 **응용**(application), 새롭게 만드는 직접 **창출**(creation)까지 다양하다.[2]

나. 교육과정 재구성

교사는 교과서가 아니라 교육과정을 '제대로' 가르쳐야 한다. 일반적으로 교육과정이란 국가교육과정이 지향하는 인간(인재)상과 핵심역량, 학교 급별 교육목표, 교과목의 성취기준을 의미한다. 교육과정에는 교과서가 포함되지만, 교과서는 교육과정의 목표 달성을 위한 수단일 뿐이다. 따라서 교사는 국가, 지역, 학교 교육과정뿐만 아니라 교육과정 총론 및 교과별 교육과정을 충분히 이해하고 연구해야 한다.

학교 교육과정 운영의 근거는 「초 · 중등교육법」 제23조와 국가 교육과정 총론의 '학교 교육과정 편성 · 운영' 및 '학교 교육과정 지원'에 명시되어 있다. 교육과정 문서에는 교육과정 재구성이라는 직접적인 언급은 없지만 교육과정 총론의 '학교 교육과정 편성 · 운영' 사항에서는 교육과정 재구성의 필요성을 강조한다.**

* 박성혜, 강봉규(2018). 새로운 교육과정(개정판). 서울: 태영출판사. p. 314. 이들은 학교 교육과정 운영을 '이행'과 '실행'으로 구분하기도 한다. '이행'은 전문가 집단이 개발한 교육과정을 교사는 학교와 교실에서 실천에 옮기는 것이므로 '적용'이라고 볼 수 있다. '적용'은 교사가 교육과정 개발자가 아니므로 개발자와 실천자는 서로 다르다. 반면, '실행'은 개발한 사람이 실천에 옮기는 것이기 때문에 개발자와 실천자가 일치하는 개념으로 보기도 한다. 이런 관점에서 교육과정 운영은 개발의 연속선상에 있는 활동이 된다.

** 2015 개정 교육과정 총론의 '마'항과 '바'항에는 다음과 같이 교육과정 재구성의 중요성을 암시하고 있다. "마. 학교 교육과정을 편성 · 운영할 때에는 교원의 조직, 학생의 실태, 학부모의 요구, 지역사회의 실정 및 교육 시

교육과정 재구성은 학교와 교사의 교육과정 구성과 개발에 대한 자율성과 전문성을 신장시키며, 학습자의 교육과정의 적합성을 높이며, 궁극적으로 교육의 다양성과 효과성(효율성)을 제고하는 데 기여한다.[3] 교실의 상황과 맥락, 학습자의 요구와 수준, 교사의 신념과 가치 등은 다양하고 복잡다면하기 때문에 교실에서 교육과정이 실행되는 양상은 다를 수밖에 없다. 따라서 교육과정 실행의 관점에 보자면 교사는 교육과정을 있는 그대로 전달하는 것이 아니라, 실천적 맥락과 교육적 맥락에 적합하도록 이를 변경, 수정, 보완하게 된다. 이와 같은 교사의 교육과정 실천 행위(=수업)를 일반적으로 '교육과정 재구성'이라고 한다.

제2차 교육과정 총론에서 교육과정의 지역성을 강조하면서 '재구성'에 대한 함의가 있었으나, 국가 교육과정을 학교 실정에 맞게 재구성하여 가르치도록 교사에게 자율권을 부여한 것은 제6차 교육과정 개정부터 시작되었다.[4] 제7차 교육과정 이후 교육과정 문서는 지속적으로 교육과정 재구성을 강조한다.

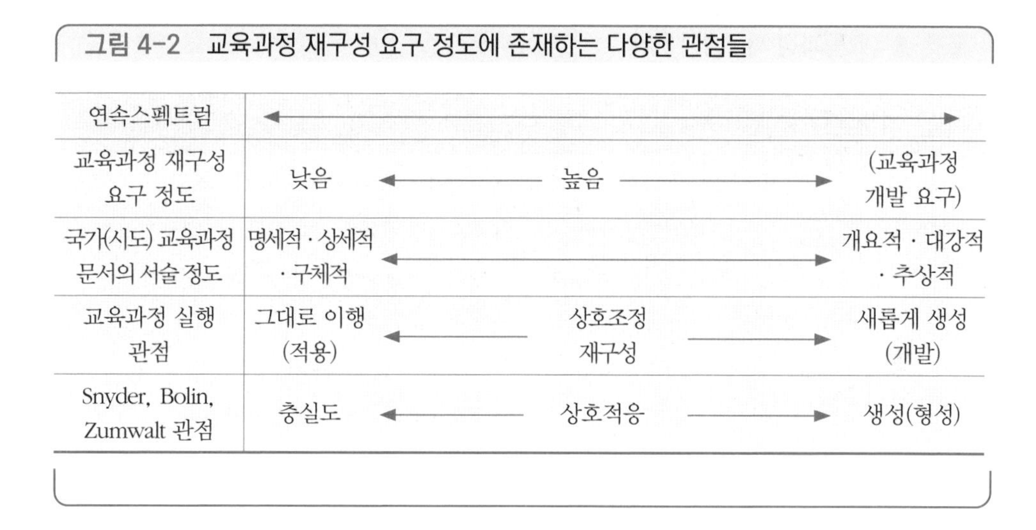

그림 4-2 교육과정 재구성 요구 정도에 존재하는 다양한 관점들

연속스펙트럼	←		→
교육과정 재구성 요구 정도	낮음 ←	높음 →	(교육과정 개발 요구)
국가(시도) 교육과정 문서의 서술 정도	명세적 · 상세적 · 구체적 ←	→	개요적 · 대강적 · 추상적
교육과정 실행 관점	그대로 이행 (적용) ←	상호조정 재구성 →	새롭게 생성 (개발)
Snyder, Bolin, Zumwalt 관점	충실도 ←	상호적응 →	생성(형성)

교육과정 재구성은 상대적인 개념으로 국가(시도)의 교육과정 문서의 서술 정도, 교육과정 실행 관점, **스나이더 · 볼린 · 줌왈트**(Snyder, Bolin, & Zumwalt)의 관점에서 연속스펙트럼으로 표현할 수 있다. 교육과정 재구성 요구 정도가 낮은 단계는 일반적으로 교육과정 문서의 서술 정도가 **명세적 · 상세적 · 구체적**인 경우이며, 교육과정 실행의 관점에서는 교육과정을 그대로 적용한다. 스나이더 · 볼린 · 줌왈트의 관점에서는 충실도에 가깝다. 교육과정 재구성

설 · 설비 등 교육 여건과 환경을 충분히 반영하도록 노력한다. 바. 교과와 창의적 체험활동의 배열은 반드시 학습의 순서를 의미하는 것은 아니므로, 지역의 특수성, 계절 및 학교의 실정과 학생의 요구, 교사의 필요에 따라 각 교과목의 학년군별 목표 달성을 위한 지도 내용의 순서와 비중, 방법 등을 조정하여 운영할 수 있다."

요구 정도가 가장 높은 단계는 교육과정 문서의 서술 방향과 내용이 '상세'와 '대강'의 중간 정도인 경우이며, 교육과정 실행과 스나이더 · 볼린 · 줌왈트의 관점에서는 상호적응 및 상호조정에 가깝다고 볼 수 있다. 하지만 교육과정 문서의 서술이 개요적 · 대강적 · 추상적이면 교사는 교육과정 재구성보다는 교육과정 개발을 요구받는다. 교육과정 실행과 스나이더 · 볼린 · 줌왈트의 관점에서는 교육과정을 새롭게 생성하는 관점을 취한다.

다. 교육과정 재구성의 형태와 절차

교과 교육과정에서 교육과정 재구성의 형태는 교과 내 교육과정 재구성, 교과 간 교육과정 재구성, 교과와 비교과 간 교육과정 재구성, 지도 시기 중심의 교육과정 재구성으로 구분할 수 있다.[5]

표 4-1 교육과정 재구성의 형태

<table>
<tr><th>구분</th><th>재구성 영역</th><th>재구성 형태</th><th>재구성 내용</th></tr>
<tr><td rowspan="3">교과 내 교육과정 재구성</td><td rowspan="3">단원 내 재구성</td><td>학습 수준 고려 목표 조정</td><td>• 성취기준 조정, 단원 지도 시수 증감</td></tr>
<tr><td>핵심역량 강화</td><td>• 핵심역량 강화를 위한 성취기준 재설정</td></tr>
<tr><td>창의 · 인성 교육 강화</td><td>• 창의 · 인성 함양을 위한 성취기준 재설정</td></tr>
<tr><td rowspan="5">교과 간 교육과정 재구성</td><td rowspan="3">통합</td><td>STEAM 교육</td><td>• 과학, 수학, 예술 중심 운영</td></tr>
<tr><td>주제 중심 통합</td><td>• 특정 주제 중심 재구성</td></tr>
<tr><td>교과군 통합</td><td>• 사회 · 윤리, 과학 · 실과 교과군</td></tr>
<tr><td>과목 수 축소</td><td>집중이수제 운영</td><td>• 예술 교과군 집중 이수</td></tr>
<tr><td>병합</td><td>학습 내용 연계 운영</td><td>• 둘 이상 교과 내용을 수업 전후로 배치</td></tr>
<tr><td rowspan="4">교과와 비교과 간 교육과정 재구성</td><td rowspan="3">통합</td><td>STEAM 교육</td><td>• 과학, 수학, 예술 중심 운영</td></tr>
<tr><td>주제 중심 통합</td><td>• 특정 주제 중심 재구성</td></tr>
<tr><td>다양한 통합 운영</td><td>• 창의 · 인성, 핵심역량 중심, 특정 이슈 중심</td></tr>
<tr><td>병합</td><td>학습 시계 연계 운영</td><td>• 교과 및 비교과 내용을 수업 전후로 배치</td></tr>
<tr><td rowspan="3">지도 시기 중심 교육과정 재구성</td><td>특별(교과) 교실</td><td>특별(교과) 교실 운영</td><td>• 특별교실 및 교과교실 활용</td></tr>
<tr><td rowspan="2">학교 행사</td><td>학예회(축제) 운영</td><td rowspan="2">• 행사 전후로 관련 교과 내용 집중 배치</td></tr>
<tr><td>체육대회 운영</td></tr>
</table>

교육과정 재구성의 절차는 먼저 교육과정을 분석하고, 재구성 유형을 설정한 다음, 교과 내용을 재구성한다. 재구성한 내용에 적합한 교수 방법을 개발 · 적용하고 평가 계획을 수립한 후, 피드백 및 수정의 과정을 거친다.[6]

표 4-2 교육과정 재구성의 절차

단계	구분	내용
1 단계	교육과정 분석	• 교육과정 해설서, 교과서, 교사용 지도서 분석 • 국가, 지역, 학교 수준의 교육과정 분석 • 교과 교육과정 성격, 핵심 목표, 내용, 방법, 평가 분석(성취기준 및 성취수준, 핵심성취기준 분석) • 학생, 학교, 지역사회 수준의 요구 분석
2 단계	재구성 유형 결정	• 교육과정상 학습자의 적절성을 고려한 재구성 유형 결정(성취기준 및 핵심성취기준 중심) • 유형 선택 – 이수단위 및 지도시기 조절, 교과 내, 교과 간 등 – 내용 생략, 추가, 대체, 축약 등 – 주제중심 재구성, 핵심역량 증진 재구성 등 – 창의성과 인성을 기르는 수업 등 – 자유학기제 기본교과 및 선택프로그램 등
3 단계	교과 내용 재구성	• 교수학습 방법 구안 • 재구성할 학습요소 선정 • 교과지도 수립 계획 • 교사수준 및 학생수준의 재구성 • 단원학습 나열 후 분류 및 배열 • 내용 재구성 결과 점검 • 타 교과 간 학습내용과 통합지도
4 단계	교수 방법 개발·적용 및 평가 계획 수립	• 수업개선 방법 개발, 교수 설계, 학생 참여 계획 수립 • 교수학습과정안 작성 및 지도상의 유의점 설정 • 교수학습과정안에 의한 수업 적용 • 형성평가, 수행평가, 자기평가 및 모둠평가 계획 수립
5 단계	피드백 및 수정	• 수업 적용 후 수정사항 반영 • 재구성 전반에 대한 피드백

라. 교육과정 재구성과 교과서 재구성

국가수준 교육과정을 현장에서 실행하다 보면 학습자에게 효과적이지 않거나 부적합한 교육내용, 교육경험, 교수학습방법 등이 발견된다. 이는 보편적 수준의 국가 교육과정이 개별 학교의 특수성, 학생들의 다양성을 충족하기에는 한계가 있기 때문이다. 국가수준 교육과정의 획일성과 경직성을 극복하기 위해서는 이를 단위 학교 상황 및 학생 수준에 적합하게 재구성해야 한다.

우리나라 상황에서는 국가수준, 시도수준, 학교수준의 교육과정은 지배종속의 관계가 강하기 때문에 교육과정 재구성은 교과서 재구성과 유사한 의미로 사용되기도 한다.[7] 교과서 재구성의 의미로 사용되는 교육과정 재구성의 유형은 교과서의 전개 순서 변경, 내용 생략, 내용 추가, 내용 축약, 내용 대체, 타 교과와의 내용 통합으로 구성된다. 이처럼 '교육과정 재구성' 개념의 애매성과 모호성으로 인한 비판이 제기되기도 한다. 즉, 교사의 교육과정 개발을 교과서 재구성으로 축소, 왜곡, 종속시키는 경향이 있다는 것이다. 따라서 교사수준의 '교육과정 재구성'은 교육과정 실행의 관점에서 접근할 필요가 있다.

마. 교육과정 실행의 세 관점

개발된 교육과정을 학교와 학급에서 실천하는 것을 '교육과정 실행'이라고 한다. 교사는 이미 개발된 교육과정을 실행할 때 다양한 관점을 가진다. 교육과정 실행에 대한 대표적인 관점으로는 **스나이더 · 볼린 · 줌왈트**의 **'충실도(fidelity) 관점'**, **'상호적응적(mutual adaptation) 관점'**, **'생성적(enactment) 관점'**이 있다.

충실도 관점은 교육과정 실행자가 개발자의 의도를 제대로 그리고 충실하게 실행했는지를 중요시한다. 충실도 관점에서 교육과정은 사전에 치밀하게 잘 계획될 필요가 있다. 외부 전문가들이 교육과정을 개발하여 교사에게 제공하며, 교사는 교육과정에 대한 소양이 부족하다고 본다. 개발자의 의도를 명확하게 전달하기 위해 새 교육과정을 실행할 때는 교사 연수가 필수적이다.

상호적응적 관점은 개발자와 실행자 간의 상호작용을 통해 교육과정이 조정 및 변화되는 과정을 의미한다. 실제 개발된 교육과정이 개발자의 의도처럼 그대로 현장에 적용하기에는 어렵기 때문이다. 교육 현장은 다양하고 지역적 및 환경적인 특수성을 가진다. 교육과정 실행은 이런 상황에서 운영이 되기 때문에 여러 상황적인 요인들은 실행에 영향을 준다. 교육과정 자체, 지역 수준, 학교 수준, 외부 환경 요인 등으로 구분할 수 있다. 교육과정 자체 요인으로는 변화의 필요와 적절성, 실행 목적과 장점의 명료성, 교육과정 개혁의 단순성, 프로그램의 질과 실현 가능성이 높을수록 실행이 잘된다. 학교 요인으로는 교장의 적극적 지원, 교사 사이의 동료애, 신뢰, 지원, 상호작용, 개방적 의사소통, 효율성에 대한 감각 및 동기 등이 있으면 실행에 도움이 된다.

생성적 관점은 교육현장에서 교사와 학생이 교육과정을 함께 만들어 가는 것으로 본다. 교사와 학생은 만들어진 교육과정의 이용자나 소비자가 아니다. 교사와 학생은 외부 전문가가 개발한 교육과정을 참고하여 교육과정의 창조자 역할을 한다. 교육과정은 '결과물'이 아니라 교사와 학생이 함께 생성하는 '과정'이다.[8]

표 4-3 교육과정 실행의 세 관점 비교

관점 구분	충실도(fidelity)	상호적응(Mutual adaptation)	생성(Enactment)
개념 (의미)	• 구체적으로 사전에 계획된 교육과정 • 계획된 교육과정의 충실한 실행 정도	• 계획 + 교사가 전개한 내용 = 조정된 교육과정 • 교육과정의 융통성 있는 실행	• 창조된 교육과정 교사와 학생들이 창안하고 경험한 것
개발 주체	• 외부 전문가(개발자)	• 외부 전문가(개발자) + 교육과정 실행자(교사)	• 교사와 학생
지식	• 교육과정 전문가가 만든 내용	• 교육과정 전문가가 만든 내용 • 교육과정의 실행과정에서 재구성될 수 있는 내용	• 교실에서 교사와 학생이 지속해서 창안한 내용
변화	• 변화는 선형적인 것이며, 계획된 대로 실행하면 가능	• 변화는 예측이 어려운 복잡한 과정 • 계획한 대로 발생하지 않을 수 있음 • 실행 과정의 조정이 변화에 중요	• 실행에 있어서 교사와 학생의 사고와 경험의 변화가 진정한 변화
교사 역할	• 계획된 교육과정의 수용자, 전달자(소비자)	• 계획된 교육과정의 적극적인 재구성자	• 교육과정 창안자 (개발자)
평가	• 계획과 결과 간의 일치 정도	• 상호조정의 변화 과정	• 교사의 이해와 해석 수준
장학	• 지시적, 평가적	• 자문적	• 허용적

2. 고교학점제

가. 고교학점제의 개념과 필요성

- 개념: 교육부는 고교학점제를 '학생이 기초 소양과 기본 학력을 바탕으로 진로 · 적성에 따라 과목을 선택하고, 이수기준에 도달한 과목에 대해 학점을 취득 · 누적하여 졸업하는 제도'라고 정의한다. 고교학점제는 고등학교 교육과정 체제가 전면적으로 개편되는 큰 규모의 국가 교육정책이다. 국가에서 이렇게 대규모의 교육정책을 개편할 때는 명확한 추진배경이 전제되어야 한다.

- 필요성: 교육부[9]에서는 고교학점제를 도입하게 된 필요성(추진 배경)을 다음과 같이 제시하였다.
  1) 창의적 상상력 · 공감능력 등에 대한 재조명과 함께 에듀테크 활용, 개별화 교육 등 미래사회에 적합한 교육 모델이 필요하다.
  2) 모든 학생의 잠재력과 역량을 키워주는 교육 체제를 구현하여 국가 경쟁력을 강화하고 지역별 혁신의 기반을 마련할 필요가 있다.
  3) 다양한 분야에 대한 탐색을 거쳐 학생 스스로 진로를 설정하고 개척해 갈 수 있도록 교육과정 다양화, 진로 · 학업설계의 안내가 필요하다.
  4) 급격한 기술 진보와 경제 성장에도 사회적 불평등과 양극화가 심화되는 상황에서 모든 학생에 대한 최소 학업성취를 담보하는 책임교육을 통해 평등한 출발선 보장을 위한 학교교육 구현이 필요하다.
  5) 삶에 대한 적극성과 주도성, 책임감을 지닌 인재 양성이 필요하다는 담론이 확산되어 미래사회에 대응할 수 있는 새로운 인재상과 교육체제 모색이 필요하다.

- 특징: 고교학점제는 기존의 학년제와는 다르게 학생이 과목을 스스로 선택하여 일정 기준을 충족하면 졸업을 인정해주는 제도이다. 고교학점제와 기존 학년제의 차이는 다음 [표 4-4]와 같다.

표 4-4 고교학점제와 학년제의 차이[10]

단계	고교학점제	기존 학년제
교육과정 편성	학생의 과목 선택권이 충분히 보장되는 학생 중심의 교육과정 편성	학생의 과목 선택권이 제한적인 학교 중심의 교육과정 편성
수강신청	학생의 수요 조사를 반영하여 개설이 가능한 과목을 확정, 학생은 개설된 과목 중 원하는 과목을 선택	학교가 사전에 계획한 몇몇의 과정 중 하나의 과정을 선택
교실	교과 중심 운영	학급 중심 운영
수업운영	개인 시간표에 따라 수업 진행	학급별 시간표에 따라 수업 진행
학생평가	학생이 성취 기준에 도달한 수준을 절대 기준으로 평가	학생 간 석차에 따른 상대적 서열 위주의 평가
학점취득	목표한 성취 수준에 충분히 도달하였다고 판단하는 경우에 학점 인정	성취수준에 관계없이 진급
졸업	일정 기준 이상 학점 취득시 졸업 인정	일정 기준 이상 출석한 경우 졸업 인정

나. 고교학점제의 실제

- 추진과정: 고교학점제는 1단계 학점제 도입기반 마련(2018~2021), 2단계 학점제 제도 부분 도입(2022~2024), 3단계 학점제 본격 시행(2025~)의 과정으로 진행된다. 고교학점제의 자세한 추진 과정은 [표 4-5]와 같다.

표 4-5 고교학점제 연도별 추진 과정[11]

		'20	'21	'22	'23	'24	'25
		도입 준비기 (마이스터고) 학점제 도입		(특성화고) 학점제 도입 (일반계고) 학점제 부분 도입			본격시행
교육과정	2015 교육과정		2015 교육과정 일부개정	일부 개정된 교육과정 적용 (고1~)			
교육과정	2022 교육과정	기초연구	2022 교육과정 주요 사항 발표	2022 교육과정 개정			2022 교육과정 적용 (고1~)
평가제도			진로선택 과목 성취 평가제 전 학년 적용				성취평가제 확대 도입(고1~)

• 운영 방법: 고교학점제는 학교 간 공동교육과정, 방과 후나 주말 수업, 학교 밖의 대학이나 연구기관 등 지역사회와 연계한 학점 인정도 가능하다. 고교학점제는 교육과정, 수강신청, 수업, 평가, 미이수와 이수의 판별, 학점 취득, 졸업이라는 절차로 운영된다. 각 단계에서는 학생의 학업 설계와 성취를 위한 다양한 지원책들이 검토된다. [그림 4-3]은 고교학점제 운영 체계이다.

그림 4-3 고교학점제 운영 체계

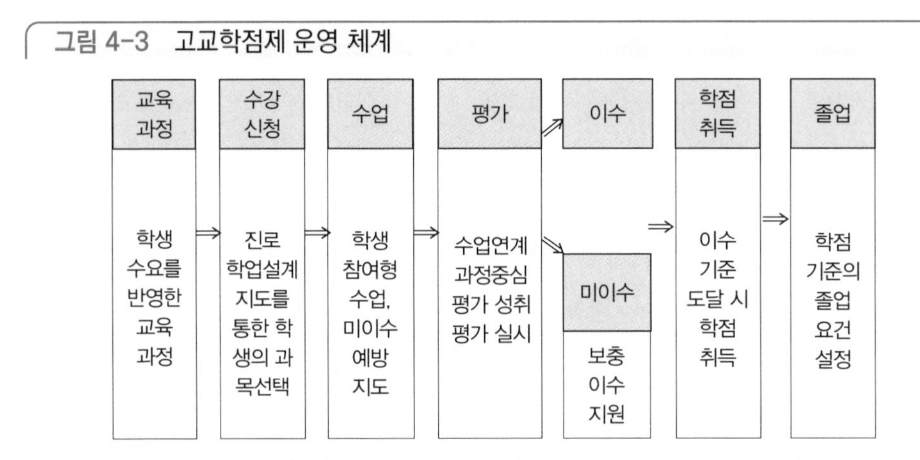

• 학점제 운영: 고교학점제가 시행되면서 고등학교 수업량 기준이 '단위'에서 '학점'으로 전환된다. 1학점은 50분을 기준으로 하여 16회를 이수 수업량으로 하고, 3년간 192학점(2,560시간) 취득을 졸업기준으로 설정하였다. 또한 방학 중 계절수업 개설 등으로 유연한 학사운영이 가능하도록 하였다. 고교단계 기초 소양 함양을 위해 공통 과목을 유지하고, 학생별 상황에 따라 기본과목을 공통 과목으로 대체 이수하도록 허용하였다. 또한 전문 교과 I 을 보통 교과로 편제하고, 전문 교과 II 는 '전문 교과'로 하여 과목 구조를 개편하고 과목을 재배치하였다.

표 4-6 선택과목 명칭 변경[12]

〈현행〉

교과	과목
보통	공통 과목
	일반 선택과목
	진로 선택과목
전문	전문교과 Ⅰ (특수목적고)
	전문 교과 Ⅱ (특성화고)

⇒

〈개편방안〉

교과	과목		과목 성격
보통	공통 과목		기초 소양 및 기본 학력 함양, 학문의 기본 이해 내용 과목(학생 수준에 따른 대체 이수 과목 포함)
	선택과목	일반 선택	교과별 학문 내의 분화된 주요 학습 내용 이해 및 탐구를 위한 과목
		융합 선택	교과 내 · 교과 간 주제 융합 과목, 실생활 체험 및 응용을 위한 과목
		진로 선택	교과별 심화학습(일반선택과목의 심화 과정) 및 진로 관련 과목
전문	전문공통		직업 세계 진출을 위한 기본과목
	전공일반		학과별 기초 역량 함양 과목
	전공실무		NCS 능력 단위 기반 과목

자기 주도적 진로 설계 역량 함양을 목표로 주제 중심 학습, 수업 혁신 등 교과 융합적 성격의 창체 영역을 도입하고 기존 창의적 체험활동의 진로 활동을 탐구형 자율활동과 통합한 '진로 탐구 활동' 도입을 통해 교과와 연계된 다양한 활동을 지원한다.

표 4-7 교과 · 창체 이수학점 및 시간 범위(안)[13]

편성	현행		
교과	교과		180단위
창체	진로 활동		24단위
	자율 활동	탐구형	
		자치형	
	동아리 활동		
	봉사 활동*		
총합	204단위		

⇒

편성	개편안('25년 본격 시행 이후)		
교과	교과	174학점	
창체	진로 탐구 활동 (가칭)	9학점	18학점
	동아리, 자치 등 (운영 방식 학교 자율 결정)	9학점 (144시간)	
총합	192학점		

* 기존의 봉사 활동은 진로 탐구 활동, 동아리 및 자치활동과 연계하여 운영

- 학점 이수: 고교학점에서 학생들은 과목 이수기준인 수업횟수 2/3 이상 출석과 학업성취율 40% 이상을 달성하면 학점을 취득하는데, 이수기준을 충족하지 못하는 학생들을 구분하기 위한 등급제에 새로운 등급이 I(Incomplete)등급이 신설되었다. 단 미이수자 발생시 보충이수(별도 과제 수행, 보충 과정 제공 등)지원을 원칙으로 하되, 대체이수도 가능하다. 보충이수 후 부여되는 성적에는 상한(성취도 E)을 설정하고, 참여하지 않을 경우는 미이수(I) 처리한다. [그림 4-4]는 기존 성취등급과 고교학점제 성취등급을 알기 쉽게 비교하여 나타낸 것이다.

그림 4-4 기존 성취등급과 고교학점제 성취등급 비교

〈현행〉

성취율	성취도
90%이상	A
80%이상~90%미만	B
70%이상~80%미만	C
60%이상~70%미만	D
60%미만	E

⇒

〈향후('25~)〉

성취율	성취도	
90%이상	A	
80%이상~90%미만	B	
70%이상~80%미만	C	
60%이상~70%미만	D	
40%이상~60%미만	E	↑ 이수
40%미만	I	↓ 미이수

- 교사와 학생의 역할: 고교학점제에서 교사의 역할은 기존의 교사 역할과 여러 가지 면에서 달라진다. 담임교사의 경우 기존은 출결 관리와 생활지도 등 학급 운영 중심의 역할이었다면, 고교학점에서는 소수학생을 담당하고, 학업성취 모니터링 및 관리를 하는 역할을 하게 된다. 교과 교사의 경우는 단수 자격을 활용한 교과 수업을 진행하였다면, 고교학점제에서는 학생 수요를 반영한 복수자격 활용 다과목 지도 교사로 역할이 변화한다. 진로전담교사의 경우, 기존에 일반적 진로교육을 담당하였다면, 고교학점제에서는 진로 · 진학과 연계하여 학생의 학업을 설계하고 이수를 지도하는 역할로 변화한다.

  학생은 기존 고교교육에서 타율적이면서 책임질 것이 별로 없는 상황이었다. 하지만 고교학점제가 시행되면서 자율적으로 과목을 선택 및 이수하고 자기주도적으로 공강시간을 활용하는 주체성과 책임감이 요구되는 역할로 바뀐다.

다. 고교학점제의 장점과 한계

- 장점

1) 학생들의 과목 선택권이 확대되어 자신의 진로를 스스로 설계할 수 있는 여건이 조성된다.
2) 학교 밖의 기관 및 대학 등과 연계하여 학점을 취득하는 등 다양하고 실제적인 과목을 수강할 수 있다.
3) 학교 교육과정 운영의 자율성이 확대된다.

- 한계

1) 고교학점제를 시행하게 되면 학생의 과목 선택권이 확대되므로 많은 과목을 개설하기 위한 인력 확보와 관리에 어려움이 발생할 수 있다.[14] 이로 인해 고교학점제 과목을 담당할 교사를 교사자격증 유무와 상관없이 내용 전문가를 채용하여 비교육적 문제가 발생할 우려가 있다.
2) 입시 중심이 아닌 진로 중심이라는 학점제의 취지에 적합하게 학생이 개인의 관심사에 따라 자신을 관리하고 설계할 수 있는 과정이 필요하다.[15]
3) 학생과 교사 활동 형태의 다양화를 수용할 공간이 부족하다. 고교학점제에서는 선택과목 수가 많아지고 이동 수업이 증가할 것으로 예상되지만, 공강 시간에 쉴 휴게 공간, 사물함, 편의시설 등 공간의 부족함을 해결해야 한다.[16]
4) 학생이 자신의 진로 및 과목에 대한 이해가 부족한 상황에서는 과목 선택에 어려움을 겪게 된다. 특히, 1학년 학생들은 아직 진로 인식이 미비하여 과목 선택 역량이 부족할 수 있고, 희망 진로가 수시로 변할 경우 과목 선택에 어려움을 겪게 된다.[17]
5) 교사의 고교학점제 업무 부담이 가중될 뿐만 아니라, 다양한 과목을 가르쳐야 하는 상황에서 전문성 확보에 어려움을 겪게 된다. 또한 다양한 선택 과목에 대한 교사의 복수 및 부전공 연수 확대 필요성의 증대로 많은 국가예산이 필요하게 된다.[18]

임용기출문제

2021-2022년의 초중등 임용시험의 경우, 교육과정 분야에서 교육과정 자율성 확대, 교육과정 재구성에 대한 문제들이 주류를 이루었다. 학교의 교육과정 개발 권한의 확대, 교사에 의한 교육과정 재구성 또는 개발의 적극 권장 등 최근 교육의 변화를 반영한 문제들이다. 교육과정 재구성은 다양한 교육과정학의 이론과 교과 지식이 융합되는 매우 폭넓은 개념이다.

Q1 다음은 학교 교육과정을 편성 · 운영하기 위해 교사들이 나눈 대화 내용의 일부이다. 대화에 근거하여 논하시오. 1) 학교 수준에서 교육과정을 편성 · 운영할 수 있는 근거 2가지와 이때 교사에게 요구되는 역할 2가지를 논하시오. 2) 학교 수준의 교육과정을 개발할 때 고려해야 하는 점을 인적 자원 측면에서 4가지와 물적 자원 측면에서 2가지를 논하시오. (2021 초등)

김 교사 : 학교 자체평가 결과를 바탕으로 내년도 우리 학교의 교육과정 개발 방향을 이야기해 보죠. 아시다시피 학교교육과정을 편성 · 운영할 때 국가 수준의 기본 방향과 함께 지역사회와 단위학교의 특성을 반영할 수 있어요. 학교에서 교육과정을 자율적으로 편성하고 운영할 수도 있고요. 그래서 저는 여러 선생님과 함께 우리 학교만의 철학과 비전을 바탕으로 보다 특색 있고 창의적인 교육과정을 만들고 싶어요.

박 교사 : 특색 있는 교육과정을 개발하는 일이 생각처럼 쉬운 일은 아니에요. 교육과정을 개발하려면 우선 우리 학교의 구성원인 교사, 학생, 학부모의 실태와 요구를 분석해야 하고, 교장 선생님의 교육 운영 방침도 고려해야죠. 그리고 학교의 시설 설비와 교수 학습 자료도 점검해야죠. 이러한 자원을 충분히 고려하여 교육과정을 편성 · 운영하면 좋을 것 같아요. 그러면 우리 학교에 가장 필요한 교육과정을 만들기 위해서는 무엇에 역점을 두어야 할까요?

○ 교육과정 관련 논술의 내용
– 학교 수준 교육과정 편성 · 운영의 근거와 교사의 역할
– 학교 수준의 교육과정 개발 시 고려해야 하는 인적 자원 측면과 물적 자원 측면

Q2 아래 내용을 읽고, '학생의 선택과 결정의 기회를 확대하는 교육'이라는 주제로 논하시오. (2021 중등)

학생의 선택과 결정의 기회를 확대하기 위해 우리 학교가 학교 운영 계획을 전체적으로 다시 세우고 있어. 그 과정에서 나는 교육과정 운영, 교육평가 방안, 온라인 수업설계 등을 고민했고 교사 협의회에도 참여했어.
그동안의 교육과정 운영을 되돌아보니 운영에 대한 나의 관점이 달라진 것 같아. 교직 생활 초기에는 국가 교육과정의 내용을 있는 그대로 실행하는 관점으로 교육과정을 운영해 왔어. 그런데 최근 내가 새롭게 관심을 가지게 된 관점은 교육과정을 교사와 학생이 함께 생성하는 교육적 경험으로 보는 거야. 이 관점으로 교육과정을 운영하는 방안을 찾아봐야겠어.

○ 교육과정 관련 논술의 내용
교육과정 운영 관점을 스나이더 외(J. Snyder, F. Bolin, & K. Zumwalt)의 분류에 따라 설명할 때, 김 교사가 언급한 자신의 기존 관점의 장점과 단점 각각 1가지, 새롭게 관심을 가지게 된 관점에 적합한 교육과정 운영 방안 2가지

Q3 다음은 교육과정 자율성에 관한 세미나의 대화 내용이다. 대화에 근거하여 논하시오.(2022 초등)

김 교사 : 요즘 교육부에서 지역과 학교의 교육과정 자율성을 강화하는 정책이 논의되고 있다고 합니다. 그러나 저는 교과서가 국가 교육과정을 가장 잘 구현하고 있다고 생각해서 교과서의 내용을 충실하게 다루고 있습니다. 사실 진도를 나가면서 고민이 하나 있는데 고학년 학생들임에도 불구하고 아직 자연수의 사칙연산이 서툰 학생들이 있습니다. 이 학생들을 위한 지원이 마련되었으면 좋겠습니다.

박 교사 : 제가 속한 교육청의 교육 중점 활동은 환경 교육입니다. 최근 우리 학교 주변에 있는 습지 보존 여부에 대해 찬반이 대립하고 있습니다. 그래서 저는 이 쟁점을 중심으로 국어과의 토의 토론, 사회과의 민주적 의사결정, 과학과의 생태계 내용을 통합적으로 재구성해서 실행하려고 합니다. 프로젝트 수업으로 계획했는데 시간을 어떻게 확보해야 할지 모르겠습니다.

최 교사 : 저는 국가나 지역 수준에서 개발된 교육과정을 적용하는 것에서 벗어나 학교에서 새로운 프로그램을 개발하여 운영하는 것이 필요하다고 생각합니다. 학생들이 관심을 가지는 주제를 중심으로 저와 학생들이 함께 만드는 겁니다. 저는 소규모 학교에 있는데 학생들이 마을과 연계해서 학교 발전 방안을 탐구하자고 저에게 먼저 제안하였습니다. 그래서 학생들과 프로그램을 함께 개발해서 운영하려고 하는데 어떻게 하면 효과적일지 고민하고 있습니다.

임 교사 : 세 분 선생님의 어려움은 교육과정을 자율적으로 편성 운영하여 어느 정도 해결할 수 있습니다. 학교에서는 기초 학습 능력의 부족으로 학습 결손이 누적되지 않도록 추가적인 지원을 할 수 있습니다. 시간이 필요한 경우 특정 범위 내에서 시수를 조정할 수도 있고, 창의적 체험활동도 활용할 수 있습니다.

○ 교육과정 관련 논술의 내용
- 교육과정 편성 운영 주체에 따른 세 수준에서 교육과정을 개발하는 것이 필요한 이유
- 교육과정 실행에 대한 관점(3점)과 각 관점에서 실행해야 할 교사의 역할
- 교육과정 편성 운영 방안(3점)과 각 방안별 기대 효과

Q4 다음의 OO중학교 학교 자체 특강 후 교사 간 대화를 읽고, '학교 내 교사 간 활발한 정보 공유를 통한 교육의 내실화'라는 주제로 논하시오. (2022 중등)

김 교사 : 송 선생님, 제 특강에 관심을 가져주셔서 감사합니다. 선생님은 올해 우리 학교에 발령받아 오셨으니 도움이 필요하시면 말씀하세요.

송 교사 : 정말 감사합니다. 그동안은 교과 간 통합에 주로 관심을 가져왔는데, 김 선생님의 특강을 들어보니 이전 학습 내용과 다음 학습 내용이 자연스럽게 연결되어야 한다는 수직적 연계성도 중요한 것 같더군요. 그래서 이번 학기에는 교과 내 단원의 범위와 계열을 조정할 계획입니다. 선생님께서는 교육과정을 어떻게 재구성하시는지 함께 이야기할 수 있을까요?

김 교사 : 그럼요. 제가 교육과정 재구성한 것을 보내 드릴 테니 보시고 다음에 이야기해요.

○ 교육과정 관련 논술의 내용
– 송 교사가 언급한 교육과정의 수직적 연계성이 학습자 측면에서 갖는 의의 2가지, 송 교사가 계획하는 교육과정 재구성의 구체적인 방법 2가지

4장 미주

1 홍후조(2011). 알기 쉬운 교육과정. 학지사. p. 244.
2 홍후조(2016). 알기 쉬운 교육과정(2판). 서울: 학지사. p. 416.
3 박성혜, 강봉규(2018). 새로운 교육과정(개정판). 서울: 태영출판사. pp. 301-303.
4 김종훈(2017). 교사들이 형성한 '교육과정 재구성'의 의미 탐색. 교육과정연구, 35(4), 281-301.
5 윤성한(2018). 교육과정 재구성과 수업 디자인(2판). 경기 파자: 교육과학사. pp. 134-135.
6 한국교육정책연구소(2015). 교육과정 재구성 워크숍(교과서 저자되기). 워크숍 자료집. 서울: 한국교총. p. 6.
7 서경혜(2016). 교육과정 재구성 논쟁. 교육과정연구, 34(3), 209-235. 서명석(2011). 교육과정 재구성의 개념적 애매성과 모호성 비판. 교육과정연구, 29(3), 75-91; 김평국(2004). 초등학교 교사들의 교과 내용 재구성 실태와 그 활성화 방안. 교육과정연구, 22(2), 135-161. 김평국(2005). 중등학교 교사들의 교과내용 재구성 실태와 그 활성화 방안. 교육과정연구, 23(4), 91-130.
8 김재춘(2016). 교육과정. 경기 파주: 교육과학사. p. 229와 소경희(2019). 교육과정의 이해. 경기 파주: 교육과학사. p. 343을 종합 · 정리한 것임을 밝힘.
9 교육부(2021). 고교학점제 종합 추진계획. 고교교육혁신과 정책문서.
10 경기도교육청(2021). 경기 고교학점제 추진계획. 학교교육과정과 정책문서.
11 교육부(2021). 고교학점제 종합 추진계획. 고교교육혁신과 정책문서.
12 교육부(2021). 2022 개정 총론 주요사항 마련을 위한 연구 공청회 자료집. p.55.
13 교육부(2021). 2022 개정 총론 주요사항 마련을 위한 연구 공청회 자료집. p.56
14 이경진, 박창언(2020). 고교학점제 연구학교 운영의 성과와 과제. 학습자중심교과교육연구. 20(17), 1233-1253. p.1243.
15 전게서. p.1243.
16 전게서. p.1244.
17 이상은, 장덕호(2019). 고교학점제 학생 선택형 교육과정 편성 과정에 나타난 쟁점과 과제. 학습자중심교과교육연구. 19(14), 109-136. p.120.
18 전게서. p.121.

찾아보기

- 사항색인
- 인명색인

사항색인

인명색인

ㄹ

ㅂ

ㅅ

ㅇ

ㅈ

ㅋ

ㅌ

ㅍ

ㅎ

참고문헌

본 QR코드를 스캔하시면, '쉽게 풀어 쓴 교육과정과 수업의 이해와 실천'의 참고문헌을 확인하실 수 있습니다.

저자 약력

김대석

공주대학교 사범대학 교육학과 교수
현) 공주대 대학원 AI융합교육학과 학과장
현) 공주대 교육대학원 AI융합교육전공 전공주임

[저서 및 논문]
『실패없는 아이: 모두가 행복한 학급 만들기』(박영사)
『아이들의 눈으로 본 학교와 교실 이야기: 잠재적 교육과정의 이론과 실제』(박영사)
『아이들의 눈으로 본 수업 이야기: 좋은 수업의 이론과 실제』(박영사)

〈좋은 수업의 의미와 특성 분석〉, 〈사회정서학습의 중요성 인식에 관한 한국과 미국의 비교연구〉, 〈Social and emotional learning in a classroom〉, 〈좋은 수업을 위한 교수학습결연 탐구〉, 〈인지 · 정서통합계발 수업의 설계원리 및 방법 탐구〉, 〈감성교육의 필요성에 관한 연구〉, 〈인성교육의 실천적 방법으로서 학급 훈육 결정모형 연구〉, 〈협동학습과 수학에 대한 정의적 태도의 관계분석〉, 〈학교 교육과정의 효과성에 관한 연구〉, 〈학교 과학교육과정이 과학과 학업성취도에 미치는 영향의 크기 측정〉 외 다수

박우식

고려대 문학 박사, 공주대 교육학 박사
전) 육군3사관학교 전임강사, 한국교총 국제국장 겸 기획조정실장, 한국교육정책연구소 사무국장
현) 공주대 · 건국대 강사

[저서 및 논문]
『UNITED 청소년 인권교육 지침서』(공역), 『실패없는 아이: 모두가 행복한 학급 만들기』(공역)
『좋은 수업의 이론과 실제』(공저), 『초등체육 교과교육의 이해』(공저)
〈Grotesques: Representation of Absolute Truth in Winesberg, Ohio and Yellow〉, 〈코울리지의 유토피아적 비전: 『노수부의 노래』와 항해공동체〉(『영문학과 역사적 상상력』), 〈교원의 교육권 보호 방안 연구〉, 〈남북교육교류 활성화 방안 연구〉, 〈외국의 사회정서학습이 인성교육 정책에 주는 시사점〉, 〈사회정서 관계에 기반을 둔 학급운영 접근방법 연구〉 외 다수

성정민

공주대학교 교육학박사
현) 경기도 평택 계성초등학교 교사, 공주대학교 교직부 강사

[저서 및 논문]
『아이들의 눈으로 본 학교와 교실 이야기: 잠재적 교육과정의 이론과 실제』(박영사)
『아이들의 눈으로 본 수업 이야기: 좋은 수업의 이론과 실제』(박영사)

〈예술적 교육과정의 개념과 유형이 초등 통합교과에 주는 함의〉, 〈교사의 예술적 교육과정 인식 및 실행 정도에 관한 연구〉, 〈예비교사가 경험한 예술적 교육과정의 사례연구: Eisner와 Vallance의 유형을 중심으로〉, 〈2015 국가교육과정 성취기준과 CASEL의 사회정서학습(SEL) 역량의 비교를 통한 교육과정 설계 방안 연구〉, 〈교육과정과 수업의 미학적 해석: Dewey의 "하나의 경험"을 중심으로〉, 〈Ubd 설계론에 기반한 교과 단원 설계 실습 모형 개발〉, 〈교육과정 문해력의 개념 탐구: 경기도교육청의 사례를 중심으로〉, 〈A. N. Whitehead의 유기체철학에 비추어 본 지식교육 개념의 확장〉 외 다수

제3판
쉽게 풀어 쓴 **교육과정과 수업의 이해와 실천**

초판발행 2017년 2월 27일
제2판발행 2020년 2월 24일
제3판발행 2022년 8월 26일
중판발행 2024년 8월 30일

지은이 김대석 · 박우식 · 성정민
펴낸이 노현

편 집 배근하
기획/마케팅 오치웅
디자인 이영경
제 작 고철민 · 김원표

펴낸곳 (주) 피와이메이트
서울특별시 금천구 가산디지털2로 53 한라시그마밸리 210호(가산동)
등록 2014.2.12. 제2018-000080호
전 화 02)733-6771
f a x 02)736-4818
e-mail pys@pybook.co.kr
homepage www.pybook.co.kr
ISBN 979-11-6519-289-1 93370

정 가 18,000원